周易講疏

周易講疏

陳湛銓 著

陳達生
陳海生 編

商務印書館

本書由伍福慈善基金贊助出版

周易講疏

作　　者：陳湛銓
編　　者：陳達生　陳海生
責任編輯：毛雙民
封面設計：涂　慧
出　　版：商務印書館（香港）有限公司
香港筲箕灣耀興道三號東滙廣場八樓
http://www.commercialpress.com.hk
發　　行：香港聯合書刊物流有限公司
香港新界大埔汀麗路三十六號中華商務印刷大廈三字樓
印　　刷：中華商務彩色印刷有限公司
香港新界大埔汀麗路三十六號中華商務印刷大廈十四字樓
版　　次：二〇一八年四月第一版第三次印刷

ISBN 978 962 07 4499 0
Printed in Hong Kong

陳湛銓教授事略

陳教授諱湛銓，字青萍，號修竹園主人。廣東新會縣人。民國五年丙辰生於縣之外海鄉松園里。考諱旭良，字佐臣。居港經商。平生輕財仗義，急人之急。月入雖甚豐，而到手輒盡。鄉里皆稱善人。及下世，囊中遺財僅七十元耳。

教授少聰慧，從鄉宿儒陳景度先生受經學、詩、古文辭及許君書，並隨伍雪波習技擊。十五歲失怙。越年，赴穗垣入讀禺山高中。此前並未接受新式學校教育，遑論初中矣。於時家道中落，寄食七叔父家。教授出身苦學生，每每晨起至夕始得一飯。雖則飢腸轆轆，然益自奮厲，每試必超優，屢得獎學金並免學費。高中教育因以完成。弱冠投考國立中山大學，本欲研物理。會回鄉省親，茶座中與景度師偶及此事，為師所止。謂吾道賴汝昌，姦凶奮誅鋤。因改弦易轍，攻讀中國文學系。師事大儒李笠雁晴、詹安泰祝南、古直公愚、陳洵述叔、黃際遇任初。抗心希古，出入經史百家。詩則取徑於陶、杜、蘇、黃、放翁、遺山諸大家。既學積而氣雄，人豪而材大，所為詩已橫絕不可當。自弱冠而越壯年，諸同學並前輩均以「詩人」見呼。雖師輩亦嘉為江有汜、真宗盟也。畢業後即獲張雲校長器重，聘為校長室秘書兼講師，此殊榮為該校畢業生之第一人。時年二十五耳。

抗日軍興，教授隨校轉進坪石、澂江等地。越二年，任教貴陽大夏大學文學院。明年，避兵離貴陽至赤水。於時見知於陳寂園、尹石公、葉元龍、孫亢曾諸前輩。煮酒論詩，時多唱和。石老自恨其晚，葉公尊之為天下獨步。及勝利回粵，本以歷數年抗戰奔波，不再擬遠行，然終以難卻大夏大學之再三催促而赴滬。及後，廣東教育耆宿黃麟書先生籌創廣州珠海大學，乃慕名遠赴上海聘其返穗。教授亦冀能多造福桑梓，毅然辭退大夏大學教席，返穗任珠海大學中文系教授。民國三十八年，神州易手。隨校轉遷香港，並講學於學海書樓。迨蔣法賢先生籌辦聯合書院，禮聘教授規畫中國文學系。及蔣氏去職，教授激於義憤，接淅而行。於時兒女成行，家累奇重，倉卒離校，實朝不謀夕者也。而惟義是重，一切不之計。其高風亮節，足以振末世而起頑愚。

教授專力於羣書六十餘年，以國學為終身事業。積學既厚，真氣彌充。乃於民國五十年創辦經緯書院，宣揚國故，恢開義路，嘉惠來士，力迴狂瀾。宿儒曾希穎曾稱經緯為「國學少林寺」。今港中後輩治國故之真能拔乎其萃者，多出其門下，誠無愧此錫號矣。惜時地未便，雖艱苦支撐，亦七年而止。嗣先後任浸會書院、嶺南書院中文系主任。迨八年前因健康欠佳而辭退所有教席，惟仍講學於學海書樓，潛心述易賦詩。其著述計有周易乾坤文言講疏、周易繫辭傳講疏、莊學述要、詩品補注、陶淵明詩文述、元遺山論詩絕句講疏、杜詩編年選注、蘇詩編年選注、修竹園叢稿、讀書劄記及修竹園詩都三萬六千餘首。

教授一生，肩擔大道，既儒且俠，嚴霜烈日，積中發外，故多行負氣仗義之事。視己所當為，恒不顧人之是非。尤恨偽學，輒痛斥之。下筆萬言，廉礪剽悍，銛於干莫。嘗謂在今日橫流中，如出周、程、朱、張之醇儒，實不足以興絕學。要弘吾道，都須霸儒。蓋遏惡戡姦，似非天地溫厚之仁氣所能勝也，故自號霸儒。平素以拘謹勝縱恣，爭萬古，不爭朝夕。教子姪勉諸生，謂仲尼稱射且必爭，況名山真事業耶。至塵俗間之浮名虛位，如不忽之浮塵，視同土梗。且不足以論事功，何文辭之精聖賢之學所以發揮哉。以故教授不甘挫志損心，折腰於廊廟。於衣、食、住三者幾不知享用。斯君子固窮，道勝無戚顏之真儒也。民國七十五年十二月二十日以疾卒，春秋七十有一。

夫人陳琇琦淑德賢良，通曉文墨。教授詩所謂「老萊有婦共逃名，詞賦從來陋馬卿。自讀家人久中饋，何須夫婿在專城」者也。子樂生、赤生、海生、達生，女更生、香生、麗生並研習國故，紹其家學。

（原載於一九八七年五月三日「陳湛銓教授追思大會」場刊）

目錄

敍

先師陳湛銓教授得天地之正氣，幼而穎悟，長而博聞，志合聖賢，篤好古道，以德行學問文章名世。其學貫通四部，所為經子詩文注釋，遠紹旁搜，發揮奧義，精妙絕倫。其文雄深雅健，風骨魁奇，越唐宋而侔漢魏。其詩抗行東坡遺山，而沈雄過之。所作〈霸儒〉七律結云：「虛窗又見微微白，猶執餘篇當虎符。」但覺氣象為之肅然，乃知哲匠不比肩矣。其書宗北魏，威重如其人，望之如聞金石聲，今猶能見於碑匾之上。平居則發憤忘食，志在尚友。講學則言議英發，若龍吟鳳鳴，聽者莫不心醉。小子受其身教，獲益難以載量。湛師及壯而名震華夏，不虛傳也。

夫羣經之難，莫過乎《易》。《易》之道，莫貴乎仁義。百餘年來，國運陵遲，人心傾側，仁義不彰。湛師四十而述《易》，作《乾坤文言講疏》，擷二卦之菁華，明立人之大道；考文義，闡幽微；筆落千鈞，驚心動魄，集考據義理詞章於一篇。金玉喻其仁言，雷霆比其義憤，直是一字千金。孔穎達萬言，其文質皆未能及也。

《乾坤文言講疏》既行，湛師乃注六子，又詳釋〈繫辭傳〉，比至餘卦，未竟而上僊。多士呼天，帝鄉無覓，倏忽二十八年矣。天秘靈珠，世存半璧，奈何也乎。尚可幸者，〈繫辭傳〉乃《易》之精魄，昔王輔嗣未及注，其文已甚足觀，況湛師注之而極精乎？雖半璧亦人間至寶矣。

湛師述《易》，折中荀虞象數與王韓義理，出入李鼎祚《周易集解》與孔穎達《周易正義》；既引朱熹《周易本義》之文，復採來知德《周易集注》、李道平《周易集解纂疏》與姚配中《周易姚氏學》之說，貴遠而不賤近，跨越千秋，兼收並蓄，融會貫通。又多用箴言史事以證經傳之言，義例貼切，洵為《易》注之北極，學者之南針也。

然湛師之注文，曩只分見，不無佚失之虞。少公子達生精研國學，憂聖傳之不繼，乃與兄海生妹香生整理遺文，輯成《周易講疏》，以付梓人。匯流成河，終古不廢矣。

自馬王堆帛書《周易》出，天下注目。而秦楚竹簡亦相繼面世。於是考證竹帛異文，蔚成風氣。數十年間，成績斐然。事此者固《周易》之功臣也。然《易》之大義未嘗因是而見棄，聖人之道未嘗因是而無存。斯時物欲橫流，沈淪待起，湛師之講疏有益世道人心，足以廉頑立懦，尤當置於座右，使學子有以見學問之大與文章之美，更感其正氣而行乎正，庶幾無大過矣。今講疏將與乾坤同壽，日月同榮，真吾華之幸也。二〇一四年，蒼龍甲午，殿閣微涼，何文匯謹志。

周易乾坤文言講疏

乾坤之於全《易》，為門為緼，實文、周二聖首示天下後世，以成德成身立己立人之大體也。《淮南》云：「今專言道，則無不在焉。然而能得本知末者，其唯聖人也。今學者無聖人之才，而不為詳說，則終身顛頓乎混溟之中，而不知覺寤乎昭明之術矣。今《易》之乾坤，足以窮道通意也。」治《易》者不先會乾坤之精義，將無以通《易》。如契其旨，則於餘卦，如剖竹節，迎刃而解矣。夫子經緯乾坤，作為《文言》，援後學以幾聖域，猶舟航之濟乎瀆。惜王輔嗣得意忘象，其注《易》也，語焉不詳。孔仲達又誤畫三才之限，於是乾坤之義晦。乾坤之義晦，則全《易》之真解，可得而見耶？茲先將《繫辭傳》中於乾坤之討論，開列如次。（《繫辭傳》為孔子讀《易》之心得，亦吾人治《易》之鑰也。學者熟玩其辭，得其門而發其緼，瞻彼日月，明而甚融，表裏相輝，何物不燭。於是輔嗣之注合，《文言》之旨契，而乾坤之義得矣。乾坤之義得，則全《易》可以窮源溯流。方舟泳游，無間深淺，皆循序而通矣）

一、天尊地卑，乾坤定矣。卑高以陳，貴賤位矣。動靜有常，剛柔斷矣。方以類聚，物以羣分，吉凶生矣。在天成象，在地成形，變化見矣。……乾道成男，坤道成女。乾知大始，坤作成物。乾以易知，坤以簡能。易則易知，簡則易從。易知則有親，易從則有功。有親則可久，有功則可大。可久則賢人之德，可大則賢人之業。易簡而天下之理得矣。天下之理得，而成位乎其中矣。

二、生生之謂易，成象之謂乾，效法之謂坤，極數知來之謂占，通變之謂事，陰陽不測之謂神。

三、夫乾，其靜也專，其動也直，是以大生焉。夫坤，其靜也翕，其動也闢，是以廣生焉。廣大配天地，變通配四時，陰陽之義配日月，易簡之善配至德。

四、崇效天，卑法地。天地設位，而《易》行乎其中矣。成性存存，道義之門。

五、是故闔戶謂之坤，闢戶謂之乾。一闔一闢謂之變，往來不窮謂之通。……是故法象莫大乎天地，變通莫大乎四時，縣象著明莫大乎日月，崇高莫大乎富貴。……是故天生神物，聖人則之；天地變化，聖人效之。

六、乾坤其《易》之緼邪？乾坤成列，而《易》立乎其中矣。乾坤毀，則无以見《易》。《易》不可見，則乾坤或幾乎息矣。

七、夫乾，確然示人易矣。夫坤，隤然示人簡矣。爻也者，效此者也。象也者，像此者也。爻象動乎內，吉凶見乎外。功業見乎變，聖人之情見乎辭。

八、乾坤其《易》之門邪？乾，陽物也。坤，陰物也。陰陽合德而剛柔有體，以體天地之撰，以通神明之德。

九、夫乾，天下之至健也，德行恆易以知險；夫坤，天下之至順也，德行恆簡以知阻。能說諸心，能研諸侯之慮，定天下之吉凶，成天下之亹亹者。

作《易》者以兩種筆畫代表陰陽，謂之爻，猶今日之所謂符號也。⚊為陽爻，⚋為陰爻。

《繫辭傳》曰：「天一，地二；天三，地四；天五，地六；天七，地八；天九，地十。」故一三五七九為陽數，二四六八十為陰數。然一二三四五為天地五行（水火木金土）之生數，有氣機而無形質，故不用。十為數之終，亦不用。是以陰陽之數始一終十，而但用六七八九耳。（自一至十，相加得五十五。而大衍之數五十者，亦以五行之生數無形，散化於天地之間，故隱而不用）陽數七，陰數八。陽動而進，故為九。陰靜而退，故為六。（陽性主進，陰性主退）陰陽之數未極，故七八為少；陰陽之數已窮，故九六為老，所謂少陰少陽老陰老陽者也。《易》，窮則變，變則通（見《繫辭傳》）。故陽道窮厄，則宜反進為退，九退一則八，少陰之數，所謂剛而能柔也。陰道窮厄，則宜反退為進，六進一則七，少陽之數，所謂柔而能剛也（四象自然生化之序固如是）。《易》爻稱九六，不稱七八，取其可變，非必已窮，此陰陽動靜窮通之本義。凡六十四卦三百八十四爻，遇凶咎悔吝者（有時情在辭中），如知此進退變化之道，則可歸於无咎矣。（《繫傳》謂通則久，是以自天祐之，吉无不利）此學者所宜玩索有得，深資體驗者也。

《漢書·藝文志》曰：「《易》道深矣，人更三聖，世歷三古。」又曰：「六藝之文，《樂》以和神，仁之表也；《詩》以正言，義之用也；《禮》以明體，明者著見，故無訓也；《書》以廣聽，知之術也；《春秋》以斷事，信之符也。五者，蓋五常之道，相須而備，而《易》為之原。故曰『《易》不可見，則乾坤或幾乎息矣』，言與天地為終始也。」羲皇立象設卦，文、周繫辭於卦爻，孔子復為之傳，彌綸天地，屬引萬類，窮極精微，以喻人事，其旨遠矣。其為教深且廣矣，豈徒為卜筮作哉？《繫辭傳》曰：「易有聖人之道四焉：以言者尚其辭，以動者尚其變，以制器者尚其象，以卜筮者尚其占。」則卜筮者，易之一用耳。又曰：「一陰一陽之謂道，繼之者善也，成之者性也。仁者見之謂之仁，知者見之謂之知，百姓日用而不知，故君子之道鮮矣。」此言民咸用之而鮮知其義也。《中庸》有言：「君子之道，費而隱。夫婦之愚，可以與知焉，及其至也，雖聖人亦有所不知焉；夫婦之不肖，可以能行焉，及其至也，雖聖人亦有所不能焉。」可以為《易》之體用說矣。

乾坤含義　若乾為天則坤為地，乾為男則坤為女，乾為君長則坤為副貳，乾為卿相則坤為諸大夫，乾為家長則坤為家長夫人，乾為父則坤為母，乾為夫則坤為妻，乾屬陽則坤屬陰，乾性剛坤性柔，乾主動坤主靜，乾主進坤主退，乾性健坤性順，乾勇猛坤溫和，乾宜領導坤宜隨從，乾高明坤博厚，乾闢坤闔，乾速坤緩，乾純坤雜。乾宜勉為君子，坤勿流為小人。乾坤於天地間之極用，若稱物以喻之，則為龍為馬。（此以動物在天地間之極用言之耳，若只就天言，則乾為龍坤當為鳥。只就地言，則乾為馬坤為牛。只就馬言，則乾為雄馬坤為雌馬。又若純就鳥類言，則乾當為鷙鳥坤為凡鳥。純就草木言，則乾為豫章楩楠坤為百草千花。純就男或女性之一方面言之，則乾概屬性情剛健者。坤概屬性情柔順者，宜體會卦爻辭之所擬議，非必乾之為男坤之為女也。其餘取譬萬類，不勝指數。神而明之，存乎其人。《易•說卦》及諸家補象，皆不足以盡之。《繫辭傳》曰：「《易》之為書也，不可遠，為道也屢遷。變動不居，周流六虛，上下无常。剛柔相易，不可為典要，唯變所適。」是矣。王弼《明象篇》頗通其意，可參閱。但自輔嗣之論出，而《易》蘊沈翳逾千年，則未始非其忘象之過也。）

乾坤卦義　乾以天言，義取上下，以上為貴。下卦（即下三畫卦）為在野，上卦（上三畫卦）為在朝。

坤以地言，義取內外，以內為貴。內卦（即下三畫卦）為在朝，外卦（上三畫卦）為在野。

乾坤六爻含義　畫卦之初，本只三爻，後重之為六耳。乾坤皆須分兩卦，別朝野以釋之（餘六十二卦又不盡然）。自孔穎達強以初二爻為地道，三四爻為人道，五上爻為天道（餘卦有時如此），而乾坤之義晦矣。

畫卦自下而上，第一畫為初位，第二畫為中位，第三畫為極位。一與四，二與五，三與六，義畧同。所異者，居朝與在野之別耳。

第一畫稱初爻，第六畫稱上爻。不單稱初終或上下者，此聖人文字簡括處，舉二字而兼四義也。此例《易》中屢見，無煩詳舉。

初位　代表不足，環境不佳，卑微，弱小。餘類推。（初爻與四爻）

極位　代表太過，環境太佳，高顯，強大。餘類推。（三爻與上爻）

中位　代表無過無不及，最確最當，至中至正。（二爻與五爻是，聖賢君子居之。在朝則為聖君明主，在野則為大宗師，所謂作之君作之師也。《中庸》一篇，不外闡發此道。子思子恐後人於《易》蘊難明，故發是大義也。《荀卿子》曰：「行之難為者，申徒狄能之。然而君子不貴者，非禮義之中也。說之難持者，惠施、鄧析能之。然而君子不貴者，非禮義之中也。盜跖與舜、禹俱傳而不息。然而君子不貴者，非禮義之中也。」是其義矣）

䷀ 乾卦

《文言》曰：《春秋左氏傳》昭公二十八年：「經緯天地曰文。」《逸周書・諡法解》、《史記・諡法解》、《尚書・堯典》馬融注同。釋「文言」二字者，古今總雜不類。《文言》止于乾坤，餘卦無。故《文言》者，夫子經緯乾坤（天地）之言也。

「元」者，善之長也；此段釋卦辭。文王於《乾卦》下，繫以辭曰：「元、亨、利、貞。」長，生長也。元即善之開端。天地之道廣大，難盡其言，故聊假四字以喻其德。學者宜深加體會，勿強求一字之義訓也。元、亨、利、貞，即長、會、和、幹，亦即仁、義、禮、智信（貞固兼智信言），亦即春、夏、秋、冬，亦可謂之生、育、行、成。如以人言之，元為人之始生而幼學；亨為由弱而壯，殆《曲禮》之冠至有室之年，所學已多，理明道立矣；利為既已積學充中，宜成己成物，入神致用，依教循行，猶《曲禮》強仕、服官政、指使之年；貞則為終一生之成就，抱道不渝，沒身無改也。餘義尚多，宜類推之。

「亨」者，嘉之會也；嘉，美好之意。會，歸聚之意。

「利」者，義之和也；利人者義，和猶宜也。

「貞者」，事之幹也。幹，本作榦，堪任成濟之意。以事之幹濟釋貞字者，能竟全功，存乎堅確不拔也。

君子體仁，體驗天之仁德。**足以長人。**長人，亦成物之意，非必為人之長也。

嘉會，足以合禮。禮，人所以履行也。嘉會猶眾善，謂善其所聚。合猶配也，學具眾善，將以行道。

利物，足以和義。物猶人也，利人則於義宜矣。

貞固，足以幹事。方正堅貞，擇善固執，可以成事竟功矣。

君子行此四德者，故曰：「乾：元、亨、利、貞。」「立天之道，曰陰與陽。」而云元亨利貞者，察天道以喻人事**（四義乃人事）**，欲君子體陰陽之正，而行此四德也。

《春秋左氏傳》襄公九年：「穆姜曰：『元，體之長也；亨，嘉之會也；利，義之和也；貞，事之幹也。體仁足以長人，嘉德足以合禮，利物足以和義，貞固足以幹事。』」歐陽修《易童子問》：「童子問曰：『乾，元亨利貞，何謂也？』曰：『眾辭淆亂質諸聖。彖者，聖人之言也。』童子曰：『然則乾無四德，而《文言》非聖人書乎？』曰：『是魯穆姜之言也，在襄公之九年。』」又「童子問曰：『《繫辭》非聖人之作乎？』曰：『何獨《繫辭》焉，《文言》、《說卦》而下，皆非聖人之作。而眾說淆亂，亦非一人之言也。』」又「童子曰：『敢問四德？』曰：『此魯穆姜之所道也。……然則四德非乾之德，《文言》不為孔子之言矣。』」歐陽公以穆姜曾有是言，前乎孔子，見諸《左傳》，穆姜淫姣，辯而不德，孔子無取其言之理，故以為《文言》非孔子作，不知元亨利貞之義，於古豈無訓乎？穆姜所述，殆本師傳，舊有此解，故夫子經緯乾坤，亦取此義訓也。歐公既疑《文言》，故並《繫辭傳》而下，以為皆非聖人之作。推其用心，本尊極文、周、孔子，以為諸篇淆亂，恐非聖言，未體夫子顧復之心。若慈親之訓愛子，重言再四，以昭示後學耳。崔東壁《洙泗考信錄》，所疑畧同歐公。至謂汲冢《周易》，無《彖》、《象》、《文言》、《繫辭》。而有「冢中書，魏人所藏也，魏文侯師子夏，子夏教授於魏久矣。孔子弟子能傳其書者莫如子夏，子夏不傳，魏人不知。則《易傳》不出於孔子而出於七十子以後之儒者無疑也」之論。則杜元凱不已言之甚允乎？崔氏亦嘗引之矣，其言曰：「無《彖》、《象》、《文言》、《繫辭》，疑于時仲尼造之于魯，尚未播之於遠國也。」夫子晚而喜《易》，自衛反魯，歎游、夏輩之從於陳、蔡者皆不及門，故《易》學傳諸商瞿，不傳子夏。則汲冢無《易》傳，何足怪乎？（按：崔氏《考信錄》，粲辭貿名，輕脱疑古。其陷溺人心，視王仲任、劉子玄為尤烈。晉儒妄論，欺惑愚眾，學者不可不辨也）近人馮友蘭著《中國哲學史》，謂《十翼》非孔子所作。引《漢書·儒林傳》作證。謂「要之現在所有之《易·十翼》，皆王同等所作《易傳》之類。」則馮氏不特於《易》無所解，即班《書》亦未能善讀也。班氏《漢書·藝文志》云：「伏羲氏……始作八卦，以通神明之德，以類萬物之情。……文王以諸侯受命而行道，天人之占，可得而効，於是重《易》六爻，作上下篇。孔子為之《彖》、《象》、《繫辭》、《文言》、《序卦》之屬十篇。故曰《易》道深矣，人更三聖，世歷三古。」其《儒林傳》云：「自魯商瞿子木，受《易》孔子，以授魯橋庇子庸。子庸授江東馯臂子弓。子弓授燕周醜子家。子家授東武孫虞子乘。子乘授齊田何子裝。及秦禁學，《易》為筮卜之書，獨不禁，故傳授者不絕也。漢興，田何以齊田徙杜陵，號杜田生。授東武王同子中，雒陽周王孫、丁寬、齊服生，皆著《易傳》數篇。同授淄川楊何，字叔元。」（《史記·仲尼弟子》及《儒林傳》畧同，其自序並云司馬談授《易》於楊何。《易》之傳授，《史》、《漢》獨備，史公固去古未遠，其父且直挹其流，孔子作《易傳》之説，不可疑矣）班氏明言孔子著《易傳》十篇，而王同、周王孫、丁寬、齊服生，亦皆著數篇耳。其《藝文志》

中，著錄井然，何得以王同等著述與孔子之十篇相混哉？馮氏紕繆甚矣。茲開列班《志》於《易》之著錄如次。

《易經》十二篇，施、孟、梁丘三家。顏注：「上下經及十翼，故十二篇。」蓋並孔子之十篇亦稱經也。

《易傳周氏》二篇。原注云：「字王孫也。」

《服氏》二篇。顏注云：「劉向《別錄》云：『服氏，齊人，號服光。』」

《楊氏》二篇。原注云：「名何，字叔元，菑川人。」

《蔡公》二篇。原注云：「衛人，事周王孫。」

《韓氏》二篇。原注云：「名嬰。」

《王氏》二篇。原注云：「名同。」

《丁氏》八篇。原注云：「名寬，字子襄，梁人也。」

馮氏於歐陽公、崔武承之論，未能深辨，故割裂班《書》作證。然其全書持心尚正，未敢過侮聖賢，摧毀正教也。（此評其前作耳，馮氏今茲已飲狂藥，不足數矣。自餘顧頡剛、郭沫若等輩，魑魅魍魎，無煩筆伐）獨近方居港之錢穆先生，敢為佹論，勇於著書（總總林林，累數十種。最足悲者，為翻印推行其舊作《國學概論》一書。此書鹵莽滅裂，狙詐為工。成於二三十年前異說縱橫之日，猶可說也，豈宜排推鼓盪，揚蓌蕕之餘灰，於今日有限之淨土，以疑迷後學乎？聖賢之成書具在，用此何為。百爾所著，不如至文一葉，即非毀經叛聖之作，亦不應虛耗後學可貴之閱讀光陰，使其攻碔砆而失璵璠，樹蕭艾而忘荃蕙也），毀訾六籍，目無時流，飾智驚愚，異端風發。

謂《春秋》為粗略簡陋。

（孔子成《春秋》而亂臣賊子懼，游、夏之徒，不能贊一辭。拯頽綱以繼三五，鼓芳風以扇游塵。榮辱褒貶，時存一字，簡則是矣，何粗陋之有乎？若輩既讀儒書，應辨名分，何得自比於逆亂，設淫辭而助之攻也。）

謂《易》與孔子無涉。

【肢解《論語》，目無《史》、《漢》，不知五十學《易》。鄭君已義從古論，何平叔如之，了無可疑矣。清儒惠定宇、郢書燕説，誤解漢碑。子長愛奇，存其或義。（高彪碑正用五十學《易》事，行文欹下耳。惠氏於詞章之學，未會要妙，故有此失。）故據陸氏《釋文》所本於鄭注者，重發魯論耳。而陸氏正云「易，如字。魯讀易為亦，今從古」也。夫子自謂十五而志於學，而復云五十以學者何耶？且魯論之亦，是易之假借耳。通音訓者，自達斯義。至三論舊文，陸元朗已無得而見。觀錢氏之書，似曾目見古論魯論者，不已怪乎？又稱歐陽公疑《文言》、《繫傳》非孔子作。不知直引歐公《易童子問》，而謂馬貴與《文獻通考》有云，是不讀《歐陽永叔集》也。】

謂荀卿舉《詩》、《禮》等而不及《易》，荀子不知有六經。

（按：《荀子》引《易》者，《非相篇》中一見，《大畧篇》中凡三見。並云：「善為《詩》者不説，善為《易》者不占，善為《禮》者不相。」是《易》與《詩》、《禮》對舉也。不知錢先生所讀之《荀子》為何等書，抑曾首尾閱讀一過否耳。荀子不知有《易》，胡為乎稱引再四耶，與荀子同時之陽翟大賈，其客人所集論，不能增損一字之《呂氏春秋》，亦四引《周易》，且存夫子卜《易》得《賁》，與子貢論《易》之辭。則「孔子與《易》無涉」，又非獨愚誣之論已矣。名利悖意，而貪饕者且以逆取，久淫不還，形閉中距，是膏燭之類，火逾然而消逾亟。吾於錢先生今日之張皇著書，不悔少作，益信《淮南》之為知言，而歎夫狂流之無極也。）

謂顧亭林稱孔子言《詩》、《書》執《禮》皆言《易》為強説。

【亭林先生《日知錄•孔子論易》云：「孔子論《易》，見於《論語》者，二章而已。曰：『加我數年，五十以學《易》，可以無大過矣。』曰：『南人有言曰：「人而無恒，不可以作巫醫。」善夫。不恒其德，或承之羞。』……記者於夫子學《易》之言，而即繼之曰：『子所雅言，《詩》、《書》、執《禮》，皆雅言也。』是知夫子平日不言《易》，而其言《詩》、《書》、執《禮》者，皆言《易》也。人苟循乎《詩》、《書》、執《禮》之常而不越焉，則自天祐之，吉无不利焉。故其作《繫辭傳》，於『悔吝无咎』之旨，特諄諄焉。而《大象》所言，凡其體之於身，施之於政者，無非用《易》之事。然辭本乎象，故曰『君子居則觀其象而玩其辭』，觀之者淺，玩之者深矣。其所以與民同患者，必於辭焉著之，故曰『聖人之情見乎辭』。……是故『出入以度，無有師保，如臨父母』。文王、周公、孔子之《易》也。」按：《論語•述而篇》「五十以學《易》」下，緊接子所雅言一條。亭林先生精義入神，發其微旨，稱述孔子贊《易》之辭意，與《論語》相表裡，直指聖心，嘉惠來士。（汪容甫《經義知新記》謂：「《詩》、《書》、執《禮》、《樂》正，以教學人習之，故雅言。《易象》《春秋》，則微言也。……孔子贊之修之，而後商瞿、左邱明傳之，故曰仲尼沒而微言絕。」即本其說而稍廣之者）而謂為強說，何謬妄之甚也。】

謂《易傳》、《大學》、《中庸》之常用字語皆出《莊》、《老》。

（此條已有俊士徐復觀者詳闢之矣。錢先生並謂《老》出《莊》後，詭異彌甚。其餘淺穉可笑者尚多，如以「所過者化，所存者神」為出《中庸》，是強孟軻為孔伋也。以魏清河張揖為後魏人，是不知有《魏書•江式表》，不知有顏師古《漢書敍例》。則其史學，豈本諸人名辭典而俱誤者耶？若此之類，初無害於經術名教，不忍多事揭發矣。）

謂經之稱昉《墨子》，有經上下篇。《荀子》儒家，始稱經。

【操南郭之敗器，述東壁之過言。《莊子•天運篇》明舉「丘治《詩》、《書》、《禮》、《樂》、《易》、《春秋》六經」，及《天下篇》述《六經》之義，已無論矣。《管子•戒篇》不已云乎：「內不考孝弟，外不正忠信，澤其《四經》而誦學者，是亡其身者也。」尹注云：「《四經》，謂《詩》、《書》、《禮》、《樂》。既無孝弟忠信，空使《四經》流澤、徒為誦學者，即《四經》可以亡身也。」高郵王氏，劬於考證，疏於文辭，且未能擺脫時輩漢前不稱經之流議。（《呂氏春秋‧察微篇》明引《孝經》曰七句，三十八字，與今《孝經》全同。清儒之言，亦豈可輕信？）謂《四經》即孝弟忠信，是辭義枘鑿，原文不可解矣。如《四經》非有書，何云乎誦學耶？尹注無誤也。《管子》雖不盡出原手，然必前乎《荀》、《墨》。如此，則經之稱，果昉於《墨子》乎？始於《荀子》乎？顏黃門謂讀天下書未遍，不得妄言雌黃，況毀經也哉！】

謂《詩》、《書》不足為萬世經典，千祀常法。尊崇之者，是經生儒者之過。

（此條尤覺可恨。陳思王曰：「有南威之容，乃可以論其淑媛；有龍淵之利，乃可以議其斷割。劉季緒才不能逮於作者，而好詆訶文章，掎摭利病。昔田巴毀五帝罪三王，呰五霸於稷下，一旦而服千人，魯連一說，使終身杜口。劉生之辯，未若田氏。今之仲連，求之不難，可無息乎？」吾國《詩》、《書》之教，其持養人心，經緯邦族。雖莽、檜並生，巢、闖來萃，曾無閒然，非綿歷萬代而常新，放諸四海而皆準耶？而乃不足尊崇，豈錢先生所作「手空空無一物」之某校校歌，優於三百篇？而其「出版著作一覽」中，賢於群聖之典謨訓誥，乃始足為萬世經典，千祀常法乎？）

謂孔子已不見有《禮經》。孔子以前。本無禮書。

【按：《論語》：「夏禮，吾能言之，杞不足徵也；殷禮，吾能言之，宋不足徵也。文獻不足故也。足，則吾能徵之矣。」又：「殷因於夏禮，所損益，可知也；周因於殷禮，所損益，可知也。」又：「周監於二代，郁郁乎文哉！吾從周。」《中庸》：『子曰：『吾說夏禮，杞不足徵也；吾學殷禮，有宋存焉；吾學周禮，今用之，吾從周。』」《禮運》：「孔子曰：『我欲觀夏道，是故之杞，而不足徵也，吾得夏時焉。我欲觀殷道，是故之宋，而不足徵也，吾得坤乾焉。坤乾之義，夏時之等，吾以是觀之。』」孔子所云不足徵者，夏殷之禮耳。文王追琢其章，周公繼志述事，多材多藝，郁郁乎文，智周道濟，必有成書，特諸侯惡其害己，而去其籍（見《孟子》）。然周室抱殘守缺之史猶存，故孔子適周問禮也。《莊子》曰：「其明而在數度者，舊法世傳之史尚多有之。」《荀子》曰：「禹湯有傳政，而不若周之察也。非無善政也，久故也。傳者久則論畧，近則論詳，是以文久而滅。」又曰：「循法則度量，刑辟圖籍，不知其義，謹守其數，慎不敢損益也。父子相傳，以持王公。是故三代雖亡，治法猶存，是官人百吏之所以取祿秩也。」明王官雖失其職，然猶有所守，何得謂孔子以前，本無禮書耶？《荀子》又曰：「其數則始乎誦經，終乎讀禮。」非天子，不議禮。夫子自謂述而不作，則荀卿之所讀，無文字之禮乎？《漢書•藝文志》云：「帝王質文，世有損益，至周，曲為之防，事為之制，故曰：『禮經三百，威儀三千。』及周之衰，諸侯將踰法度，惡其害己，皆滅去其籍，自孔子時而不具，至秦大壞。」（亦見《禮樂志》，敘述尤詳盡）明宗周之禮，本有成書，至孔子時，而列國所存者不完備耳。所謂不具者，豈無也哉？否則何待至秦而後大壞耶？錢氏割取班書末二句以證己說，可得謂之能解《漢•志》乎？】

羣經至此，被錢氏推刃無餘，大道真為天下裂矣，果何心哉？果何心哉？雖然，丹青之炳，難擬六籍，仲尼日月，無得而踰。用此區區，亦捧土以塞孟津，多見其不知量。但其聲譽日隆，聽者竦耳。人彰道息，炫惑益甚。（孔子曰：「吾之於人也，誰毀誰譽。如有所譽者，其有所試矣。斯民也，三代之所以直道而行也。」王船山曰：「無譽者，聖人之直道，而曲成天下之善，即在於此。譽則有過情之言，因而本無此堅僻之志者，以無知者之推崇，而成乎不肯下之勢。則力護其名，而邪淫必極。」）後學者胚胎幺麼，根萌未樹，群聚向聲，冀發蒙於先達，而津梁乎其所謂概論者，幾何不為所愚，而以群經為多疵，視《易》為陰陽雜糅之書乎？（陰陽雜糅之評，亦出其說。《易》道廣遠深微，本非夫人之所能解。然君子於其所不知，蓋闕如也，豈可塞聰蔽明，肆其狂論。《易》為群經之原，與天地為終始。孔子贊述，齊明文、周，所以防遏邪惡，疇範人靈。凡三聖所立文字，稱名稽類，無稍過差，權泰華而同重，與春秋而並嚴。若輩如能去其慆慢險躁之性，徐徐研入，斯守冥冥而覩昭昭，虛室生白，吉祥止止矣，又何陰陽雜糅之有乎？《繫傳》曰：「聖人立象以盡意，設卦以盡情偽，繫辭焉以盡其言，變而通之以盡利，鼓之舞之以盡神。」又曰：「爻象動乎內，吉凶見乎外，功業見乎變，聖人之情見乎辭。」羲皇、文、周、孔子，為萬世開太平之書。若輩智術業力有所未逮，斯亦已矣，奈何為其螟螣蟊賊，以害我田穉哉？斯人今且在乾之九三矣，幸體驗周公、孔子循循之訓，乾乾因其時而惕，無銜玉售石，列夤熏心。則視履敦良，元吉在上。金其口而木其舌，已生華風於死草，化臭腐為神奇矣。）推其本懷，不過如《淮南》所謂「分徒而訟，華誣脅眾，以買名譽於天下耳」。然流沫所及，足以迷誤來士，汚彼靈臺，賊夫人之子，是崔清獻所謂以學術殺天下後世者也。（朋輩中近頗有持其說者，以為《易》不足學。辨正殊覺費人，士君子一言以為不智，況多乎哉？面此滔滔，而誰與易，錢先生賢於司馬龍門、揚子雲、班孟堅哉？）《易》曰：「君子以遏惡揚善。」《孟子》曰：「是邪說誣民，充塞仁義也。」《六經》孔子且可非毀，則吾為此言，雖陷疾惡已甚之譏，復何辭乎？莊生曰：「知其愚者，非大愚也；知其惑者，非大惑也。大惑者終身不解，大愚者終身不靈。三人行而一人惑，所適者猶可致也，惑者少也。二人惑則勞而不至，惑者勝也。」韓非《顯學》云：「自愚誣之學，雜反之辭爭，而人主俱聽之。故海內之士，言無定術，行無常議。夫冰炭不同器而久，寒暑不兼時而至，雜反之學不兩立而治。今兼聽雜學繆行同異之辭，安得無亂乎？」猶冀斯人能知其愚惑，盡收其所著書之謬妄者自焚之，則斯人猶可用為善，而蒼生之害未深也。否則亦當閉戶潛修，是正舊文。或取定高明，翊贊聖教，披茅塞而識夷塗，埽牆茨而潔中冓，見往來之井井，無蘇蘇以遂泥，則後學幸甚矣。亭林先生云：「文之不可絕於天地間者，曰明道也，紀政事也，察民隱也，樂道人之善也。若此者，有益於天下，有益於將來，多一篇，多一篇之益矣。若夫怪力亂神之事，無稽之言，勦襲之說，諛佞之文。若此者，有損於己，無益於人，多一篇，多一篇之損矣。」又曰：「其必古人之所未及，就後世之所不可無，而後為之，庶乎其傳也與。」又曰：「士而不先言恥，則為無本之人；非好古而多聞，則為空虛之學。以無本之人，而講空虛之學，吾見其日從事於聖人，而去之彌遠也。」幸沈泳乎斯言，多研入，少著述，無競小人之學，而為禽犢獻也。為禽犢獻，已同乎狙詐，惟日孳孳於名利之途，君子所不齒矣，又況乎愚誣雜反以賊夫人之子者乎？踧踧周道，鞠為迷陽。吾夬履踽踽，其行却曲，未嘗不繭足低徊，抱殘經而太息也。今茲震風陵雨，虐政虐世，高岸深谷，崩陷無端，陰陽之錯行，天地之否塞甚矣。何莫非經教毀廢，孔子之道不明，邪說為之導，而暴行隨以昌披耶？嗟乎！滄海橫流，吾輩舊為魚矣，今復泉涸處陸，共此傴仄，呴濡之未遑，安忍乘瑕發覆，相輕相毀，為小儒之是非，興口舌之嚚訟哉？誠以諸聖之教行，則天下治；諸聖之教廢，則家國禍敗亂亡無日。若輩從事儒業，自許宗師，而析言破律，辯偽澤非，十數年來，嗚吠不已。不辭而闢之，則六籍寧復可興，《易》道夫誰過問乎？不有邦傑，執殳前驅，以誅鋤左道為任，吾屬將為虜矣。論述所及，不自覺言之陵越覶縷如是。豈亦昌黎所謂不能下氣，非好己勝，好己之道勝，非好己之道勝，己之道，夫子、孟軻、揚雄所傳之道者耶？【其孔子五十學《易》辨，容另文闢之。昔孟子闢楊、墨，昌黎斥佛、老，船山責陽明，皆雄猛激越，明衛道之文與辨學異也。雖然，錢先生從事於學如千年，其有今日，亦歷艱辛。惜其指趣違異，陷溺愈深，吾不能長為之諱。而本《春秋》不成人惡（亦見《論語》），伸道不伸邪之義，故射隼高墉，重為此論。非發乎妒心，與競擾擾時名也。仰天下賢士，察其用心良苦，而曲為之原，且無淺之乎視錢先生，則厚幸矣。】

初九曰：指六畫卦言，初九者最初一畫之陽爻也。

「潛龍勿用。」此四字，周公秉文王之意，作為初爻之辭也。此爻在下卦之下，在野而環境不佳，宜隱居求志，如龍之潛，勿求用世也。稱龍者，指物為喻，謂君子神明不測，變化多能也。《易》爻辭多稱物以況人事。《繫傳》所謂「其稱名也，雜而不越，於稽其類」者是也。《管子·水地》：「龍生於水，被五色而游，故神。欲小則化如蠶蠋，欲大則藏於天下，欲尚則陵於雲氣，欲下則入於深泉。變化無日，上下無時。謂之神龍。伏闇能存而能亡者也。」《莊子•天運》：「龍合而成體，散而成章，乘雲氣而養乎陰陽。」《淮南子•人間訓》：「所以貴聖人者，以其能龍變也。」說文：「龍，鱗蟲之長。能幽能明，能細能巨，能短能長。春分而登天，秋分而潛淵。」又《史記•平準書》：「天用莫如龍，地用莫如馬，人用莫如龜。」（亦見《漢書•食貨志》）又馬援曰：「行天莫如龍，行地莫如馬。」史公、伏波亦指動物在乾坤之極用言也。《乾》爻多以龍喻，《坤》卦辭以馬喻。《周禮•夏官司馬•廋人》：「馬八尺以上為龍。」《爾雅•釋畜》：「馬八尺為龍。」又：「絕有力龍。」（一作駥）則又極稱其行地，如龍之行天矣。

何謂也？子曰：子字乃後人所增，謂是孔子之言也。

「龍德而隱者也。謂君子之德如龍，今道晦不顯，隱在下位，如龍之潛於淵也。龍德而隱，亦猶《莊子•德充符》所謂才全而德不形者也。《莊子•庚桑楚》：「鳥獸不厭高，魚鼈不厭深。夫全其形生之人，藏其身也，不厭深眇而已矣。」又《管子•侈靡》：「魚鼈之不食咡者，不出其淵；樹木之勝霜雪者，不聽於天；士能自治者，不從聖人。」（此聖人指帝王也）

不易乎世，不成乎名，謂世溷濁不能移易，無以成其功名。所謂大廈將傾，非一繩所繫也。或解作己志不為世所移易，不求知于世以成己之名，義未洽也。

遯世无悶，遯，逃也，隱避也。无悶，謂无慍无怨也。遯世无悶，即孔子之所謂「隱居以求其志」，及「賢者避世，其次避地」，與夫所稱逸民伯夷、叔齊、虞仲、夷逸之類是也。其所以能无悶者，「履道坦坦，幽人貞吉」，「樂天知命故不憂」，「求仁而得仁，又何怨」乎？

達人無所往而不樂，內足於己，愜其素懷，豈劉子駿、潘安仁輩之賦《遂初》、《閑居》者比哉？《詩》之《考槃》、《十畝》、《伐檀》、《衡門》等篇，宜細讀也。《莊子・繕性》：「古之所謂隱士者，非伏其身而弗見也，非閉其言而不出也，非藏其知而不發也，時命大謬也。」《孔叢子・記義》：「孔子讀《詩》，及《小雅》，喟然而嘆曰：『……於《考槃》見遁世之士而不悶也。』」《淮南子・人間訓》：「潛龍勿用者，言時之不可行也。」

不見是而无悶。不見是，猶言不為人所稱許，此句猶《論語》所謂「人不知而不慍」也。又《中庸》：「君子依乎中庸，遯世不見知而不悔，唯聖者能之。」《莊子・逍遙遊》：「舉世而譽之而不加勸，舉世而非之而不加沮，定乎內外之分，辯乎榮辱之境，斯已矣。」班固《離騷序》：「且君子道窮，命矣。故潛龍不見，是而無悶。《關雎》哀周道而不傷，蘧瑗持可懷之智，寧武保如愚之性。咸以全命避害，不受世患。故《大雅》曰：『既明且哲，以保其身。』斯為貴矣。」

樂則行之，憂則違之，憂樂指道言，行違指世言，此猶《論語》所謂「用之則行，舍之則藏」也。

確乎其不可拔，中心堅確，不能動搖。山谷老人所謂「本固，則世故之風雨不能漂搖」也。《孟子》：「伊尹耕於有莘之野，而樂堯舜之道焉。非其義也，非其道也，祿之以天下，弗顧也；繫馬千駟，弗視也。非其義也，非其道也，一介不以與人，一介不以取諸人。」

潛龍也。」揚雄《法言・問神》：「或問神。曰『心。』『請問之。』曰：『潛天而天，潛地而地。天地，神明而不測者也。心之潛也，猶將測之，況於人乎？況於事倫乎？』『敢問潛心于聖。』曰：『昔乎，仲尼潛心於文王矣，達之。顏淵亦潛心於仲尼矣，未達一間耳。神在所潛而已矣。』天神明天，照知四方；天精天粹，萬物作類。人心其神矣乎？操則存，舍則亡。能常操而存者，其惟聖人乎？聖人存神索至，成天下之大順，致天下之大利，和同天人之際，使之無間也。龍蟠于泥，蚖其肆矣。蚖哉，蚖哉，惡覩龍之志也與？或曰：『龍必欲飛天乎？』曰：『時飛則飛，時潛則潛，既飛且潛。食其不妄，形其不可得而制也與！』」又《反離騷》：「懿神龍之淵潛，竢慶雲而將舉。亡春風之被離兮，孰焉知龍之所處。」

爻義畧證

群書不能盡引，且未必盡洽《易》義，聊供省覽耳。錄及諸子者，以其皆得聖人之一體，班孟堅所謂「合其要歸，亦《六經》之支與流裔」也。

《易・大過・象》：「澤滅木，《大過》。君子以獨立不懼，遯世无悶。」又《遯卦・象辭》：「天下有山，《遯》。君子以遠小人，不惡而嚴。」又《艮卦・象辭》：「時止則止，時行則行。動靜不失其時，其道光明。」象曰：「兼山，《艮》。君子以思不出其位。」又《繫辭傳》：「《易》曰：『憧憧往來。朋從爾思。』（此咸之九四爻辭，心之象也。以下是夫子心學正傳，故全錄之）子曰：『天下何思何慮？天下同歸而殊塗，一致而百慮。天下何思何慮？日往則月來，月往則日來，日月相推而明生焉；寒往則暑來，暑往則寒來，寒暑相推而歲成焉。往者屈也，來者信（同伸）也，屈信相感而利生焉。尺蠖之屈，以求信也；龍蛇之蟄，以存身也。精義入神，以致用也；利用安身，以崇德也。過此以往，未之或知也。窮神知化，德之盛也。』」

《詩•衛風•考槃》：「考槃在澗，碩人之寬。獨寐寤言，永矢弗諼。」又《魏風•十畝》：「十畝之間兮，桑者閑閑兮，行與子還兮。」又《伐檀》：「坎坎伐檀兮，寘之河之干兮。河水清且漣猗，不稼不穡，胡取禾三百廛兮。不狩不獵，胡瞻爾庭有縣貆兮。彼君子兮，不素餐兮。」又《陳風•衡門》：「衡門之下，可以棲遲。泌之洋洋，可以樂飢。」又《小雅•白駒》：「皎皎白駒，食我場苗。縶之維之，以永今朝。所謂伊人，於焉逍遙。」（以上但舉首章耳）

《論語》：「子張學干祿。子曰：『多聞闕疑，慎言其餘，則寡尤；多見闕殆，慎行其餘，則寡悔。言寡尤，行寡悔，祿在其中矣。』」又：「子曰：『賢哉，回也！一簞食，一瓢飲，在陋巷，人不堪其憂，回也不改其樂。賢哉，回也！』」又：「子曰：『飯疏食，飲水，曲肱而枕之，樂亦在其中矣。不義而富且貴，於我如浮雲。』」又：「篤信好學，守死善道。危邦不入，亂邦不居。天下有道則見，無道則隱。邦有道，貧且賤焉，恥也；邦無道，富且貴焉，恥也。」又曾點言其志曰：「莫春者，春服既成，冠者五六人，童子六七人，浴乎沂，風乎舞雩，詠而歸。夫子喟然歎曰：『吾與點也。』」又：「憲問恥。子曰：『邦有道穀；邦無道穀，恥也。』」又：「子曰：『不怨天，不尤人。下學而上達，知我者其天乎？』」又：「君子謀道不謀食。耕也，餒在其中矣；學也，祿在其中矣。君子憂道不憂貧。」又：「子路使子羔為費宰。子曰：『賊夫人之子。』子路曰：『有民人焉，有社稷焉，何必讀書。然後為學。』子曰：『是故惡夫佞者。』」又：「君子哉，蘧伯玉！邦有道，則仕；邦無道，則可卷而懷之。」又：「甯武子，邦有道，則知；邦無道，則愚。其知可及也，其愚不可及也。」

《禮·檀弓上》：「子思曰：『昔者吾先君子無所失道，道隆則從而隆，道污則從而污。』」又《中庸》：「君子素其位而行，不願乎其外。素富貴行乎富貴，素貧賤行乎貧賤，素夷狄行乎夷狄，素患難行乎患難，君子無入而不自得焉。」又《儒行》：「儒有上不臣天子，下不事諸侯；慎靜而尚寬，彊毅以與人，博學以知服；近文章，砥厲廉隅；雖分國，如錙銖，不臣不仕。其規為有如此者。」

《孟子》：「非其君不事，非其民不使。治則進，亂則退，伯夷也。」（全書數見）又：「景春曰：『公孫衍、張儀。豈不誠大丈夫哉？……』孟子曰：『是焉得為大丈夫乎？……居天下之廣居，立天下之正位，行天下之大道。得志與民由之；不得志獨行其道。富貴不能淫，貧賤不能移，威武不能屈，此之謂大丈夫。』」又：「有天爵者，有人爵者。仁義忠信，樂善不倦，此天爵也；公卿大夫，此人爵也。古之人，修其天爵，而人爵從之（從猶聽之）。今之人，修其天爵，以要人爵。既得人爵，而棄其天爵，則惑之甚者也，終亦必亡而已矣。」又：「欲貴者，人之同心也。人人有貴於己者，弗思耳。人之所貴者，非良貴也。趙孟之所貴，趙孟能賤之。《詩》云：『既醉以酒，既飽以德。』言飽乎仁義也，所以不願人之膏粱之味也；令聞廣譽施於身，所以不願人之文繡也。」又：「古之賢王，好善而忘勢。古之賢士，何獨不然，樂其道而忘人之勢。故王公不致敬盡禮，則不得亟見之。見且由不得亟，而況得而臣之乎？」又：「古之人，得志，澤加於民；不得志，修身見於世。窮則獨善其身，達則兼善天下。」又：「舜視棄天下，猶棄敝蹝也。竊負而逃，遵海濱而處，終身訢然，樂而忘天下。」

《晏子春秋・內篇・問上》：「故聖人伏匿隱處，不干長上；潔身守道，不與世陷乎邪。是以卑而不失義，瘁而不失廉，此聖人之不得意也。」

《莊子・逍遙遊》：「堯讓天下於許由，曰：『日月出矣，而爝火不息，其於光也，不亦難乎？時雨降矣，而猶浸灌，其於澤也，不亦勞乎！夫子立而天下治，而我猶尸之，吾自視缺然。請致天下。』許由曰：『子治天下，天下既已治也。而我猶代子，吾將為名乎？名者，實之賓也。吾將為賓乎？鷦鷯巢於深林，不過一枝；偃鼠飲河，不過滿腹。歸休乎君，予無所用天下為！庖人雖不治庖，尸祝不越樽俎而代之矣。』」又：「堯治天下之民，平海內之政，往見四子（王倪、齧缺、被衣、許由）藐姑射之山，汾水之陽，窅然喪其天下焉。」又《在宥》：「夫有土者，有大物也。有大物者，不可以物。物而不物，故能物物。明乎物物者之非物也，豈獨治天下百姓而已哉！出入六合，遊乎九州，獨往獨來，是謂獨有。獨有之人，是謂至貴。」又《秋水》：「莊子釣於濮水，楚王使大夫二人往先焉，曰：『願以境內累矣！』莊子持竿不顧，曰：『吾聞楚有神龜，死已三千歲矣，王巾笥而藏之廟堂之上。此龜者，甯其死為留骨而貴乎？甯其生而曳尾於塗中乎？』二大夫曰：『甯生而曳尾塗中。』莊子曰：『往矣！吾將曳尾於塗中。』」又《讓王》：「舜讓天下於子州支伯，子州支伯曰：『予適有幽憂之病，方且治之，未暇治天下也。』故天下，大器也，而不以易生，此有道之所以異乎俗者也。舜以天下讓善卷，善卷曰：『余立於宇宙之中，冬日衣皮毛，夏日衣葛絺；春耕種，形足以勞動；秋收斂，身足以休食；日出而作，日入而息，逍遙於天地之間，而心意自得。吾何以天下為哉！』」又：「道之真以治身，其緒餘以為國家，其土苴以治天下。由此觀之，帝王之功，聖人之餘事也，非所以完身養生也。」又：「魏牟，萬乘之公子也，其隱巖穴也，難為於布衣之士。雖未至乎道，可謂有其意矣。」又：「孔子曰：『君子通於道之謂通，窮於道之謂窮。今丘抱仁義之道，以遭亂世之患，其何窮之為！故內省而不窮於道，臨難而不失其德，天寒既至，霜雪既降，吾是以知松柏之茂也。陳蔡之隘，於丘其幸乎？』……子貢曰：『吾不知天之高也，地之下也。』古之得道者，窮亦樂，通亦樂。所樂非窮通也，道德於此，則窮通為寒暑風雨之序矣。」又：「非其義者，不受其祿；无道之世，不踐其土。」。（《讓王篇》宜詳參。以為無甚意義者，腐儒之見也。莊生最有得於乾之初九，故引述畧多。後人老、莊並稱，其實不同。老氏蓋主用九，欲君人者之無傷己傷物。莊生處世益亂，故獨往獨來，是消極救世之精神發揮也。曾滌生謂：「莊周、司馬遷、柳宗元三人者，傷悼不遇，怨悱形於簡冊。其於聖賢自得之樂，稍違異矣。然彼自惜不世之才，非夫無實而汲汲時名者比也。」語差近之）又《列禦寇》：「或聘於莊子，莊子應其使曰：『子見夫犧牛乎？衣以文繡，食以芻菽，及其牽而入於太廟，雖欲為孤犢，其可得乎？』」

《荀子・修身》：「志意修則驕富貴，道義重則輕王公，內省而外物輕矣。」又《非十二子》：「無置錐之地，而王公不能與之爭名，在一大夫之位，則一君不能獨富，一國不能獨容，成名況乎諸侯，莫不願以為臣，是聖人之不得勢者也，仲尼、子弓是也。」（此義可通九二九四）又：「古之所謂處士者，德盛者也，能靜者也，修正者也，知命者也，著定者也。」又：「故君子恥不修，不恥見汙；恥不信，不恥不見信；恥不能，不恥不見用。是以不誘於譽，不恐於誹，率道而行，端然正己，不為物傾側，夫是之謂誠君子。」又《性惡》：「上不循於亂世之君，下不俗於亂世之民。仁之所在無貧窮，仁之所亡無富貴。天下知之，則欲與天下同苦樂之，天下不知之，則傀然獨立天地之間而不畏，是上勇也。」又《大略》：「古之賢人，賤為布衣，貧為匹夫，食則饘粥不足，衣則豎褐不完，然而非禮不進，非義不受，安取此？」又《宥坐》：「孔子曰：『夫遇不遇者，時也；賢不肖者，材也。君子博學深謀，不遇時者多矣。由是觀之，不遇世者眾矣，何獨丘哉！且夫蘭芷生於深林，非以無人而不芳。君子之學，非為通也；為窮而不困，憂而意不衰也，知禍福終始，而心不惑也。』」

《呂氏春秋・期賢》：「魏文侯過段干木之閭而軾之。其僕曰：『君胡為軾？』曰：『此非段干木之閭歟？段干木蓋賢者也，吾安敢不軾？且吾聞段干木未嘗肯以己易寡人也，吾安敢驕之？段干木光乎德，寡人光乎地，段干木富乎義，寡人富乎財。』其僕曰：『然則君何不相之？』於是君請相之，段干木不肯受。」（《淮南·脩務訓》畧同）又《不侵》：「義不臣乎天子，不友乎諸侯。得意則不慙為人君，不得意則不屑為人臣。」

《淮南子·原道訓》：「至德則樂矣。古之人有居巖穴而神不遺者，末世有勢為萬乘而日憂悲者。由此觀之，聖亡乎治人，而在於得道，樂亡乎富貴，而在於德和。知大己而小天下，則幾於道矣。」又《人間訓》：「故聖人雖有其志，不遇其世，僅足以容身，何功名之可致也！知天之所為，知人之所行，則有以任於世矣。知天而不知人，則無以與俗交；知人而不知天，則無以與道遊。」又《俶真訓》：「故世治則愚者不能獨亂，世亂則智者不能獨治。身蹈於濁世之中，而責道之不行也，是猶兩絆騏驥，而求其致千里也。置猨檻中，則與豚同，非不巧捷也，無所肆其能也。」

揚子《法言·學行》：「或曰：『使我紆朱懷金，其樂不可量已。』曰：『紆朱懷金者之樂，不如顏氏子之樂。顏氏子之樂也內；紆朱懷金者之樂也外。』」又《問神》：「谷口鄭子真，不屈其志，而耕乎巖石之下，名震于京師。豈其卿！豈其卿！」又《問明》：「或問『君子』。『在治曰若鳳，在亂曰若鳳。』或人不諭。曰：『未之思矣。』曰：『治則見，亂則隱。鴻飛冥冥，弋人何簒焉？鷦明遴集，食其絜者矣；鳳鳥蹌蹌，匪堯之庭。』亨龍潛升，其貞利乎？或曰：『龍何如可以貞利而亨？』曰：『時未可而潛，不亦貞乎？時可而升，不亦利乎？潛升在己，用之以時，不亦亨乎？』」又：「蜀莊沈冥，蜀莊之才之珍也，不作苟見，不治苟得，久幽而不改其操。雖隋、和何以加諸？舉茲以旃，不亦寶乎？吾珍莊也，居難為也。不慕由即夷矣，何毚欲之有？」又：「或問：『韓非作《説難》之書，而卒死乎説難，敢問何及也？』曰：『説難，蓋其所以死乎？』曰：『何也？』曰：『君子以禮動，以義止，合則進，否則退，確乎不憂其不合也。夫説人而憂其不合，則亦無所不至矣！』或曰：『説之不合，非憂邪？』曰：『説不由道，憂也；由道而不合，非憂也。』」又《淵騫》：「或曰：『隱道多端。』曰：『固也！聖言聖行，不逢其時，聖人隱也。賢言賢行，不逢其時，賢者隱也。談言談行，不逢其時，談者隱也。』」

九二曰：「見龍在田，利見大人。」此九二之爻辭也。此爻居下卦之中。於龍言、宜漸現於田上。於人言、則此大人君子。宜如龍之現於田上，利為人所見也。九二雖在下卦，而得中道，殆是師位。學行漸為人知，宜施善教以化民成俗也。《孟子》：「有大人者，正己而物正者也。」又：「從其大體為大人。」《管子·宙合》：「所賢美於聖人者，以其與變隨化也。淵泉而不盡，微約而流施，是以德之流，潤澤均加于萬物。故曰：聖人參于天地。鳥飛準繩，此言大人之義也。」《荀子·解蔽》：「虛壹而靜，謂之大清明。萬物莫形而不見，莫見而不論，莫論而失位。坐於室而見四海，處於今而論久遠。疏觀萬物而知其情，參稽治亂而通其度，經緯天地而材官萬物，制割大理而宇宙裏矣。恢恢廣廣，孰知其極！睪睪廣廣，孰知其德！涫涫紛紛，孰知其形！明參日月，大滿八極，夫是之謂大人。」揚子《法言·五百》：「或問『大人』。曰：『無事從小為大人。』」《乾》之二五爻同稱大人，蓋即聖人也。

何謂也？子曰：「龍德而正中者也。正中有二義。一、初（一）三五爻為陽位，二四上（六）爻為陰位。陽爻居陽位，陰爻居陰位為正。二五分居兩卦之中為中，此爻中而非正，不取此義。二、正中，猶言正居其中，亦可謂之行中道甚正也。故未濟之九二，小象曰：「中以行正也。」艮之六五，小象曰：「艮其輔，以中正也。」未濟九二為陽爻居陰位，艮之六五為陰爻居陽位，而皆云中正，蓋只釋中之一義耳。此云龍德正中，喻君子從容中道，其行甚正也。全《易》以得中為貴，得正位則更善，故乾卦二五皆善。五兼正位，尤善。初三兩爻，正而不中，已遜於二。四上不中不正，更無論矣。乾以九五為主爻，坤以六二為主爻者，居中而兼得正位也。揚子《法言·先知》：「龍之潛亢，不獲其中矣。是以過中則惕，不及中則躍，其近於中乎！聖人之道，猶日之中矣。不及則未，過則仄。」

庸言之信，庸行之謹，庸，常也。朱子曰：「常言亦信，常行亦謹，盛德之至也。」《禮·哀公問》：「君子過言則民作辭，過動則民作則。君子言不過辭，行不過則。」又《緇衣》：「君子道人以言，而禁人以行。故言必慮其所終，而行必稽其所敝。」又《中庸》：「庸德之行，庸言之謹，有所不足，不敢不勉，有餘不敢盡；言顧行，行顧言，君子胡不慥慥爾！」《論語》：「子張問行。子曰：『言忠信，行篤敬，雖蠻貊之邦行矣。言不忠信，行不篤敬，雖州里行乎哉？』」《孝經》：「非先王之法服不敢服，非先王之法言不敢道，非先王之德行不敢行。是故非法不言，非道不行；口無擇言，身無擇行。言滿天下無口過，行滿天下無怨惡。」《荀子·不苟》：「庸言必信之，庸行必慎之。……言無常信，行無常貞。唯利所在，無所不傾。」

閑邪存其誠，閑邪，謂防閑邪惡，辭而闢之。誠，謂惟精惟一，積中形外，則可以感人而善世矣。《孟子·公孫丑上》：「詖辭知其所蔽，淫辭知其所陷，邪辭知其所離，遁辭知其所窮。生於其心，害於其政；發於其政，害於其事。聖人復起，必從吾言矣。」又《滕文公下》：「我亦欲正人心，距詖行，放淫辭，以承三聖者（禹、周公、孔子）；豈好辯哉？予不得已也。」《荀子·儒效》：「邪說畏之，眾人媿之。通則一天下，窮則獨立貴名，天不能死，地不能埋，桀、跖之世不能汙，非大儒莫之能立，仲尼、子弓是也。」揚子《法言·吾子》：「古者楊、墨塞路，孟子辭而闢之，廓如也。後之塞路者有矣，竊自比於孟子。」蓋防邪惡以正人心，實師道之重責也。下云善世，即由此來。或解作自防邪惡者，非也。存誠一義，至不可忽，否則無以閑邪矣。《中庸》：「唯天下至誠，為能盡其性；能盡其性，則能盡人之性；能盡人之性，則能盡物之性；能盡物之性，則可以贊天地之化育；可以贊天地之化育，則可以與天地參矣。」又：「至誠無息，不息則久，久則徵，徵則悠遠，悠遠則博厚，博厚則高明。」又：「誠者，物之終始。不誠無物，是故君子誠之為貴。」又：「唯天下至誠，為能經綸天下之大經，立天下之大本，知天地之化育。夫焉有所倚？」《孟子》：「萬物皆備於我矣。反身而誠，樂莫大焉。強恕而行，求仁莫近焉。」又：「至誠而不動者，未之有也。不誠，未有能動者也。」《管子·樞言》：「先王貴誠信，誠信者，天下之結也。」又《形勢解》：「中情信誠，則名譽美矣；修行謹敬，則尊顯附矣；中無情實，則名聲惡矣；修行慢易，則汙辱生矣。故曰：邪氣襲內，正色乃衰也。」《莊子·

漁父》：「真者，精誠之至也。不精不誠，不能動人。故強哭者，雖悲不哀；強怒者，雖嚴不威；強親者，雖笑不和。真悲無聲而哀，真怒未發而威，真親未笑而和。真在內者，神動於外，所以貴真也。」《荀子．不苟》：「君子養心莫善於誠，致誠則無它事矣。」又：「公生明，偏生闇，端愨生通，詐偽生塞，誠信生神，夸誕生惑。此六生者，君子慎之，而禹、桀所以分也。」《淮南子．泰族訓》：「故聖人養心莫善於誠，至誠而能動化矣。」

善世《荀子．儒效》：「儒者在本朝則美政，在下位則美俗。」《淮南子．泰族訓》：「誠決其善志，防其邪心，啟其善道，塞其姦路。與同出一道，則民性可善，而風俗可美也。」**而不伐**，伐，矜誇之意。此謂雖造福於世而不矜其功也。《書．大禹謨》：「汝惟不矜，天下莫與汝爭能；汝惟不伐，天下莫與汝爭功。」又《說命》：「有其善，喪厥善；矜其能，喪厥功。」《老子》：「生而不有，為而不恃，功成而弗居。夫惟弗居，是以不去。」又：「不自見，故明；不自是，故彰；不自伐，故有功；不自矜，故長。夫唯不爭，故天下莫能與之爭。」《莊子．達生》：「自伐者無功，功成者墮，名成者虧。孰能去功與名，而還與眾人？」又：「行賢而去自賢之行，安往而不愛哉？」又《大宗師》：「齏萬物而不為義，澤及萬世而不為仁。」《荀子．君子》：「備而不矜，一自善也，謂之聖。不矜矣夫，故天下莫能與爭能。而致善用其功，有而不有也夫，故為天下貴矣。」

德博而化。博，大也。大而化，即孟子所謂「大而化之之謂聖」也。或謂德博而能化民，成己成物之意，亦通。

《易》曰：『見龍在田，利見大人。』君德也。」君德，謂此宗師，其德足以為君，但無其位耳。君師皆宜大人為之，其德無二也，故二五兩爻同稱大人。宗師豈必遜於帝王哉？《禮‧學記》：「能博喻然後能為師，能為師然後能為長，能為長然後能為君。故師也者，所以學為君也，是故擇師不可不慎也。」《孟子》：「莫之為而為者天也，莫之致而致者命也。匹夫而有天下者，德必若舜、禹，而又有天子薦之者，故仲尼不有天下。」《管子‧戒篇》：「是故聖人齊滋味而時動靜，御正六氣之變，禁止聲色之淫。邪行亡乎禮，違言不存口。靜無定生，聖也。仁從中出，義從外作。仁故不以天下為利，義故不以天下為名。仁故不代王，義故七十而致政。是故聖人上德而下功，尊道而賤物。道德當身，故不以物惑。是故身在草茅之中，而無懾意。南面聽天下，而無驕色。如此，而後可以為天下王。」《莊子‧天道》：「夫虛靜恬淡，寂寞無為者，萬物之本也。明此以南鄉，堯之為君也；明此以北面，舜之為臣也。以此處上，帝王天子之德也；以此處下，玄聖素王之道也。以此退居而閑游，江海山林之士服；以此進為而撫世，則功大名顯而天下一也。靜而聖，動而王，無為也而尊，樸素而天下莫能與之爭美。」又《列御寇》：「以不平平，其平也不平；以不徵徵，其徵也不徵。明者唯為之使，神者徵之。夫明之不勝神也久矣，而愚者恃其所見入於人，其功外也，不亦悲乎！」又《天下》：「神何由降，明何由出，聖有所生，王有所成，皆原於一。」《荀子‧儒效》：「君子無爵而貴，無祿而富，不言而信，不怒而威，窮處而榮，獨居而樂。豈不至尊至重至嚴之情，舉積此哉！」

爻義畧證

《易·臨卦·彖辭》：「臨，剛浸而長，說而順，剛中而應。大亨以正，天之道也。」其《象辭》云：「澤上有地，臨。君子以教思无窮，容保民无疆。」（《繫傳》曰：「繫辭焉而命之，動在其中矣。」《乾》之二五，雖見飛畧異，臨民一也。故同稱利見大人）又《同人卦·彖辭》：「文明以健，中正而應，君子正也。唯君子為能通天下之志。」其《象辭》曰：「君子以類族辨物。」又《兑卦·彖辭》：「剛中而柔外，說（即悦）以利貞，是以順乎天而應乎人。說以先民，民忘其勞。說以犯難，民忘其死。說之大，民勸矣哉！」（即《論語》「學而時習之，不亦說乎」之義也）其《象辭》曰：「君子以朋友講習。」

《書·泰誓上》：「天佑下民，作之君，作之師，惟其克相上帝，寵綏四方。……」（《孟子·梁惠王下》引書畧同。此篇今文無，古文有，所不輕棄也）

《周禮·地官·司徒》：「以鄉三物教萬民而賓興之。（鄭注：「舉其賢者能者，以飲酒之禮賓客之。」）一曰六德，知、仁、聖、義、忠、和；二曰六行，孝、友、睦、婣、任、恤；三曰六藝，禮、樂、射、御、書、數。」又《春官·宗伯·大司樂》：「凡有道者，有德者，使教焉。」

《禮•儒行》：「儒有不寶金玉，而忠信以為寶；不祈土地，立義以為土地；不祈多積，多文以為富。……」又：「儒有忠信以為甲冑，禮義以為干櫓。戴仁而行，抱義而處。雖有暴政，不更其所，其自立有如此者。」又《學記》：「古之王者，建國君民，教學為先。」又：「知類通達，強立而不反，謂之大成。夫然後足以化民易俗，近者悦服而遠者懷之。」又《中庸》：「仲尼祖述堯、舜，憲章文、武；上律天時，下襲水土。辟如天地之無不持載，無不覆幬，辟如四時之錯行，如日月之代明。萬物並育而不相害，道並行而不相悖，小德川流，大德敦化，此天地之所以為大也。」（所謂大人君德者此也）

《論語》：「或謂孔子曰：『子奚不為政？』子曰：『《書》云孝乎：「惟孝友于兄弟，施於有政。」是亦為政，奚其為為政？』」

《孟子》：「仁言不如仁聲之入人深也，善政不如善教之得民也。善政民畏之，善教民愛之。善政得民財，善教得民心。」又：「聖人，百世之師也，伯夷、柳下惠是也。（孔子不待言矣）故聞伯夷之風者，頑夫廉，懦夫有立志；聞柳下惠之風者，薄夫敦，鄙夫寬。奮乎百世之上，百世之下，聞者莫不興起也。非聖人而能若是乎？而況於親炙之者乎？」又：「人倫明於上，小民親於下，有王者起，必來取法，是為王者師也。」又：「君子有三樂，而王天下不與存焉。父母俱存，兄弟無故，一樂也；仰不愧於天，俯不怍於人，二樂也；得天下英才而教育之，三樂也。君子有三樂，而王天下不與存焉。」又：「入則孝，出則悌。守先王之道，以待後之學者。」又：「規矩，方員之至也。聖人，人倫之至也。」又：「天之生此民也，使先知覺後知，使先覺覺後覺。予天民之先覺者也，予將以斯道覺斯民也，非予覺之而誰也？」（可通九五）又：「世衰道微，邪説暴行有作，臣弒其君者有之，子弒其父者有之。孔子懼，作《春秋》。《春秋》，天子之事也，是故孔子曰：『知我者其惟《春秋》乎？罪我者其惟《春秋》乎？』……孔子成《春秋》而亂臣賊子懼。」又：「居仁由義，大人之事備矣。」又：「君子之所以教者五：有如時雨化之者，有成德者，有達財者，有答問者，有私淑艾者。此五者，君子之所以教也。」又：「動容周旋中禮者，盛德之至也（即所謂龍德而正中者也）。哭死而哀，非為生者也。經德不回，非以干祿也。言語必信，非以正行也。君子行法以俟命而已矣。」又「孔子曰：『惡似而非者：惡莠，恐其亂苗也；惡佞，恐其亂義也；惡利口，恐其亂信也；惡鄭聲，恐其亂樂也；惡紫，恐其亂朱也；惡鄉原，恐其亂德也。君子反經而已矣。經正，則庶民興；庶民興，斯無邪慝矣。」（杭辛齋謂孟子未嘗言《易》，而於《易》無不合。信然。孟子未嘗言《易》者，以《易》既已施於卜筮，百姓所熟聞，故無煩徵引也。）

《荀子‧儒效》：「故近者歌謳而樂之，遠者竭蹶而趨之，四海之內若一家，通達之屬，莫不從服，夫是之謂人師。」（亦見《議兵篇》）又：「法先王，統禮義，一制度；以淺持博，以古持今，以一持萬；苟仁義之類也，雖在鳥獸之中，若別白黑；倚物怪變，所未嘗聞也，所未嘗見也，卒然起一方，則舉統類無應之，所作儗怎；張法而度之，則晻然若合符節；是大儒是也。」又《禮論》：「禮有三本：天地者，生之本也；先祖者，類之本也；君師者，治之本也。無天地惡生？無先祖惡出？無君師惡治？三者偏亡焉，無安人。」又《堯問》：「夫仰祿之士，猶可驕也，正身之士不可驕也。彼正身之士，舍貴而為賤，舍富而為貧，舍佚而為勞，顏色黎黑而不失其所，是以天下之紀不息，文章不廢也。」又《哀公》：「所謂君子者，言忠信而心不德，仁義在身而色不伐，思慮明通而辭不爭，故猶然如將不及，君子也。」（引孔子語）又《勸學》：「……德操然後能定，能定然後能應，能定能應，夫是之謂成人。天見其明，地見其光，君子貴其全也。」

《呂氏春秋・勸學》：「是故古之聖王，未有不尊師者也，尊師則不論其貴賤貧富矣。若此，則名號顯矣，德行彰矣。……故為師之務，在於勝理，在於行義。理勝義立，則位尊矣。王公大人，弗敢驕也。」又《尊師》：「故教也者，義之大者也；學也者，知之盛者也。義之大者莫大於利人，利人莫大於教。知之盛者莫大於成身，成身莫大於學。身成，則為人子弗使而孝矣，為人臣弗令而忠矣，為人君弗彊而平矣。有大勢，可以為天下正矣。」又《不侵》：「孔、墨，布衣之士也，萬乘之主，千乘之君，不能與之爭士也。自此觀之，尊貴富大，不足以乘士矣。」又《順說》：「孔丘、墨翟，無地為君，無官為長。天下丈夫女子，莫不延頸舉踵而安利之。」（《淮南・道應訓》同。《淮南・要術》並云墨子學儒者之業，受孔子之術）

揚子《法言·學行》：「或問：『世言鑄金，金可鑄與？』曰：『吾聞覿君子者問鑄人，不問鑄金。』或曰：『人可鑄與？』曰：『孔子鑄顏淵矣。』或人踧爾曰：『旨哉！問鑄金，得鑄人。』」又：「視日月而知眾星之蔑也，仰聖人而知眾說之小也。學之為王者事，其已久矣。堯、舜、禹、湯、文、武汲汲，仲尼皇皇，其已久矣。」又《吾子》：「震風陵雨，然後知夏屋之為帡幪也；虐政虐世，然後知聖人之為郛郭也。古者揚、墨塞路，孟子辭而闢之，廓如也。後之塞路者有矣，竊自比於孟子。或曰：『人各是其所是，而非其所非，將誰使正之？』曰：『萬物紛錯則懸諸天，眾言淆亂則折諸聖。』或曰：『惡覩乎聖而折諸？』曰：『在則人，亡則書，其統一也。』」

九三曰：此爻處下卦之極位，蓋雖在野之身，而名聲藉甚。享譽既久，每易過情。苟有過，人必知之，不加刻厲，隕越隨之矣。

「**君子終日乾乾**，乾，健也。猶言努力不懈，即《大象》「天行健，君子以自強不息」之意。**夕惕若**，日宜乘陽而動，故爾乾乾，夕則退陰以息，最宜反躬修省。乾乾則德學益進，惕若則不蹈有過之地，庶情實不虧，而隆名可保也。《易·震·象》：「君子以恐懼修省。」又《蹇·象》：「君子以反身修德。」《詩·商頌·那篇》：「自古在昔，先民有作。溫恭朝夕，執事有恪。」《禮·曲禮》：「博聞彊識而讓，敦善行而不怠，謂之君子。」《論語》：「子曰：『德之不修，學之不講，聞義不能徙，不善不能改，是吾憂也。』」又「曾子曰：『吾日三省吾身，為人謀而不忠乎？與朋友交而不信乎？傳不習乎？』」《管子·白心》：「持而滿之，乃其殆也。名滿於天下，不若其已也。名進而身退，天之道也。」《韓非‧解老》：「心畏恐則行端直，行端直則思慮孰，思慮孰則得事理。行端直則无禍害，無禍害則盡天年；得事理則必成功。盡天年則全而壽。」皆其義也。又《淮南‧人間訓》：「君子終日乾乾，夕惕若，厲，无咎。終日乾乾，以陽動也。夕陽若厲，以陰息也。因日以動，因夜以息，唯有道者能行之。」是矣。若字斷句，《淮南》行文，取其相偶耳。惕若者，猶云惕如也。《離》之九五：「出涕沱若，戚嗟若。」《巽》之九二：「用史巫紛若。」《豐》之六二：「有孚發若。」《節》之六三：「不節若，則嗟若。」皆其證也。

厲，危也，嚴重之意。不中處極，原是凶地。非乾乾時惕，何以免咎乎？《書‧冏命》：「怵惕惟厲，中夜以興，思免厥愆。」又《君牙》：「心之憂危，若履虎尾，涉于春冰。」

无咎。」此十二字是九三爻辭也。《繫傳》：「无咎者，善補過也。」君子時中，不處極地，聲聞過情，以為深恥，冀其乾乾時惕，如履如臨，庶免凶殃耳。《荀子‧勸學》：「神莫大於化道，福莫長於无禍。」《易》為君子謀，此爻本凶象，而云无咎者，先示以守身之道，惕然於懷，則福長而无禍矣。《繫傳》曰：「《易》之興也，其當殷之末世，周之盛德邪？當文王與紂之事邪？是故其辭危。危者使平，易者使傾；其道甚大，百物不廢。懼以終始，其要无咎，此之謂易之道也。」文王內文明而外柔順，以蒙大難，故推衍羲皇卦義，窮究天人，首立文字。周公善繼善述，重繫爻辭，昭示來學。若預知戒懼，則可明而不夷，羑里之幽，箕子之囚，或並而免。聖人情見乎辭，筮者尤宜加慮，無以遇吉或无咎，而易其所行，自趨傾敗也。大抵《易》之要義，總在无咎。立於無過之地，則吉不待言。若危不知悔，極不思反，則凶禍固常酷也。

何謂也？子曰：「君子進德修業。即《中庸》尊德性而道問學也。德業，亦猶言行。九二云信謹，此云進修，加刻厲也。此二者是終日乾乾之事。

忠信，所以進德也。示進德之要途，莫善於忠信也。《左傳》文公元年：「忠信，卑讓之道也。忠，德之正也。信，德之固也。卑讓，德之基也。」又僖公二十四年：「心不則德義之經為頑，口不道忠信之言為嚚。」又成公九年：「仁以接事，信以守之，忠以成之，敏以行之。事雖大，必濟。」又襄公二十二年：「忠信篤敬，上下同之，天之道也。」《論語》：「主忠信，徙義，崇德也。」又：「子以四教，文行忠信。」又：「言忠信，行篤敬，雖蠻貊之邦行矣。」《禮·禮器》：「先王之立禮也，有本有文。忠信，禮之本也；義理，禮之文也。無本不立，無文不行。」又《大學》：「是故君子有大道，必忠信以得之，驕泰以失之。」《管子·戒篇》：「多言而不當，不如其寡也。博學而不反，必有邪。孝弟者，仁之祖也。忠信者，交之慶也。內不考孝弟，外不正忠信，澤其四經而誦學者，是亡其身者也。」

修辭立其誠，所以居業也。居業猶修業，避上句「修」字，易為「居」字耳。循循諄諄，垂示進修之方。無有師保，如臨父母。辭，兼言語文字也。立誠是弘中形外，不為佹異。《書·畢命》：「辭尚體要，不惟好異。」《穀梁傳》僖公二十二年：「人之所以為人者，言也。人而不能言，何以為人？言之所以為言者，信也。言而不信，何以為言？信之所以為信者，道也。信而不道，何以為道？道之貴者時，其行勢也。」《論語》：「十室之邑，必有忠信。如丘者焉，不如丘之好學也。」又：「好仁不好學，其蔽也愚。好知不好學，其蔽也蕩。好信不好學，其蔽也賊。好直不好學，其蔽也絞。好勇不好學，其蔽也亂。好剛不好學，其蔽也狂。」《老子》：「信言不美，美言不信。」揚子《法言・重黎》：「或問『聖人表裏』。曰：『威儀文辭，表也；德行忠信，裏也。』」

知至、至，極也。應自知處卦體之極矣。**至之**，宜善處此極位，進德修業，因其時而惕然反躬。

可與幾也。幾，微也。可與知微，則庶幾有濟而竟成其身矣。《繫傳》曰：「知幾其神乎？……幾者，動之微，吉之先見者也。」又：「顏氏之子，其殆庶幾乎！有不善未嘗不知；知之未嘗復行也。」又上文所引成公九年《左氏傳》：「仁以接事，信以守之，忠以成之，敏以行之。事雖大，必濟。」亦正其義。

知終、終，盡也。處數之終，義同知至。**終之**，義同至之，言之不足，故長言之耳。《詩・大雅・既醉》：「昭明有融，高朗令終。」是斯義矣。

可與存義也。《爾雅・釋詁》：「存，察也。」明察行事之宜，四德之利貞也。此數句是夕惕之事。

是故居上位而不驕，上位，是對下卦言，九三是下卦之上爻，其地位居一般在野之人上矣。

在下位而不憂。下位，是對上卦言，謂仍是在野之身也。此二句咬緊本爻發論，絕非泛指，萬不可忽。否則六爻之義，雜亂無次矣。《書・伊訓》：「居上克明，為下克忠。與人不求備，檢身若不及。」《中庸》：「是故居上不驕，為下不倍。國有道，其言足以興；國無道，其默足以容。《詩》曰：『既明且哲，以保其身。』其此之謂與！」又：「在上位，不陵下，在下位，不援上，正己而不求於人則無怨。上不怨天，下不尤人。」與此同義。

知至知終，惕然於懷。故居上不驕。忠信進德，修辭立誠，故在下不憂。

故乾乾因其時而惕，雖危无咎矣。」乾乾承在下不憂，因其時而惕，承居上不驕，故字非複。危，釋厲字也，明厲字不連上讀。諸卦中所在多有，不煩徵引矣。

爻義畧證

《易·謙卦》：「謙，亨，君子有終。」（即知終終之，可與存義）《象》曰：「謙亨，天道下濟而光明，地道卑而上行。天道虧盈而益謙，地道變盈而流謙，鬼神害盈而福謙，人道惡盈而好謙。謙，尊而光，卑而不可踰，君子之終也。」又：「九三：勞謙，君子有終，吉。」《象》曰：「勞謙君子，萬民服也。」（《乾卦》九三，正是勞謙之義。《繫傳》曰：「繫辭焉而命之，動在其中矣。」又曰：「辭也者，各指其所之。」可益知變化之道矣）又《震卦·象辭》：「震來虩虩，恐致福也；笑言啞啞，後有則也。」（猶乾乾時惕而无咎也）其六三云：「震蘇蘇，震行无眚。」「《象》曰：「震蘇蘇，位不當也。」又《蹇卦·象辭》「蹇，難也，險在前也。見險而能止，知矣哉！」其九三云：「往蹇來反。」（謂進則遇險退則安順）《象》曰：「往蹇來反，內喜之也。」又《繫傳》：「君子居其室，出其言善，則千里之外應之，況其邇者乎？居其室，出其言不善，則千里之外違之，況其邇者乎？言出乎身，加乎民；行發乎邇，見乎遠。言行，君子之樞機。樞機之發，榮辱之主也。」

《詩・小雅・小宛》：「溫溫恭人，如集于木。惴惴小心，如臨于谷；戰戰兢兢，如履薄冰。」又《小雅・小旻》：「不敢暴虎，不敢馮河。人知其一，莫知其他。戰戰兢兢，如臨深淵，如履薄冰。」又《小雅・沔水》：「鴥彼飛隼，率彼中陵。民之訛言，寧莫之懲。我友敬矣，讒言其興。」又《小雅・正月》：「謂天蓋高，不敢不局；謂地蓋厚，不敢不蹐。」又《小雅・雨無正》：「凡百君子，各敬爾身。胡不相畏，不畏于天。」又《大雅・抑篇》：「慎爾出話，敬爾威儀，無不柔嘉。白圭之玷，尚可磨也；斯言之玷，不可為也。」「視爾友君子，輯柔爾顏，不遐有愆。相在爾室，尚不愧于屋漏。無曰不顯，莫予云覯。神之格思，不可度思，矧可射思。」「荏染柔木，言緡之絲。溫溫恭人，維德之基。」

《禮・曲禮》：「修身踐言，謂之善行。行修言道，禮之質也。」（陳可大曰：「人之所以為人，言行而已。忠信之人，可以學禮，故曰禮之質也）又《月令》：「日長至，陰陽爭，死生分。君子齊戒，處必掩身，毋躁，止聲色，毋或進，薄滋味，毋致和，節嗜欲，定心氣。」又《禮器》：「君子之於禮也，有所竭情盡慎，致其敬而誠若，有美而文而誠若。」又《儒行》：「儒有居處齊難，其坐起恭敬；言必先信，行必中正（三則過中必退歸二）；道塗不爭險易之利，冬夏不爭陰陽之和；愛其死以有待也，養其身以有為也。其備豫有如此者。」又：「儒有博學而不窮，篤行而不倦，幽居而不淫，上通而不困；禮之以和為貴，忠信之美，優游之法；慕賢而容眾，毀方而瓦合。其寬裕有如此者。」

《論語》：「蘧伯玉使人於孔子，孔子與之坐而問焉，曰：『夫子何為？』對曰：『夫子欲寡其過而未能也。』使者出，子曰：『使乎！使乎！』」朱子曰：「莊周稱『伯玉行年五十而知四十九年之非』。又曰『伯玉行年六十而六十化』。蓋其進德之功，老而不倦。是以踐履之實，光輝宣著。不惟使者知之，而夫子亦信之也。」（蘧瑗本非在野，以其義同，故取譬而喻也）又：「多聞闕疑，慎言其餘，則寡尤；多見闕殆，慎行其疑，則寡悔。」

《莊子·在宥》：「我為女遂於大明之上矣，至彼至陽之原也；為女入於窈冥之門矣，至彼至陰之原也。天地有官，陰陽有藏，慎守女身，物將自壯。」

《荀子·正名篇》引逸《詩》：「長夜漫兮，永思騫兮（騫，義同愆）。太古之不慢兮，禮義之不愆兮。何恤人之言兮！」

《呂氏春秋·士容論》：「故君子之容，純乎其若鍾山之玉，桔乎其若陵上之木。淯淯乎慎謹畏化，而不肯自足；乾乾乎取舍不悅，而心甚素樸。」

《淮南子·原道訓》：「貪饕多欲之人，漠睧於勢利，誘慕於名位，冀以過人之智，植于高世，則精神日以耗而彌遠，久淫而不還，形閉中距，則神無由入矣。是以天下時有盲妄自失之患。此膏燭之類也，火逾然而消逾亟。夫精神氣志者，靜而日充者以壯，躁而日耗者以老。是故聖人將養其神，和弱其氣，平夷其形，而與道沈浮俛仰。」（此條是知至知終之義。三上兩爻。時須用九也。）又《人間訓》：「夫言出於口者，不可止於人；行發於邇者，不可禁於遠。事者，難成而易敗也；名者，難立而易廢也。千里之隄，以螻蟻之穴漏；百尋之屋，以突隙之煙焚。《堯戒》曰：『戰戰慄慄，日慎一日。人莫蹪於山而蹪於蛭。』是故人皆輕小害，易微事，以多悔。患至而後憂之，是猶病者已惓而索良醫也，雖有扁鵲、俞跗之巧，猶不能生也。」

九四曰：此爻居上卦之初，蓋始為世用之時也。

「或躍在淵，无咎。」此九四爻辭也。或躍在淵，兼包兩義：一、士君子及時出仕，宜如龍之騰躍而上。二、既出之後，如見己之德學才畧，仍未足勝其任。或世太溷濁，非所克堪，試手生荊，則宜仍躍歸在淵也。《莊子•逍遙遊》：「鵬之徙於南冥也，水擊三千里，摶扶搖而上者九萬里。去以六月息者也。……且夫水之積也不厚，則其負大舟也無力。覆杯水於坳堂之上，則芥為之舟；置杯焉則膠，水淺而舟大也。風之積也不厚，則其負大翼也無力。故九萬里，則風斯在下矣，而後乃今培風；背負青天而莫之夭閼者，而後乃今將圖南。」可以喻此矣。士君子雖厚積而進，而道大未必能容。非計之未熟也，時有利不利也。《孟子》曰：「千里而見王，是予所欲也。不遇故去，豈予所欲哉？」《淮南》云：「夫牛蹄之涔，無尺之鯉，塊阜之山，無丈之材，所以然者何也？皆其營宇狹小，而不能容巨大也。」或躍四字，餘義曲包。時行則可由躍而飛，時止則宜復潛在淵。上下進退，從道汚隆，南陽栗里，易地必皆然也。《繫傳》曰：「君子之道，或出或處，或默或語。二人同心，其利斷金。同心之言，其臭如蘭。」又曰：「尺蠖之屈，以求伸也；龍蛇之蟄，以存身也。」蓋「良農能稼而不能為穡，良工能巧而不能為順。君子能修其道，綱而紀之，統而理之，而不能為容。」內得於己，有時未必外得於人。故進退不可以一理方，而潛見躍飛，又須察乎時變矣。陶彭澤云：「或擊壤以自歡，或大濟於蒼生。靡潛躍之非分，常傲然以稱情。」有旨哉！有旨哉！

何謂也？子曰：「上下无常，非為邪也。即子路「君子之仕也，行其義也。道之不行，已知之矣」之意。《禮·檀弓》：「子思曰：『昔者吾先君子（孔子），無所失道，道隆則從而隆，道汚則從而汚。』」《論語》：「微生畝謂孔子曰：『丘何為是栖栖者與？無乃為佞乎？』孔子曰：『非敢為佞也，疾固也。』」《孟子》：「可以仕則仕，可以止則止，可以久則久，可以速則速，孔子也。」（似此者數見）又《禮·儒行》：「儒有一畝之宮，環堵之室，篳門圭窬，蓬戶甕牖；易衣而出，并日而食；上答之不敢以疑，上不答不敢以諂。其仕有如此者。」

進退无恆，非離羣也。義同上下无常，重言致意耳。進思盡忠，退思補過。非貿貿然來，望望焉去也。《禮·儒行》：「儒有合志同方，營道同術；並立則樂，相下不厭；久不相見，聞流言不信；其行本方立義，同而進，不同而退。其交友有如此者。」揚子《法言·先知》：「聖人樂陶成天下之化，使人有士君子之器者也，故不遁於世，不離於羣。」是進退非離羣之證也。

君子進德修業，士君子於德業之進修，實無適而不然，非與九三相混也。

欲及時也，故无咎。」及時猶言合時，即時行則行，時止則止之意。身修思永，篤實輝光，而潛躍進退，不違其時，故无咎。否則如盆成括之仕齊，小有才，未聞君子之大道，則足以殺其軀而已矣。又，欲及時也，亦可作孔子「吾豈匏瓜也哉？焉能繫而不食？」之意解。蓋君子揭然有存，惻然有感，畏天命而閔人窮。其所以進德修業，未嘗不欲及時而仕也。《中庸》：「誠者，非自成己而已也，所以成物也。成己，仁也；成物，知也。性之德也，合內外之道也，故時措之宜也。」《孟子》：「周霄問曰：『古之君子仕乎？』孟子曰：『仕。……古之人未嘗不欲仕也，又惡不由其道。不由其道而往者，與鑽穴隙之類也。』」皆其證，獨嫌故无咎三字無所承耳。

爻義畧證

《易・漸卦・彖辭》：「漸之進也，女歸吉也。進得位，往有功也。進以正，可以正邦也。」其《象辭》曰：「山上有木，漸。君子以居賢德善俗。」又《艮卦・彖辭》：「時止則止，時行則行。動靜不失其時，其道光明。」（艮漸，亦潛躍之意也）

《春秋左氏傳》宣公十二年：「士貞子曰：『林父之事君也，進思盡忠，退思補過，社稷之衞也。』」又襄公二十六年：「臣之祿，君實有之。義則進，否則奉身而退。專祿以周旋，戮也。」

《春秋公羊傳》莊公二十四年：「三諫不從，遂去之，故君子以為得君臣之義也。」

《禮·表記》：「事君難進而易退，則位有序；易進而難退，則亂也。故君子三揖而進，一辭而退，以遠亂也。」又《儒行》：「其難進而易退也，粥粥若無能也。」又：「儒有今人與居，古人與稽；今世行之，後世以為楷；適弗逢世，上弗援，下弗推，讒諂之民有比黨而危之者；身可危也，而志不可奪也；雖危起居，竟信其志，猶將不忘百姓之病也。其憂思有如此者。」又：「儒有內稱不辟親，外舉不辟怨；程功積事，推賢而進達之，不望其報，君得其志；苟利國家，不求富貴。其舉賢援能有如此者。」又《內則》：「四十始仕，方物、出謀、發慮，道合則服從，不可則去。」又《文王世子》：「是故知為人子，然後可以為人父；知為人臣，然後可以為人君；知事人，然後可以能使人。」

《論語》：「季氏富於周公，而求也為之聚斂而附益之。子曰：『非吾徒也，小子鳴鼓而攻之可也。』」又：「季子然問：『仲由、冉求，可謂大臣與？』子曰：『吾以子為異之問，曾由與求之問。所謂大臣者，以道事君，不可則止。今由與求也，可謂具臣矣。』曰：『然則從之者與？』子曰：『弒父與君，亦不從也。』」

《孝經》：「君子之事上也，進思盡忠，退思補過，將順其美，匡救其惡，故上下能相親也。」

《孟子》：「陳子曰：『古之君子何如則仕？』孟子曰：『所就三，所去三。迎之致敬以有禮，言將行其言也，則就之；禮貌未衰，言弗行也，則去之。其次，雖未行其言也，迎之致敬以有禮，則就之；禮貌衰，則去之。其下，朝不食，夕不食，飢餓不能出門戶；君聞之曰：「吾大者不能行其道，又不能從其言也；使飢餓於我土地，吾恥之。」周之，亦可受也，免死而已矣。』」又：「君有大過則諫，反覆之而不聽則去。」又：「有事君人者，事是君則為容悅者也；有安社稷臣者，以安社稷為悅者也；有天民者，達可行於天下而後行之者也；有大人者，正己而物正者也。」又：「仕非為貧也，而有時乎為貧。娶妻非為養也，而有時乎為養。為貧者，辭尊居卑，辭富居貧。辭尊居卑，辭富居貧，惡乎宜乎？抱關擊柝。孔子嘗為委吏矣，曰：『會計當而已矣。』嘗為乘田矣，曰：『牛羊茁壯長而已矣。』位卑而言高，罪也；立乎人之本朝而道不行，恥也。」又：「有官守者，不得其職則去；有言責者，不得其言則去。」

《管子・君臣》：「能據法而不阿，上以匡主之過，下以振民之病者，忠臣之所行也。……君子食於道，則義審而禮明；義審而禮明，則倫等不踰，雖有偏卒之大夫，不敢有幸心，則上無危矣。」又《四稱》：「昔者有道之臣，委質為臣，不賓事左右，君知則仕，不知則已。……昔者無道之臣，委質為臣，賓事左右，執説以進，不蘄亡己，遂進不退，假寵鬻貴。」

《晏子春秋・內篇・問上》：「故通則視其所舉，窮則視其所不為，富則視其所分，貧則視其所不取。夫上士，難進而易退也；其次，易進而易退也；其下，易進而難退也。」又《內篇·問下》：「見善必通，不私其利，薦善而不有其名；稱身居位，不為苟進；稱事受祿，不為苟得；體貴側賤，不逆其倫，居貴不肖，不亂其序；肥利之地，不為私邑，賢質之士，不為私臣；君用其所言，民得其所利，而不伐其功。此臣之道也。」

《墨子·親士》：「君子進不敗其志，衲（即退字）究其情，雖雜庸民，終無怨心，彼有自信者也。」

《荀子·儒效》：「儒者法先王，隆禮義，謹乎臣子而致貴其上者也。人主用之，則勢在本朝而宜；不用，則退編百姓而慤，必為順下矣。雖窮困凍餒，必不以邪道為貪；無置錐之地，而明於持社稷之義。」又：「忠臣誠能，然後敢受職，所以為不窮也。分不亂於上，能不窮於下，治辯之極也。」又《正論》：「失德不稱位，能不稱官，賞不當功，罰不當罪，不祥莫大焉。」又《臣道》：「人臣之論，有態臣者，有篡臣者，有功臣者，有聖臣者。內不足使一民，外不足使距難，百姓不親，諸侯不信，然而巧敏佞說，善取寵乎上，是態臣者也。上不忠乎君，下取譽乎民，不卹公道通義，朋黨比周，以環主圖私為務，是篡臣者也。內足使以一民，外足使以距難，民親之，士信之，上忠乎君，下愛百姓而不倦，是功臣者也。上則能尊君，下則能愛民，政令教化，刑下如影，應卒遇變，齊給如響，推類接譽，以待無方，曲成制象，是聖臣者也。」又《富國》：「賢者不可得而進也，不肖者不可得而退也，則能不能不可得而官也。若是，則萬物失宜，事變失應，上失天時，下失地利，中失人和，天下敖然，若燒若焦。」又《非十二子》：「古之所謂士仕者，厚敦者也，合群者也，樂可貴者也，樂分施者也，遠罪過者也，務事理者也，羞獨富者也。」

《韓非・有度》：「賢者之為人臣，北面委質，無有二心，朝廷不敢辭賤，軍旅不敢辭難，順上之為，從主之法，虛心以待令，而無是非也。」

揚子《法言・君子》：「或曰：『子於天下則誰與？』曰：『與夫進者乎？』或曰：『貪夫位也，慕夫祿也，何其與？』曰：『此貪也，非進也。夫進也者，進於道，慕於德，殷之以仁義，進而進，退而退，日孳孳而不知劣勸者也。』或曰：『進進則聞命矣，請問退進。』曰：『昔乎顏淵以退為進，天下鮮儷焉。』或曰：『若此，則何少於必退也？』曰：『必進易儷也，必退易儷也。進以禮，退以義，難儷也。』」

九五曰：陽居陽位，得中得正，「古之人得志澤加於民」者也。舊說以此爻單屬人君，若然者，天下除一人外，無能行此爻者矣。為一人著訓，豈三聖立則，徧化天下後世之意乎？《繫辭傳》曰：「神而明之，存乎其人。」又曰：「引而伸之，觸類而長之，天下之能事畢矣。……知變化之道者，其知神之所為乎！」又曰：「《易》之為書也，不可遠，為道也屢遷。變動不居，周流六虛，上下無常，剛柔相易，不可為典要，唯變所適……初率其辭而揆其方，既有典常。苟非其人，道不虛行。」則是《易》之變化，不可以一途驗，有待乎學者之善會其意矣。故此爻涵義，揆其方以通其變，舉凡天下之長，一省之長，一方之長，一家之長，與夫一機關一學校以至店舖之長之主之者，皆可用也。（首相亦可，坤之六二，則代相或副貳也）

「飛龍在天，利見大人。」此九五爻辭也，九四躍而已矣。及其光亨，奮飛天上，萬物皆覩，喻大人君子，居尊位，施德化，萬民瞻仰也。此與九二同稱大人，美得中也。特九二見于田，只在野有限之人見之，此則高飛施流，普及天下耳。

何謂也？子曰：「同聲相應，同氣相求。《文子·上仁》：「芒芒昧昧，因天之威，與天同氣。」《孔叢子·雜訓》：「懸子問子思曰：『吾聞同聲者相求，同志者相好。』」**水流濕，火就燥。雲從龍，風從虎。**喻氣機相感召，與下句聖人作而萬物覩，謂聖人與民同類，民之從服歸化之，若水火之就濕燥，風雲之從龍虎，《孟子》所謂「民之歸仁，猶水之就下，獸之走壙者」是也。《文子·精誠》：「聖人抱道推誠，天下從之，如響之應聲，影之象形，所修者本也。」《莊子·漁父》：「同類相從，同聲相應，固天之理也。」《荀子·大畧》：「均薪施火，火就燥；平地注水，水流濕。夫類之相從也，如此之著也。」《呂氏春秋·應同》：「類固相召，氣同則合，聲比則應。鼓宮而宮動，鼓角而角動。平地注水，水流濕；均薪施火，火就燥。山雲草莽，水雲魚鱗，旱雲煙火，雨雲水波，無不皆類其所生以示人。故以龍致雨，以形逐影。」（《召類篇》畧同）《淮南子·泰族訓》：「故寒暑燥濕，以類相從；聲響疾徐，以音相應也。」又《天文訓》：「故鳥飛而高，魚動而下。物類相動，本標相應。虎嘯而谷風至，龍舉而景雲屬。」董子《春秋·同類相動》：

「今平地注水，去燥就濕；均薪施火，去濕就燥。百物去其所以異，而從其所與同，故氣同則合，聲比則應，其驗皦然也。」

聖人作而萬物覩。《荀子・致士》：「今人主有能明其德，則天下歸之，若蟬之歸明火也。」《呂氏春秋・不二》：「夫能齊萬不同，愚智工拙皆盡力竭能，如出乎一穴者，其唯聖人矣乎？」《漢書・刑法志》：「上聖卓然先行敬讓博愛之德者，眾心說而從之。從之成群，是為君矣；歸而往之，是為王矣。」

本乎天者親上，本乎地者親下，萬民親聖人，如日月星辰之親天，百穀草木之親地。《淮南》謂「鳥飛而高，魚動而下，物類相動，本標相應」，即是之謂。

則各從其類也。」《荀子・勸學》：「施薪若一，火就燥也；平地若一，水就濕也。草木疇生，禽獸羣焉，物各從其類也。」

爻義畧證

《易・臨卦・彖辭》：「臨，剛浸而長，說而順，剛中而應。大亨以正，天之道也。」《大象》云：「澤上有地，臨。君子以教思无窮，容保民无疆。」六五云：「知臨，大君之宜，吉。」《小象》曰：「大君之宜，行中之謂也。」又《大有・彖辭》：「柔得尊位（乾五體剛用柔，則成大有，君道固應爾爾也），大中而上下應之曰大有。其德剛健而文明，應乎天而時行。」《大象》曰：「火在天上，大有。君子以遏惡揚善，順天休命。」六五曰：「厥孚交如，威如，吉。」《小象》曰：「厥孚交如，信以發志也。威如之吉，易而无備也。」（易知則有親，易從則有功，易簡而天下之理得矣。非《本義》所謂「太柔則將易之而无畏備之心」也）

《書·堯典》：「曰若稽古帝堯，曰放勳，欽、明、文、思、安安，允恭克讓，光被四表，格于上下。克明俊德，以親九族。九族既睦，平章百姓。百姓昭明，協和萬邦。黎民於變時雍。」又《泰誓上》：「惟天地萬物父母，惟人萬物之靈。亶聰明，作元后（后，君也），元后作民父母。」又《洪範》：「無偏無黨，王道蕩蕩；無黨無偏，王道平平；無反無側，王道正直。會其有極，歸其有極。」

《詩·小雅·天保》：「神之弔矣，詒爾多福。民之質矣，月用飲食。群黎百姓，偏為爾德。如月之恆，如日之升，如南山之壽，不騫不崩。如松柏之茂，無不爾或承。」又《小雅·隰桑》：「隰桑有阿，其葉有難（音那，平聲）。既見君子，其樂如何！（幽王無道，民心離散，欲得君子而事之）……心乎愛矣，遐不謂矣？中心藏之，何日忘之？」又《大雅·假樂》：「威儀抑抑，德普秩秩。無怨無惡，率由群匹。受福無疆，四方之綱。」又《大雅·旱麓》：「鳶飛戾天，魚躍于淵。豈弟君子，遐不作人。」又《大雅·棫樸》：「追琢其章，金玉其相。勉勉我王，綱紀四方。」又《大雅·文王有聲》：「鎬京辟雍，自西自東，自南自北。無思不服，皇王烝哉！」又《周頌·烈文》：「無競維人，四方其訓之。不顯維德，百辟其刑之。於乎前王不忘。」

《春秋左氏傳》襄公十四年：「良君將賞善而刑淫，養民如子，蓋之如天，容之如地。民奉其君，愛之如父母，仰之如日月，敬之如神明，畏之如雷霆。」

《禮・緇衣》：「故君民者，子以愛之，則民親之；信以結之，則民不倍；恭以涖之，則民有孫心。」（孫，去聲）又：「上好仁，則下之為人爭先人。故長民者，章志貞教，尊仁以子愛百姓，民致行己以悅其上矣。」又《坊記》：「故君信讓以蒞百姓，則民之報禮重。」又《哀公問》：「公曰：『敢問何謂為政？』孔子對曰：『政者，正也。君為正，則百姓從政矣（《論語》季康子問政畧同）。君之所為，百姓之所從也。君所不為，百姓何從？』公曰：『敢問為政如之何？』孔子對曰：『夫婦別，父子親，君臣嚴。三者正，則庶物從之矣。』」又《文王世子》：「德成而教尊，教尊而官正，官正而國治，君之謂也。」又《禮運》：「天子以德為車，以樂為御，諸侯以禮相與，大夫以法相序，士以信相考，百姓以睦相守，天下之肥也。是謂大順。」又《大學》：「《詩》云：『其儀不忒，正是四國。』其為父子兄弟足法，而後民法之也。」又《中庸》：「唯天下至聖，為能聰明睿知，足以有臨也；寬裕溫柔，足以有容也；發強剛毅，足以有執也；齊莊中正，足以有敬也；文理密察，足以有別也。溥博淵泉，而時出之。溥博如天，淵泉如淵。見而民莫不敬，言而民莫不信，行而民莫不說。是以聲名洋溢乎中國，施及蠻貊；舟車所至，人力所通；天之所覆，地之所載，日月所照，霜露所隊；凡有血氣者，莫不尊親，故曰配天。」

《論語》：「為政以德，譬如北辰，居其所而眾星拱之。（猶《繫傳》所謂「黃帝、堯、舜垂衣裳而天下治」也）又：「上好禮，則民莫敢不敬；上好義，則民莫敢不服；上好信，則民莫敢不用情。夫如是，則四方之民，襁負其子而至矣。」

《孟子》曰：「王者之民，皥皥如也。殺之而不怨，利之而不庸，民日遷善而不知為之者。夫君子所過者化，所存者神，上下與天地同流，豈曰小補之哉？」又：「有大人者，正己而物正者也。」又：「萬章問曰：『宋，小國也；今將行王政，齊、楚惡而伐之，則如之何？』孟子曰。『……不行王政云爾；苟行王政，四海之內，皆舉首而望之；齊、楚雖大，何畏焉？』」

《管子·形勢解》：「人主所以使下盡力而親上者，必為天下致利除害也。故德澤加於天下，惠施厚於萬物，父母得以安，群生得以育。故萬民驩盡其力，而樂為上用。入則務本疾作，以實倉廩；出則盡節死敵，以安社稷。雖勞苦卑辱，而不敢告也。」

《晏子春秋·內篇·問上》：「世治政平，舉事調乎天，藉斂利乎民。百姓樂其政，遠者懷其德。四時不失序，風雨不降虐。天明象而致贊，地長物而具育。神降福而不靡，民服教而不偽。治無怨業，居無廢民，此聖人之得意也。」

《荀子·王霸》：「名聲若日月，功績如天地，天下之人，應之如景嚮，是又人情之所同欲也，而王者兼而有是者也。」又：「是故百姓貴之如帝，親之如父母，為之出死斷亡而不愉者（愉，疑是婾字或渝字之誤），無它故焉，道德誠明，利澤誠厚也。」（《富國篇》畧同）又《非十二子》：「長養人民，兼利天下，通達之屬，莫不從服，……則聖人之得勢者，舜、禹是也。」又《正論》：「天子者，勢位至尊，無敵於天下，夫有誰與讓矣？道德純備，智惠甚明，南面而聽天下，生民之屬，莫不振動從服，以化順之，天下無隱士，無遺善，同焉者是也，焉異者非也，夫有惡擅天下矣？」

《呂氏春秋•適威》：「古之君民者，愛利以安之，忠信以導之，務除其災，思致其福。故民之於上也，若璽之於塗也，抑之以方則方，抑之以圜則圜；若五種之於地也，必應其類，而蕃息於百倍，此五帝三王之所以無敵也。」又《期賢》：「當今之時，世闇甚矣。人主有能明其德者，天下之士，其歸之也，若蟬之走明火也。」

《淮南子•主術訓》：「昔者神農之治天下也，神不馳於胸中，智不出於四域，懷其仁誠之心，甘雨時降，五穀蕃植，春生夏長，秋收冬藏，月省時考，歲終獻功，以時嘗穀，祀於明堂。明堂之制，有蓋而無四方，風雨不能襲，寒暑不能傷。遷延而入之，養民以公。其民樸重端慤，不忿爭而財足，不勞形而功成。因天地之資，而與之和同，是故威厲而不殺，刑錯而不用，法省而不煩，故其化如神。其地南至交趾，北至幽都，東至暘谷，西至三危，莫不聽從。」

上九曰：此爻處上卦之極位，窮高失中，攲危傾仄極矣。凡百首長之獨斷專橫、驕矜自喜者屬之。

「亢龍有悔。」此上九爻辭也。子夏傳曰：「亢，極也。」王肅曰：「窮高曰亢。」龍飛極高，無得而見，必至孤窮有悔。首長之專橫淫侈、威福自任者如之。《繫傳》曰：「悔吝者，憂虞之象也。」若處憂虞，知所損益，懲忿窒欲，遷善改過，則可以无悔而轉吉。否則凶禍之來，有極大不測者。此爻辭不云凶，欲其能變耳。《繫傳》曰：「《易》，窮則變，變則通，通則久。是以自天祐之，吉無不利。」如能知其窮塞，深自斂抑，沖氣為和，復安恬退，而從容中道，則君子之過，如日月之食焉，更也人皆仰之矣。此爻本與九三齊觀，而九三云无咎者，先示以乾乾而惕若也。《淮南・繆稱訓》：「無諸己，求諸人，古今未之聞也。同言而民信，信在言前也。同令而民化，誠在令外也。聖人在上，民遷而化，情以（通已字）先之也。動於上，不應於下者，情與令殊也。故《易》曰：『亢龍有悔。』」高誘注云：「人君動極在上，故有悔也。」人君動極，情與令殊，且有悔，況非德者居之。而威福無度，予智自雄者乎？服虔云：「《易》曰：『亢龍有悔。』謂無德而居高位也。」斯言允矣。

何謂也？子曰：「貴而无位，失中處極，虐政虐民，覆餗之凶，旋踵而至。惟聖罔念作狂，易者使傾，貴位豈長保乎？无位，謂其踰越也。《易・繫傳》：「天地之大德曰生，聖人之大寶曰位。何以守位曰仁，何以聚人曰財。」驕奢自邪，不仁無眾，雖得之，必失之矣。《書・大禹謨》：「帝曰：『來禹。……天之歷數在汝躬，汝終陟元後。人心惟危，道心惟微，惟精惟一，允執厥中。無稽之言勿聽，弗詢之謀勿庸。可愛非君，可畏非民。眾非元后何戴，后非眾罔與守邦。欽哉！慎乃有位，敬修其可願，四海困窮，天祿永終。』」《書·太甲上》：「無越厥命以自覆。」皆此意也。

高而无民。撫我則后，虐我則讎。上失其道，民散久矣，眾叛親離，莫可如何也。《書·酒誥》：「誕惟厥縱淫佚于非彝。用燕喪威儀，民罔不盡傷心。」《孟子》：「桀紂之失天下也，失其民也。失其民者，失其心也。」

賢人在下位而无輔。小人道長，奸惡滿朝，賢士在野，無所匡輔。孟子謂不用賢則亡，上無道揆，下無法守，國之所存者幸。劉先主痛恨於桓、靈，亦惟在其親小人，遠賢臣也。《管子·五輔》：「古之聖王，所以取明名廣譽，厚功大業，顯於天下，不忘於後世，非得人者，未之嘗聞。暴王之所以失國家，危社稷，覆宗廟，滅於天下，非失人者，未之嘗聞。」又《法法》：「賢人不至謂之蔽，忠臣不用謂之塞，令而不行謂之障，禁而不止謂之逆。蔽塞障逆之君者，不敢杜其門而守其戶也，為賢者之不至，令之不行也。」《墨子·親士》：「非賢無急（與孟子急親賢之為務同），非士無以慮國。緩賢忘士，而能以其國存者，未曾有也。」又《尚賢上》：「是故國有賢良之士眾，則國家之治厚；賢良之士寡，則國家之治薄。故大人之務，將在於眾賢而已。」又《尚賢中》：「若苟賢者不至乎王公大人之側，則此不肖者在左右也。……故惟昔者三代暴王，桀、紂、幽、厲之所以失措其國家，傾覆其社稷者，已此故也。」《呂氏春秋·謹聽》：「主賢世治，則賢者在上；主不肖世亂，則賢者在下。」（亦見《觀世篇》）又《求人》：「身定，國安，天下治，必賢人。……故得賢人，國無不安，名無不榮。失賢人，國無不危，名無不辱。」《淮南子·主術訓》：「故人主誠正，則直士任事，而姦人伏匿矣；人主不正，則邪人得志，忠者隱蔽矣。」又《泰族訓》：「故國之所以存者，非以有法也，以有賢人也；其所以亡者，非以無法也，以無賢人也。」

是以動而有悔也。」貴高處極，失位失民，遠賢親佞，宜其動輒得咎矣。《左傳》宣公十五年：「過而不改，而又久之，以成其悔，何利之有焉？」《韓非子·難四》：「過而不悛，亡之本也。」

爻義畧證

《易·履卦》六三：「眇能視，跛能履。履虎尾，咥人，凶。武人為於大君。」《象》曰：「眇能視，不足以有明也；跛能履，不足以與行也。咥人之凶，位不當也。武人為于大君，志剛也。」又《大壯》九三：「小人用壯，君子用罔，貞厲。羝羊觸藩，羸其角。」又《夬卦》上六：「无號，終有凶。」《象》曰：「无號之凶，終不可長也。」又《繫辭傳》：「子曰：『作《易》者其知盜乎！《易》曰：「負且乘，致寇至。」（《解卦》六三爻辭）負也者，小人之事也；乘也者，君子之器也。小人而乘君子之器，盜思奪之矣；上慢下暴，盜思伐之矣。慢藏誨盜，冶容誨淫。《易》曰：「負且乘，致寇至。」盜之招也。』」又：「《易》曰：『困于石，據于蒺藜，入于其宮，不見其妻，凶。』（《困卦》六三爻辭）子曰：『非所困而困焉，名必辱；非所據而據焉，身必危。既辱且危，死期將至，妻其可得見耶？』」又：「子曰：『德薄而位尊，知小而謀大，力小而任重，鮮不及矣。《易》曰：「鼎折足，覆公餗，其形渥，凶。」（《鼎卦》九四爻辭，亦可通本卦九四之不肖而仕者）言不勝其任也。』」又：「子曰：『君子安其身而後動，易其心而後語，定其交而後求，君子修此三者，故全也。危以動，則民不與也。懼以語，則民不應也。无交而求，則民不與也。莫之與，則傷之者至矣。《易》曰：「莫益之，或擊之，立心勿恒，凶。」』」（此《益卦》上九爻辭）

《書‧益稷》：「無若丹朱傲，惟慢遊是好，傲虐是作，罔晝夜頟頟，罔水行舟，朋淫于家，用殄厥世。」又《五子之歌》：「予臨兆民，懍乎若朽索之馭六馬。為人上者，奈何不敬？……內作色荒，外作禽荒，甘酒嗜音，峻宇彫牆。有一于此，未或不亡。……嗚呼曷歸！予懷之悲。萬姓仇予，予將疇依。鬱陶乎予心，顏厚有忸怩，弗慎厥德，雖悔可追。」又《大禹謨》：「惟德動天，無遠弗屆。滿招損，謙受益，時乃天道。」又《湯誓》：「有夏多罪，天命殛之。……夏王率遏眾力，率割夏邑，有眾率怠弗協，曰：『時日曷喪，予及汝偕亡！』」又《仲虺之誥》：「德日新，萬邦惟懷。志自滿，九族乃離。」又《伊訓》：「敢有恒舞于宮，酣歌於室，時謂巫風。敢有殉于貨色，恒于遊畋，時謂淫風。敢有侮聖言，逆忠直，遠耆德，比頑童，時謂亂風。惟茲三風十愆，卿士有一於身，家必喪；邦君有一于身，國必亡。」又《太甲中》：「欲敗度，縱敗禮，以速戾于厥躬。天作孽，猶可違，自作孽，不可逭。」又《咸有一德》：「無自廣以狹人，匹夫匹婦不獲自盡，民主罔與成厥功。」又《盤庚》：「汝不和吉言于百姓，惟汝自生毒。乃敗禍姦宄，以自災于厥身。乃既先惡于民，乃奉其恫，汝悔身何及！」又《召誥》：「皇天上帝，改厥元子，茲大國殷之命，惟王受命，無疆惟休，亦無疆惟恤。嗚呼！曷其奈何弗敬。」又《無逸》：「不永念厥辟，不寬綽厥心，亂罰無罪，殺無辜，怨有同，是叢于厥身。」又《君奭》：「不知天命不易，天難諶，乃其墜命，弗克經歷。嗣前人，恭明德。」又《君陳》：「無依勢作威，無倚法以削。寬而有制，從容以和。」又《畢命》：「怙侈滅義，服美于人，驕淫矜侉，將由惡終。雖收放心，閑之維艱。」

《詩·小雅·菀柳》：「有鳥高飛，亦傅于天。彼人之心，于何其臻？曷予靖之，居以凶矜？」又《小雅·節南山》：「節彼南山，維石巖巖。赫赫師尹，民具爾瞻。憂心如惔，不敢戲談。國既卒斬，何用不監！」又《小雅·角弓》：「雨雪瀌瀌，見晛曰消。莫肯下遺，式居婁驕。」又《大雅·民勞》：「民亦勞止，汔可小康。惠此中國，以綏四方。無縱詭隨，以謹無良。式遏寇虐，憯不畏明。柔遠能邇，以定我王。」又《大雅·板》：「天之方虐，無然謔謔。老夫灌灌，小子蹻蹻。匪我言耄，爾用憂謔。多將熇熇，不可救藥。」又《大雅·蕩》：「文王曰咨，咨女殷商！如蜩如螗，如沸如羹。小大近喪，人尚乎由行。內奰于中國，覃及鬼方。」

《禮·禮運》：「故政不正則君位危，君位危則大臣倍，小臣竊。刑肅而俗敝，則法無常，法無常而禮無列，禮無列則士不事也。刑肅而俗敝，則民弗歸也。」又《大學》：「《詩》云：『節彼南山，維石巖巖。赫赫師尹，民具爾瞻。』有國者不可以不慎，辟，則為天下僇矣。《詩》云：『殷之未喪師，克配上帝。儀監于殷，峻命不易。』（《大雅・文王篇》。儀監，《詩》作宜鑒。峻，《詩》作駿）道得眾則得國，失眾則失國。」又：「小人之使為國家，菑害並至，雖有善者，亦無如之何矣。」

《春秋左氏傳》隱公三年：「驕奢淫佚，所自邪也。四者之來，寵祿過也。」又隱公四年：「阻兵無眾，安忍無親。眾叛親離，難以濟矣。」又桓公五年：「君子不欲多上人。」又桓公六年：「今民各有心，而鬼神乏主，君雖獨豐，其何福之有？」又桓公十三年：「鬭伯比曰：『莫敖必敗。舉趾高，心不固矣。』」又莊公三十二年：「史嚚曰：『虢其亡乎！吾聞之：國將興，聽於民；將亡，聽於神。神，聰明正直而壹者也，依人而行。虢多涼德，其何土之能得？』」又僖公十五年：「慶鄭曰：『亂氣狡憤，陰血周作，張脈僨興，外彊中乾。進退不可，周旋不能，君必悔之。』」又：「史佚有言曰：『無始禍，無怙亂，無重怒。』重怒難任；陵人不祥。」又二十七年：「子玉剛而無禮，不可以治民。」又文公十八年：「莒紀公生太子僕，又生季佗，愛季佗而黜僕，且多行無禮於國。僕因國人而弒紀公。」又宣公十二年：「晉師救鄭，荀林父將中軍，先縠佐之。……伍參言於王曰：『晉之從政者新，未能行令。其佐先縠，剛愎不仁，未肯用命。其三帥者，專行不獲。聽而無上，眾誰適從？此行也，晉師必敗。』」又十五年：「夫恃才與眾，亡之道也。商紂由之，故滅。」又十七年：「過而不改，而又久之，以成其悔，何利之有焉？」又成公十四年：「苦成叔傲（晉大夫郤犨也）。甯子曰（衛大夫甯殖）：『苦成，家其亡乎！……《詩》曰：「兕觥其觩，旨酒思柔，彼交匪傲，萬福來求。」（《小雅‧桑扈》）今夫子傲，取禍之道也。」又十七年：「君驕侈而克敵，是天益其疾也，難將作矣。」又襄公七年：「過而不悛，亡之本也。」又十四年：「秦伯問於士鞅曰：『晉大夫其誰先亡？』對曰：『其欒氏乎？』秦伯曰：『以其汰乎？』對曰：『然。欒黶汰虐已甚。』」又：「天之愛民甚矣，豈其使一人肆於民上，以從其淫，而棄天地之性？必不然矣。」又十九年：「鄭子孔之為政也專，國人患之，殺子孔而分其室。」又二十年：「公子黃將出奔（陳侯之弟），呼於國曰：『慶氏無道（慶虎、慶寅），求專陳國，暴蔑其君，而去其親，五年不滅。是無天也。』」又二十七年：「驕則亂生，亂生必滅，所以亡也。」又二十九年：「齊高子容與宋司徒見知伯，女齊相禮，賓出，司馬侯言於知伯曰：『二子皆將不免。子容專，司徒侈，皆亡家之主也。』知伯曰：『何如？』對曰：『專則速及，侈將以其力斃，專則人實斃之，將及矣。』」又三十年：「子產曰：『陳，亡國也。……公子侈，太子卑，大夫敖，政多門，以介於大國，能無亡乎？』」又昭公元年：「叔向曰：『不義而彊，其斃必速。』」又：「子產曰：『子皙無禮而好陵人，怙富而卑其上，弗能久矣。』」又四年：「楚王方侈，天或者欲逞其心，以厚其毒，而降之罰，未可知也。……紂作淫虐，文王惠和，殷是以隕，周是以興。」（晉司馬侯語）又：「渾罕曰（鄭子寬也）：『政不率法，而制於心。民各有心，何上之有？』」又五年：「奸大國之盟，陵虐小國；利人之難，不知其私。公室四分，民食於他。思莫在公，不圖其終。為國君，難將及身。」又十三年：「憚之以威，懼之以怒，民疾而叛，為之聚也。若諸侯皆然。」又二十年：「暴虐淫從，肆行無度，無所還忌，不思謗讟，不憚鬼神，神怒民痛，無悛於心。……是以鬼神不饗其國以禍之。」又定公四年：「無始亂，無怙富，無恃寵，無違同，無敖禮，無驕能，無復怒，無謀非德，無犯非義。」又哀公十一年：「伍子胥將死，曰：『吳其亡乎！……盈必毀，天之道也。』」又二十六年：「君愎而虐，少待之，必毒於民。」又：「縱之，使盈其罪。重而無基，能無敝乎？」又二十七年：「多陵人者皆不在，知伯其能久乎？」又：「知伯貪而愎，故韓、魏反而喪之。」

《春秋穀梁傳》莊公元年：「人之於天也，以道受命；於人也，以言受命。不若於道者（若，順也），天絕之也；不若於言者，人絕之也。」又僖公十九年：「梁亡，自亡也。湎於酒，淫於色。心昏，耳目塞。上無正長之治，大臣背叛，民為寇盜。梁亡，自亡也。」又成公二年：「今之屈，向之驕也。」

《論語》：「奢則不孫（去聲），儉則固。與其不孫也，寧固。」又：「如有周公之才之美，使驕且吝，其餘不足觀也已。」又：「狂而不直，侗而不愿，悾悾而不信，吾不知之矣。」又：「君子泰而不驕，小人驕而不泰。」又：「君子矜而不爭，群而不黨。」又：「古之狂也肆，今之狂也蕩。古之矜也廉（廉謂稜角陗厲），今之矜也忿戾。」又：「子路曰：『君子尚勇乎？』子曰：『君子義以為上，君子有勇而無義為亂，小人有勇而無義為盜。』」又：「惡勇而無禮者，惡果敢而窒者。」又：「君子無眾寡，無小大，無敢慢，斯不亦泰而不驕乎？君子正其衣冠，尊其瞻視，儼然人望而畏之，斯不亦威而不猛乎？……不教而殺謂之虐，不戒視成謂之暴，慢令致期謂之賊。」

《孟子》：「賊仁者謂之賊，賊義者謂之殘。殘賊之入，謂之一夫。聞誅一夫紂矣，未聞弒君也。」又：「齊人伐燕，取之。諸侯將謀救燕。宣王曰：『諸侯多謀伐寡人者，何以待之？』孟子對曰：『……今燕虐其民，王往而征之，民以為將拯己於水火之中也，簞食壺漿，以迎王師。若殺其父兄，係累其子弟，毀其宗廟，遷其重器，如之何其可也？天下固畏齊之彊也，今又倍地而不行仁政，是動天下之兵也。』」又：「鄒與魯鬨。穆公（鄒君）問曰：『吾有司死者三十三人，而民莫之死也。誅之，則不可勝誅；不誅，則疾視其長上之死而不救，如之何則可也？』孟子對曰：『凶年饑歲，君之民、老弱轉乎溝壑，壯者散而之四方者，幾千人矣；而君之倉廩實，府庫充，有司莫以告，是上慢而殘下也。曾子曰：「戒之戒之！出乎爾者，反乎爾者也。」夫民今而後得反之也。君無尤焉！君行仁政，斯民親其上，死其長矣。』」又：「是以惟仁者宜在高位。不仁而在高位，是播其惡於眾也。上無道揆也，下無法守也，朝不信道，工不信度，君子犯義，小人犯刑，國之所存者幸也。故曰：城郭不完，兵甲不多，非國之災也；田野不辟，貨財不聚，非國之害也。上無禮，下無學，賊民興，喪無日矣。」又：「不仁者可與言哉？安其危而利其菑，樂其所以亡者。不仁而可與言，則何亡國敗家之有？」又：「訑訑之聲音顏色，距人於千里之外。士止於千里之外，則讒諂面諛之人至矣。與讒諂面諛之人居，國欲治，可得乎？」

《管子・宙合》：「高為其居，危顛莫之救，此言尊高滿大，而好矜人以麗，主盛處賢，而自予雄也。故盛必失而雄必敗。夫上既主盛處賢，以操士民，國家煩亂，萬民心怨，此其必亡也。猶自萬仞之上，播而入深淵，其死而不振也必。」又《牧民》：「刑罰繁而意不恐，則令不行矣；殺戮眾而心不服，則上位危矣。」又《形勢》：「持滿者與天，安危者與人。失天之度，雖滿必涸；上下不和，雖安必危。」又《樞言》：「人主好佚欲，亡其身失其國者殆。其德不足以懷其民者殆。明其刑而殘其士者殆。諸侯假之威，久而不知極已者殆。身彌老不知敬其適子者殆。蓄藏積陳朽腐，不以與人者殆。」又《重令》：「天道之數，至則反，盛則衰。人心之變，有餘則驕，驕則緩怠。夫驕者驕諸侯，驕諸侯者，諸侯失於外。緩怠者，民亂於內。諸侯失於外，民亂於內，天道也，此危亡之時也。」又《小稱》：「毛嬙、西施，天下之美人也。盛怨氣於面，……惡言出於口，去惡以求美名，又可得乎？」又《四稱》：「昔者無道之君，大其宮室，高其臺榭。良臣不止，讒賊是舍。有家不治，借人為圖。政令不善，墨墨若夜。辟若野獸，無所朝處。不修天道，不鑒四方。有家不治，辟若生狂。眾若怒詛，希不滅亡。」又《形勢解》：「亂主自智也，而不因聖人之慮。矜奮自功，而不因眾人之力。專用己，而不聽正諫，故事敗而禍生。」又：「亂主獨用其智，而不任聖人之智；獨用其力，而不任眾人之力。故其身勞而禍多。」

《老子》「持而盈之，不如其已。揣而梲之，不可長保。金玉滿堂，莫之能守。富貴而驕，自遺其咎。功遂身退，天之道。」又：「重為輕根，靜為躁君。是以聖人終日行，不離輜重。雖有榮觀，燕處超然，奈何萬乘之主，而以身輕天下。輕則失本，躁則失君。」又：「服文綵，帶利劍，厭飲食，財貨有餘，是謂盜夸，非道也哉？」又：「法令滋彰，盜賊多有。」又：「其政察察，其民缺缺。」又：「夫輕諾必寡信，多易必多難，是以聖人猶難之。」又：「故以智治國，國之賊；不以智治國，國之福。此兩者亦稽式。常知稽式，是謂元德。元德深矣遠矣，與物反矣，然後乃至大順。」又：「勇於敢則殺，勇於不敢則活。此兩者或利或害，天之所惡。孰知其故？是以聖人猶難之。」又：「民之饑，以其上食稅之多，是以饑；民之難治，以其上之有為，是以難治。」

《晏子春秋·內篇·問上》：「國貧而好大，智薄而好專。貴賤無親焉，大臣無禮焉。尚讒諛而賤賢人，樂簡慢而玩百姓。國無常法，民無經紀。好辯以為智，刻民以為忠。流湎而忘國，好兵而忘民。肅于罪誅，而慢於慶賞。樂人之哀，利人之難。德不足以懷人，政不足以惠民，賞不足以勸善，刑不足以防非。此亡國之行也。」又《內篇·雜上》：「眾而無義，彊而無禮，好勇而惡賢者，禍必及其身。」又：「魯昭公失國走齊。……對曰：『吾少之時，人多愛我者，吾體不能親；人多諫我者，吾忌不能從。是以內無拂而外無輔。輔拂無一人，諂諛者甚眾。譬之猶秋蓬也，孤其根而美枝葉，秋風一至，僨且揭矣。』」

《莊子·人間世》：「剋核大至，則必有不肖之心應之，而不知其然也。」又《徐无鬼》：「以德分人謂之聖，以財分人謂之賢。以賢臨人，未有得人者也；以賢下人，未有不得人者也。」又《則陽》：「君為政焉，勿鹵莽；治民焉，勿滅裂。」又《外物》：「木與木相摩則然，金與火相守則流。陰陽錯行，則天地大絯，於是乎有雷有霆，水中有火，乃焚大槐。有甚憂兩陷而无所逃。」

《荀子•修身》：「小人反是：致亂而惡人之非己也；致不肖而欲人之賢己也；心如虎狼，行如禽獸，而又惡人之賊己也。諂諛者親，諫爭者疏，修正為笑，至忠為賊，雖欲無滅亡，得乎哉！」又《王制》：「凡聽：威嚴猛厲，而不好假道人，則下畏恐而不親，周閉而不竭。若是，則大事殆乎弛，小事殆乎遂。」又：「立身則輕楛，事行則蠲疑，進退貴賤則舉佞侻，之所以接下之人百姓者則好取侵奪，如是者危殆。立身則憍暴，事行則傾覆，進退貴賤則舉幽險詐故，之所以接下之人百姓者，則好用其死力矣，而慢其功勞，好用其籍斂矣，而忘其本務，如是者滅亡。」又《彊國》：「處勝人之勢，行勝人之道，天下莫忿，湯、武是也。處勝人之勢，不以勝人之道，厚於有天下之勢，索為匹夫，不可得也，桀、紂是也。」又《子道》：「子路盛服見孔子，孔子曰：『由，是裾裾何也？……今女衣服既盛，顏色充盈，天下且孰肯諫女矣！……由志之！吾語女。奮於言者華，奮於行者伐，色知而有能者，小人也。』」【此與《莊子•寓言篇》述老子訓陽子居（即楊朱，《列子•黃帝篇》正作楊朱）之語意畧同，聊備於此。其言曰：「陽子居南之沛，老聃西遊於秦，邀於郊，至於梁而遇老子。老子中道仰天而歎曰：『始以汝為可教，今不可也。』陽子居不答。至舍，進盥漱巾櫛，脫屨戶外，膝行而前曰：『向者弟子欲請夫子，夫子行不閒，是以不敢。今聞矣，請問其過。』老子曰：『而睢睢盱盱，而誰與居？大白若辱，盛德若不足。』陽子居蹵然變容曰：『敬聞命矣！』」】(亦見《列子·黃帝篇》)又《致士》：「得眾動天，美意延年，誠信如神，夸誕逐魂。」(此兼各爻言之矣)又《仲尼》：「故人主不務得道，而廣有其勢，是其所以危也。」又《成相》：「遠賢近讒，忠臣蔽塞主勢移。曷謂賢？明君臣，上能尊主愛下民。主誠聽之，天下為一海內賓。主之孽，讒人達，賢能逃遁國乃蹶。」

《韓非子·十過》：「行僻自用，無禮諸侯，則亡身之至也。貪愎喜利，則滅國殺身之本也。過而不聽於忠臣，而獨行其意，則滅高名為人笑之始也。內不量力，外恃諸侯，則削國之患也。國小無禮，不用諫臣，則絕世之勢也。」又《亡徵》：「很剛而不和，愎諫而好勝，不顧社稷而輕為自信者，可亡也。簡侮大臣，無禮父兄，勞苦百姓，殺戮不辜者，可亡也。好以智矯法，時以行襍公，法禁變易，號令數下者，可亡也。變褊而心急，輕疾而易動發，心悁忿而不訾前後者，可亡也。親臣進而故人退，不肖用事而賢良伏，無功貴而勞苦賤，如是則下怨。下怨者，可亡也。」又《解老》：「驕心生則行邪僻而動棄理，行邪僻則身夭死，動棄理則無成功。夫內有夭死之難，而外無成功之名者，大禍也。」

《呂氏春秋·情欲》：「民人怨謗，又樹大讎；意氣易動，蹻然不固；矜勢好智，胸中欺詐；德義之緩，邪利之急。身以困窮，雖後悔之，尚將奚及？」又《下賢》：「有道之士固驕人主，人主之不肖者，亦驕有道之士。」又《貴因》：「讒慝勝良，命曰戮。賢者出走，命曰崩。百姓不敢誹怨，命曰刑勝。其亂至矣，不可以駕矣。」又《驕恣》：「亡國之主必自驕，必自智，必輕物。自驕則簡士，自智則專獨，輕物則無備。無備召禍，專獨位危，簡士壅塞。欲無壅塞必禮士，欲位無危必得眾，欲無召禍必完備。三者，人君之大經也。」又《貴當》：「志曰：『驕惑之事，不亡奚待？』」又《似順論》：「世主之患，恥不知而矜自用，好愎過而惡聽諫，以至於危。恥無大乎危者。」又《士容順》：「故敗莫大於愚，愚之患在必自用，則戇陋之人從而賀之。有國若此，不若無有。」又《知接》：「故亡國非無智士也，非無賢者也，其主無由接故也。無由接之患，自以為智，智必不接。今不接而自以為智，悖。若此，則國無以存矣，主無以安矣。智無以接，而自智弗智，則不聞亡國，不聞危君。」又《審分覽》：「不知乘物而自怙恃，奪其智能，多其教詔，而好自以。若此，則百官恫擾，少長相越，萬邪並起，權威分移。不可以卒，不可以教。此亡國之風也。」又《審應覽》：「今有人於此，無禮慢易而求敬，阿黨不公而求令，煩號數變而求靜，暴戾貪得而求定，雖黃帝猶若困。」又《用民》：「不得造父之道，而徒得其威，無益於御。人主之不肖者有似於此，不得其道，而徒多其威。威愈多，民愈不用。」又《適威》：「魏武侯之居中山也，問於李克曰：『吳之所以亡者何也？』李克對曰：『驟戰而驟勝。』武侯曰：『驟戰而驟勝，國家之福也，其獨以亡，何故？』對曰：『驟戰則民疲，驟勝則主驕。以驕主使疲民，然而國不亡者，天下少矣。』（此對與《管子•幼官》及《兵法篇》畧同，殆本《管子》也）驕則恣，恣則極物；疲則怨，怨則極慮。上下俱極，吳之亡猶晚。此夫差之所以自歿於干隧也。」

《淮南子‧氾論訓》：「若上亂三光之明，下失萬民之心，雖微湯、武，孰弗能奪也。」

《揚子‧解嘲》：「炎炎者滅，隆隆者絕。觀雷觀火，為盈為實。天收其聲，地藏其熱。高明之家，鬼瞰其室。攫挐者亡，默默者存。位極者宗危，自守者身全。」

陸機《豪士賦‧序》：「身危由於勢過，而不知去勢以求安。禍積起於寵盛，而不知辭寵以招福。見百姓之謀己，則申宮警守，以崇不畜之威。懼萬民之不服，則嚴刑峻制，以賈傷心之怨，然後威窮乎震主，而怨行乎上下。眾心日陊，危機將發，而方偃仰瞪眄，謂足以夸世。笑古人之未工，忘己事之已拙。知曩勳之可矜，暗成敗之有會。是以事窮運盡，必於顛仆，風起塵合，而禍至常酷也。」（士衡不能括囊无譽，入仕亂朝，履尾攫鱗，身厭荼毒。雖情殊可憫，而明非自知矣。但其此論，激昂痛快，智亦知人。齊王禍敗，驗如響影。故引述諸子外，特錄此條，不嫌破例。亦支公畜馬，重其神駿意也）

「潛龍勿用」，下也。

此伸釋初爻《小象》之辭。荀爽曰：「氣微位卑，雖有陽德，潛藏在下。」《淮南·俶真訓》：「置猨檻中，則與豚同。非不巧捷也，無所肆其能也。」

附六爻《小象》之辭。

潛龍勿用，陽在下也。
見龍在田，德施普也。
終日乾乾，反復道也。
或躍在淵，進无咎也。
飛龍在天，大人造也。
亢龍有悔，盈不可久也。

「見龍在田」，時舍也。

此伸釋二爻《小象》之辭。時舍，舍讀上聲，謂雖有君德而無其位，時不我與也。《臨卦》九二：「咸臨，吉，无不利。」《象》曰：「咸臨吉无不利，未順命也。」此爻與《臨》之九二義畧相通。時舍，猶未順命也。聖人之大寶曰位。今聖人在野，如龍之惟見於田者，時為之也，非無其德也。《小象》謂德施普者，就其德教言，謂以師道自任，而可化民成俗，此則歎大人之不得位也。惠士奇讀舍為田舍之舍，以為乘則行，舍則止，嫌混初爻，無取焉爾。《孟子》曰：「雖有智慧，不如乘勢。雖有鎡基，不如待時。」又曰：

「莫之為而為者天也，莫之致而致者命也。匹夫而有天下者，德必若舜、禹，而又有天子薦之者，故仲尼不有天下。」是時舍之義也。《管子·霸言》：「聖人能輔時，不能違時。知者善謀，不如當時。」又《莊子·庚桑楚》：「宇泰定者，發乎天光。發乎天光者，人見其人。人有修者，乃今有恒。有恒者，人舍之，天助之。人之所舍，謂之天民；天之所助，謂之天子。」又《呂氏春秋·首時》：「故有道之士，未遇時，隱匿分竄，勤以待時。時至，有從布衣而為天子者，有從千乘而得天下者，有從卑賤而佐三王者，有從匹夫而報萬乘者。故聖人之所貴唯時也。」又《慎人》：「舜之耕漁，其賢不肖與為天子同。……時使然也。」《淮南·俶真訓》：「體道者不專於在我，亦有繫於世矣。……舜之耕陶也，不能利其里，南面王則德施乎四海。仁非能益也，處便而勢利也。」皆此義。

「終日乾乾」，行事也。

此伸釋三爻《小象》之辭。行事，即《小象》之「反復道」，謂進德修業及知至知終也。《文子·上德》：「陽氣動，萬物緩而得其所，是以聖人順陽道。夫順物者，物亦順之；逆物者，物亦逆之。故不失物之情性。洿澤盈，萬物節成；洿澤枯，萬物荂。故雨澤不行，天下荒亡。陽上而復下，故為萬物主。不長有，故能終而復始。」

「或躍在淵」，自試也。

此伸釋四爻《小象》之辭。自試，謂試己之德業能否為世用。義則進，不義則退，故《小象》謂之「進无咎也」。

「飛龍在天」，上治也。

此伸釋五爻《小象》之辭。聖人在上，天下平治，與「大人造也」同意。《繫傳》：「天地之大德曰生，聖人之大寶曰位。何以守位曰仁，何以聚人曰財。理財正辭、禁民為非曰義。」《書・君陳》：「至治馨香，感於神明。黍稷非馨，明德惟馨。」《禮・文王世子》：「德成而教尊，教尊而官正，官正而國治，君之謂也。」又：「父子、君臣、長幼之道得而國治。」又《大學》：「物格而后知至，知至而后意誠，意誠而后心正，心正而后身修，身修而后家齊，家齊而后國治，國治而后天下平。」《管子・形勢解》：「周文王誠莊事斷，故國治。其群臣明理以佐主，故主明，主明而國治，竟內被其利澤。殷民舉首而望文王，願為文王臣。」《文子・微明》：「大正不險，故民易導。至治優游，故下不賊。」又《自然》：「治國，太上養化，其次正法。民交讓爭處卑，財利爭受少，事力爭就勞，日化上而遷善，不知其所以然，治之本也。」

「亢龍有悔」，窮之災也。

此伸釋上爻《小象》之辭。窮，謂處極位也。九三已危矣，況此上卦之上乎？《中庸》所謂愚而好自用，災及其身，小人之道，的然而日亡，及呂氏謂人主自智而愚人，自巧而拙人，其道固窮者是也。不善處極，必窮而凶，《易》中屢見。如《比》之上六：「比之无首，凶。」《隨》之上六：「拘係之，乃從維之。」《象》曰：「拘係之，上窮也。」《噬嗑》上九：「何校滅耳，凶。」《復》之上六：「迷復凶。」《象》曰：「迷復之凶，反君道也。」《无妄》上九：「无妄，行有眚，无攸利。」《象》曰：「无妄之行，窮之災也。」《大過》上六：「過涉滅頂，凶。」《坎》之上六：「係用徽纆，寘於叢棘，三歲不得，凶。」《象》曰：「上六失道，凶三歲也。」《恆》之上六：「振恆凶。」《象》曰：「振恆在上，大无功也。」《明夷》上六：「不明晦，初登於天，後入於地。」《象》曰：「初登於天，照四國也。後入於地，失則也。」《益》之上九：「莫益之，或擊之。立心勿恆，凶。」《夬》之上六：「无號，終有凶。」《象》曰：「无號之凶，終不可長也。」《姤》之上九：「姤其角，吝。」《象》曰：「姤其角，上窮吝也。」《萃》之上六：「齎咨涕洟。」《象》曰：「未安上也。」《震》之上六：「震索索，視矍矍，征凶。」《象》曰：「震索索，中未得也。」《豐》之上六：「豐其屋，蔀其家。闚其戶，闃其无人。三歲不覿，凶。」《旅》之上九：「鳥焚其巢，旅人先笑後號咷。喪牛於易，凶。」《巽》之上九：「巽在牀下，喪其資斧，貞凶」。《象》曰：「巽在牀下，上窮也。喪其資斧，正乎凶也。」《節》之上六：「苦節，貞凶。」《象》曰：「苦節貞凶，其道窮也。」《中孚》上九：「翰音登於天，貞凶。」《象》曰：「翰音登於天，何可長也。」《小過》上六：「弗遇過之，飛鳥離之，凶，是謂災眚。」《象》曰：「弗遇過之，已亢也。」皆其證。若求免乎凶災，則在乎善行用九用六陰陽進退之道，《繫傳》所謂窮則變，變則通，通則久者是也。

乾元「用九」，天下治也。

本經爻辭六爻後復有「用九，見群龍无首，吉」，《小象》曰：「用九，天德不可為首也」一條，此伸釋其義也。用九者，能善用此陽道，窮而知變，退處少陰，剛而能柔。《書·洪範》所謂「高明柔克」是也。見群龍无首者，現於羣士中，不以元首自高，磬折撝謙，容民畜眾，神堯茅茨，周公下白屋之類是也。凡陽道窮厄，皆宜處陰用柔，全《易》皆然。王荊公謂用九常欲合上九解之，蓋陽剛之道窮，惟《乾卦》上九最足代表耳，非單為上九設也。乾元用九天下治者，猶《繫傳》謂「《易》，窮則變，變則通，通則久。是以自天祐之，吉无不利」，「黃帝、堯、舜垂衣裳而天下治，蓋取諸乾《乾》《卦》」也。又《孝經》：「昔者明王之以孝治天下也，不敢遺小國之臣，而況於公、侯、伯、子、男乎？故得萬國之懽心，以事其先王。治國者不敢侮於鰥寡，而況於士民乎？故得百姓之懽心，以事其先君。治家者不敢失於臣妾，而況於妻子乎？故得人之懽心，以事其親。夫然，故生則親安之，祭則鬼享之。是以天下和平，災害不生，禍亂不作。故明王之以孝治天下也如此。《詩》云：『有覺德行，四國順之。』」亦通此義。

附用九義證

《易·履卦》上九：「視履考詳，其旋元吉。」（王弼曰：「禍福之祥，生乎所履，處履之極，履道成矣，故可視履而考祥也。居極應悅，高而不危，是其旋也。」）

又《大有卦》上九：「自天祐之，吉無不利。」（王弼曰：「處大有之上，而不累於位，志尚乎賢者也。餘爻皆乘剛，而己獨乘柔，順也。五為信德，而己履焉，履信之謂也。雖不能體柔，而以剛乘柔，思順之義也。」）《繫傳》釋之曰：「天之所助者順也，人之所助者信也。履信思乎順，又以尚賢也，是以自天祐之，吉无不利也。」又《隨卦·彖辭》「隨，剛來而下柔，動而說（即悅），隨。大亨貞无咎，而天下隨時。隨時之義大矣哉！」（《繫傳》曰：「剛柔相推，變在其中矣；繫辭焉而命之，動在其中矣。吉凶悔吝者，生乎動者也；剛柔者，立本者也；變通者，趣時者也。」）又《剝卦·大象》：「山附於地，剝。上以厚下安宅。」其上九云：「碩果不食。君子得輿，小人剝廬。」（厚下安宅，羣陰尊之，可以蔭庇萬民矣）又《咸卦·彖辭》：「柔上而剛下，二氣感應以相與，……天地感而萬物化生，聖人感人心而天下和平。觀其所感，而天地萬物之情可見矣。」又《大壯》上六。「羝羊觸藩，不能退，不能遂。无攸利（動極在上，猶之亢也），艱則吉。」（能知變化，壯而不極，猶之用九也）又《夬卦·大象》：「澤上於天，夬。君子以施祿及下，居德則忌。」又《鼎卦》上九：「鼎玉鉉，大吉无不利。」《象》曰。「玉鉉在上，剛柔節也。」又《歸妹·大象》：「澤上有雷，歸妹。（王弼曰：「兑為少陰，震為長陽。少陰而承長陽，悦以動，嫁妹之象也。」）君子以永終知敝。」又《渙卦》上九：「渙其血，去逖出，无咎。」【王弼曰：「凡稱血者，陰陽相傷者也。（見《需》之六四註）散患於遠害之地，將誰咎之哉？」懲忿窒欲，不亢而惕，亦此意也。】又《既濟·大象》：「既濟，君子以思患而預防之。」又《繫傳》：「勞而不伐，有功而不德，厚之至也。語以其功下人者也。德言盛，禮言恭；謙也者，致功以存其位者也。」又：「危者，安其位者也；亡者，保其存者也；亂者，有其治者也。是故君子安而不忘危，存而不忘亡，治而不忘亂。是以身安而國家可保也。」又：「君子知微知彰，知柔知剛，萬夫之望。」（按：六十二卦皆乾坤之發揮，如必比況，則乾坤為致廣大，餘卦為盡精微也。本篇各爻，徵涉頗廣，明乎剛柔變化，繫辭焉而命之，動在其中之義。則引而伸之，觸類而長之，又豈盡於此哉？）

《書‧大禹謨》：「益曰：『吁！戒哉！儆戒無虞，罔失法度，罔遊於逸，罔淫於樂。任賢勿貳，去邪勿疑，疑謀勿成，百志惟熙。罔違道以干百姓之譽，罔咈百姓以從己之欲。無怠無荒，四夷來王。』」又：「帝曰：『來禹，洚水儆予，成允成功，惟汝賢。克勤于邦，克儉于家，不自滿假，惟汝賢。汝惟不矜，天下莫與汝爭能；汝惟不伐，天下莫與汝爭功。予懋乃德，嘉乃丕績，天之歷數在汝躬，汝終陟元后。』」又《皐陶謨》：「寬而栗，柔而立，愿而恭，亂而敬，擾而毅，直而溫，簡而廉，剛而塞，彊而義。彰厥有常，吉哉！」（此兼用六矣）又：「無教逸欲有邦，兢兢業業，一日二日萬幾。無曠庶官，天工，人其代之。」又：「天聰明自我民聰明；天明畏自我民明威。達于上下，敬哉有土。」又《太甲上》：「先王昧爽丕顯，坐以待旦，旁求俊彥，啟迪後人。無越厥命以自覆。」又《洪範》：「無偏無陂，遵王之義；無有作好，遵王之道；無有作惡，遵王之路。無偏無黨，王道蕩蕩；無黨無偏，王道平平；無反無側，王道正直。會其有極，歸其有極。」又《梓材》：「無胥戕，無胥虐，至于敬寡，至于屬婦，合由以容。」又：「肆王惟德用，和懌先後迷民。用懌先王受命。」又《無逸》：「在昔殷王中宗，嚴恭寅畏，天命自度，治民祇懼，不敢荒寧。」又：「文王卑服，即康功田功。徽柔懿恭，懷保人民，惠鮮鰥寡。自朝至于日中昃，不遑暇食，用咸和萬民。」又《畢命》：「不剛不柔，厥德允修。惟周公克慎厥始，惟君陳克和厥中，惟公克成厥終。三后協心，同底于道，道洽政治，澤潤生民。四夷左衽，罔不咸賴。」

《詩·大雅·大明》：「維此文王，小心翼翼。昭事上帝，聿懷多福。厥德不回（邪也），以受方國。」又《烝民》：「仲山甫之德，柔嘉維則。令儀令色，小心翼翼。古訓是式，威儀是力。天子是若（順也），明命使賦。」又：「既明且哲，以保其身。夙夜匪解（去聲），以事一人。」（為天子者，則天子是若。以事一人，可轉之順天事天也）又《周頌·振鷺》「在彼無惡，在此無斁。庶幾夙夜，以永終譽。」又《小毖》：「予其懲，而毖後患，莫予荓蜂，自求辛螫。肇允彼桃蟲，拚飛維鳥。未堪家多難，予又集于蓼。」又《商頌·長發》：「何天之休。不競不絿，不剛不柔。敷政優優，百祿是遒。」

《春秋公羊傳》文公十二年：「何賢乎繆公（即秦穆公）？以為能變也。其為能變奈何？惟諓諓善竫言，俾君子易怠，而況乎我多有之。惟一介斷斷焉，無他技。其心休休，能有容，是難也。」

《春秋左氏傳》宣公十二年：「其君能下人，必能信用其民矣，庸可幾乎？」又成公七年：「吳伐郯，郯成。季文子曰：中國不振旅，蠻夷入伐，而莫之或恤。無弔者也夫！《詩》曰：『不弔昊天，亂靡有定。』其此之謂乎！有上不弔，其誰不受亂？吾亡無日矣。」君子曰：「知懼如是，斯不亡矣。」又昭公十三年：「從善如流，下善齊肅；不藏賄，不從欲，施捨不倦，求善不厭。是以有國，不亦宜乎？」

《禮‧表記》：「是故君子不自大其事，不自尚其功，以求處情；過行弗率，以求處厚；彰人之善，而美人之功，以求下賢。是故君子雖自卑而民敬尊之。」又《曲禮》：「敖不可長，欲不可從，志不可滿，樂不可極。」

《論語》：「能以禮讓為國乎？何有？不能以禮讓為國，如禮何？」又：「子溫而厲，威而不猛，恭而安。」又：「居上不寬，為禮不敬。……吾何以觀之哉？」又：「孔子於鄉黨，恂恂如也，似不能言者。其在宗廟朝廷，便便言，唯謹爾。」又：「顏淵問仁。子曰：『克己復禮為仁。一日克己復禮，天下歸仁焉。為仁由己，而由人乎哉？』」

《孝經》：「子曰：『愛親者不敢惡於人，敬親者不敢慢於人。愛敬盡於事親，而德教加於百姓，刑於四海。」又：「在上不驕，高而不危，制節謹度，滿而不溢。高而不危，所以長守貴也。滿而不溢，所以長守富也。富貴不離其身，然後能保其社稷，而和其民人。」又：「居上不驕，為下不亂，在醜不爭。居上而驕則亡，為下而亂則刑，在醜而爭則兵。」

《孟子》：「古之人與民偕樂，故能樂也。」又：「權然後知輕重，度然後知長短。物皆然，心為甚。」又：「持其志，無暴其氣。」又：「仁則榮，不仁則辱，今惡辱而居不仁，是猶惡濕而居下也。如惡之，莫如貴德而尊士，賢者在位，能者在職；國家閒暇，及是時，明其政刑。雖大國，必畏之矣。」又：「尊賢使能，俊傑在位，則天下之士，皆悅而願立於其朝矣。」又：「大舜有大焉：善與人同，捨己從人，樂取於人以為善。自耕稼、陶、漁，以至為帝，無非取於人者。取諸人以為善，是與人為善者也。故君子莫大乎與人為善。」又：「故將大有為之君，必有所不召之臣；欲有謀焉則就之。其尊德樂道，不如是，不足與有為也。」又：「民之歸仁也，猶水之就下，獸之走壙也。故為淵敺魚者，獺也；為叢敺爵者，鸇也；為湯、武敺民者，桀與紂也。今天下之君有好仁者，則諸侯皆為之敺矣。雖欲無王，不可得已。」又：「愛人者人恆愛之，敬人者人恆敬之。」又：「『萬章問曰：『敢問友。』孟子曰：『不挾長，不挾貴，不挾兄弟而友。友也者，友其德也，不可以有挾也。……用下敬上，謂之貴貴；用上敬下，謂之尊賢。貴貴尊賢，其義一也。』」又：「古之賢王，好善而忘勢。」又：「舜視棄天下，猶棄敝蹝也。」

《管子·形勢解》：「天之道，滿而不溢，盛而不衰。明主法象天道，故貴而不驕，富而不奢，行理而不惰。故能長守貴富，久有天下而不失也。」又《樞言》：「人眾兵強，而不以其國造難生患，天下有大事，而好以其國後。如此者，制人者也。」又：「賤固事貴，不肖固事賢。貴之所以成其貴者，以其貴而事賤也；賢之所以能成其賢者，以其賢而事不肖也。」又《小稱》：「故明王有過，則反之於身；有善，則歸之於民。有過而反之身，則身懼；有善而歸之民，則民喜。往喜民，來懼身，此明王之所以治民也。」又：「桓公、管仲、鮑叔牙、甯戚四人飲，飲酣，桓公謂鮑叔牙曰：『闔不起為寡人壽乎？』鮑叔牙奉杯而起曰：『使公毋忘出如莒時也，使管子毋忘束縛在魯也，使甯戚毋忘飯牛車下也。』桓公辟席再拜曰：『寡人與二大夫能無忘夫子之言，則國之社稷必不危矣。』」又《心術》上：「是故有道之君，其處也若無知，其應物也若偶之，靜因之道也。」

《老子》：「天長地久，天地所以能長且久者，因其不自生，故能長生。是以聖人後其身而身先，外其身而身存。非以其無私耶，故能成其私。」又：「生而不有，為而不恃，長而不宰，是謂元德。」又：「迎之不見其首，隨之不見其後。執古之道，以御今之有。」又：「保此道者不欲盈，夫唯不盈，故能敝而不新成。」又：「飄風不終朝，驟雨不終日。孰為此者？天地。天地尚不能久，而況於人乎！故從事於道者，道者同於道（王弼曰：「道以無形無為，成濟萬物。」），德者同於德，失者同於失。」又：「知其雄，守其雌，為天下谿。為天下谿，常德不離，復歸於嬰兒。知其白，守其黑，為天下式。為天下式，常德不忒，復歸于無極。知其榮，守其辱，為天下谷。為天下谷，常德乃足，復歸於樸。」又：「將欲取天下而為之，吾見其不得已。天下神器，不可為也，為者敗之，執者失之。故物或行或隨，或歔或吹，或強或羸，或挫或隳。

是以聖人去甚，去奢，去泰。」又：「果而勿矜，果而勿伐，果而勿驕，果而不得已，果而勿強。物壯則老，是謂不道，不道早已。」又：「勝人者有力，自勝者強。」又：「萬物歸焉而不為主，可名為大。以其終不自為大，故能成其大。」又：「上德不德，是以有德。下德不失德，是以無德。」又：「貴以賤為本，高以下為基。是以侯王自謂孤寡不穀，此非以賤為本耶？」又：「明道若昧，進道若退，夷道若纇。」又：「反者，道之動；弱者，道之用。」又：「萬物負陰而抱陽，沖氣以為和。人之所惡，唯孤寡不穀，而王公以為稱。故物或損之而益，或益之而損。人之所教，我亦教之。強梁者不得其死（此句見金人銘，全文宜參讀），吾將以為教父。」又：「天下之至柔，馳騁天下之至堅。」又：「見小曰明，守柔曰強。」又：「塞其兌，閉其門，挫其銳，解其紛，和其光，同其塵。」又：「江海所以能為百谷王者，以其善下之，故能為百谷王。是以欲上民，必以言下之；欲先民，必以身後之。」又：「我有三寶：一曰慈，二曰儉，三曰不敢為天下先。慈故能勇，儉故能廣。不敢為天下先，故能成器長。」又：「善為士者不武，善戰者不怒，善勝敵者不與，善用人者為之下。」又：「聖人自知不自見，自愛不自貴，故去彼取此。」又：「人之生也柔弱，其死也堅強。萬物草木之生也柔脆，其死也枯槁。故堅強者死之徒，柔弱者生之徒。是以兵強則不勝，木強則兵。強大處下，柔弱處上。」（老子之學，蓋本諸《易》，尤善發揮用九之義，殆教誨天下之為君長者也。男子賦性過剛者，亦宜學老以中和之。然非盡人盡處皆宜，亦時有所用耳。蓋老氏之學，義未圓融，以《易》準之，可以知其不該徧矣）

《莊子‧在宥》：「尸居而龍見，淵默而雷聲，神動而天隨，從容无為，而萬物炊累焉。」又《達生》：「紀渻子為王（齊）養鬥雞，十日而問：『雞已乎？』曰：『未也。方虛憍而恃氣。』十日又問，曰：『未也。猶應嚮景。』十日又問。曰：『未也。猶疾視而盛氣。』十日又問，曰：『幾矣。雞雖有鳴者，已無變矣，望之似木雞矣，其德全矣，異雞無敢應者，反走矣。』」又《漁父》：「彼非至人，不能下人，下人不精，不得其真，故長傷身。」又《刻意》：「聖人之生也天行，其死也物化。靜而與陰同德，動而與陽同波。不為福先，不為禍始。感而後應，迫而後動，不得已而後起。」又《寓言》：「而睢睢盱盱，而誰與居？大白若辱，盛德若不足。」又《讓王》：「勢為天子，而不以貴驕人；富有天下，而不以財戲人。計其患，慮其反。以為害於性，故辭而不受也，非以要名譽也。」

《荀子‧非相》：「故君子之度己也以繩，接人也用抴。度己以繩，故足以為天下法。接人用抴，故能寬容，因求以成天下之大事矣。故君子賢而能容罷，知而能容愚，博而能容淺，粹而能容雜，夫是之謂兼術。」又《非十二子》：「兼服天下之心：高尚尊貴，不以驕人；聰明聖知，不以窮人；齊給速通，不爭先人；剛毅勇敢，不以傷人。不知則問，不能則學，雖能必讓，然後為德。」又《宥坐》：「子路曰：『敢問持滿有道乎？』孔子曰：『聰明聖知，守之以愚；功被天下，守之以讓；勇力撫世，守之以怯；富有四海，守之以謙。此所謂挹而損之之道也。』」又《堯問》：「繒丘之封人，見楚相孫叔敖曰：『吾聞之也，處官久者士妒之，祿厚者民怨之，位尊者君恨之。今相國有此三者，而不得罪楚之士民，何也？』孫叔敖曰：『吾三相楚而心瘉卑，每益祿而施瘉博，位益尊而禮瘉恭，是以不得罪於楚之士民也。』」（《淮南》同）又《仲尼》：「求善處大重，任理大事，擅寵於萬乘之國，必無後患之術。莫若好同之，援能博施，除怨而無妨害人。能耐任之，則慎行此道也。能而不耐任，且恐失寵，則莫若早同之，推賢讓能而安隨其後。如是，有寵則必榮，失寵則必無罪。」又《修身》：「治氣養心之術：血氣剛強，則柔之以調和；知慮漸深，則一之以易良；勇膽猛戾，則輔之以道順；齊給便利，則節之以動止；狹隘褊小，則廓之以廣大；卑濕、重遲、貪利，則抗之以高志；庸眾駑散，則劫之以師友；怠慢僄弃，則炤之以禍災；愚款端愨，則合之以禮樂，通之以思索。凡治氣養心之術，莫徑由禮，莫要得師，莫神一好。夫是之謂治氣養心之術也。」

《韓非子·觀行》：「西門豹之性急，故佩韋以自緩；董安于之心緩，故佩弦以自急。故以有餘補不足，以長續短，之謂明主。」

《呂氏春秋·謹聽》：「昔者禹一沐而三捉髮，一食而三起，以禮有道之士。」又《慎大覽》：「賢主愈大愈懼，愈彊愈恐。……於安思危，於達思窮，於得思喪。《周書》曰：『若臨深淵，若履薄冰。』以言慎事也。」又《察微》：「凡持國，太上知始，其次知終，其次知中。三者不能，國必危，身必窮。《孝經》曰：『高而不危，所以長守貴也；滿而不溢，所以長守富也。富貴不離其身，然後能保其社稷，而和其民人。』」又《審分覽》：「是故於全乎去能，於假乎去事，於知乎去幾，所知者妙矣。若此，則能順其天，意氣得遊乎寂寞之宇矣，形性得安乎自然之所矣。全乎萬物而不宰，澤被天下而莫知其所自始。」又《君守》：「故思慮自傷心也，智差自亡也，奮能自殃，其有處自狂也。故至神逍遙倏忽而不見其容，至聖變習移俗而莫知其所從，離世別群而無不同。」又《勿躬》：「聖王之所不能也，所以能之也；所不知也，所知之也。養其神，修其德而化矣。」又：「管子，人臣也，不任己之不能，而以盡五子之能，況於人主乎？」（可參閱《管子・小匡篇》篇末）又《執一》：「故凡能全國完身者，其唯知長短贏絀之化邪。」又《上德》：「故古之人身隱而功著，形息而名彰。說通而化奮，利行乎天下而民不識，豈必以嚴罰厚賞哉？嚴罰厚賞，此衰世之政也。」又《自知》：「存亡安危，勿求於外，務在自知。堯有欲諫之鼓，舜有誹謗之木，湯有司過之士，武王有戒慎之鞀，猶恐不能自知。今賢非堯、舜、湯、武也，而有掩蔽之道，奚繇自知哉？」

《淮南子・詮言訓》：「故功蓋天下，不施其美；澤及後世，不有其名，道理通而人偽滅也。名與道不兩明，人受明則道不用，道勝人則名息矣，道與人競長。章人者，息道者也。人章道息，則危不遠矣。故世有盛名，則衰之日至矣。」又《氾論訓》：「是故聖人者，能陰能陽，能弱能彊。隨時而動靜，因資而立功。物動而知其反，事萌而察其變。化則為之象，運則為之應，是以終身行而無所困。」又：「卑弱柔如蒲葦，非攝奪也。剛強猛毅，志厲青雲，非本矜也，以乘時應變也。」又《道應訓》：「故聰明睿智，守之以愚；多聞博辯，守之以陋；代力毅勇，守之以畏；富貴廣大，守之以儉；德施天下，守之以讓。此五者，先王所以守天下而弗失也。」又《泰族訓》：「大政不險，故民易道；至治寬裕，故下不相賊；志忠復素，故民無匿情。」又《要略》：「託小以苞大，守約以治廣，使人知先後之禍福，動靜之利害。誠通其志，浩然可以大觀矣。」（指道也）

「潛龍勿用」，陽氣潛藏。

反復伸釋，義畧同上。王逸《楚辭章句序》：「夫《離騷》之文，依託《五經》以立義焉。……夕攬洲之宿莽，則《易》潛龍勿用也。」

「見龍在田」，天下文明。

弘宣至道，善教善世，觀乎人文以化成天下。山谷老人所謂「古之人不得躬行於高明之世，則心亨於寂寞之宅。功名之途不能使萬夫舉首，則言行之實，必能與日月爭光」者是也。《孟子》曰：「有如時雨化之者。」「其子弟從之，則孝弟忠信。」「善政不如善教之得民也。」《荀卿子》曰：「仲尼無置錐之地，誠義乎志意，加義乎身行，著之言語。

濟之日，不隱乎天下，名垂乎後世。」太史公云：「天下君王，至于賢人眾矣，當時則榮，沒則已焉。孔子布衣，傳十餘世，學者宗之。自天子王侯，中國言六藝者，折中於夫子，可謂至聖矣。」夫子文德之教，宣昭義問，化被無疆，賢於堯、舜遠矣。其後河汾王仲淹，豈遜於太原公子耶？何必居位也。

「終日乾乾」，與時偕行。

與時偕行，謂宜乾乾時惕，既進德修業，復知至知終。《淮南》所謂「因日以動，因夜以息」者是也。《易・損卦・彖辭》曰：「損剛益柔有時。損益盈虛，與時偕行。」又《益卦・彖辭》云：「益動而巽，日進无疆；天施地生，其益无方。凡益之道，與時偕行。」《老子》云：「為學日益，為道日損。」明乎損益之義，而思乎夫子諄諄之訓，士君子雖名動朝野，而德學日益，疵過日損。人章而道不息，差可以无咎矣。

「或躍在淵」，乾道乃革。

革，更也，變改也。及時用世，由下卦之在野改而出仕在朝也。《易・革卦》：「元亨利貞，悔亡。」《彖辭》曰：「文明以說，大亨以正。革而當，其悔乃亡。天地革而四時成。湯、武革命，順乎天而應乎人（此言其大者也）。革之時大矣哉！」其上六曰：「君子豹變，小人革面。」《象》曰：「君子豹變，其文蔚也。小人革面，順以從君也。」是革之義也。

「飛龍在天」，乃位乎天德。

位乎天德，謂聖人登天地生化之大位。《繫傳》所謂「天地之大德曰生，聖人之大寶曰位」是也。《書·呂刑》：「惟克天德，自作元命，配享在下。」《莊子·天道》：「舜曰：『天德而出寧，日月照而四時行，若晝夜之有經，雲行而雨施矣。』」

「亢龍有悔」，與時偕極。

來知德曰：「當亢極，而我不能變通，亦與時運俱極，所以有悔。」《呂氏春秋·博志》：「故天子不處全，不處極，不處盈。全則必缺，極則必反，盈則必虧。」又《適威》：「桀、紂之禁，不可勝數，故民因而身為戮，極也，不能用威適。子陽（鄭君，一曰鄭相）極也好嚴，有過而折弓者，恐必死，遂應猘狗而弒子陽，極也。周鼎有竊，曲狀甚長，上下皆曲，以見極之敗也。」《淮南子·道應訓》：「驕則恣，恣則極物；罷則怨，怨則極慮。上下俱極，吳之亡猶晚矣！夫差之所以自剄於干遂也。」

乾元「用九」，乃見天則。

天則，謂天自然而高，生化萬物，而不自居高居功。《管子》所謂「天之道，滿而不溢，盛而不衰。明主法象天道，故久有天下而不失」，及《老子》所謂「功遂身退，天之道」者是也。《論語》：「子曰：『天何言哉？四時行焉，百物生焉，天何言哉？』」《中庸》：「博厚，所以載物也；高明，所以覆物也；悠久，所以成物也。博厚配地，高明配天，悠久無疆。如此者，不見而章，不動而變，無為而成。」又《管子．侈靡》：「天地不可留，故動，化故從新。是故得天者，高而不崩；得人者，卑而不可勝。」《列子．仲尼》：「堯微服遊於康衢，聞兒童謠曰：『立我蒸民，莫匪爾極。不識不知，順帝之則。』」（順帝之則，謂順天之則也）

乾「元」者，元為善始，故乾稱乾元，坤稱坤元。（見《坤卦．彖辭》）**始而亨者也。**謂天始生物之時，已有通暢之機，否則品物不能流形矣，故曰「始而亨者也」。此句見聖人行文簡煉而寓意深遠處。

「利貞」者，性情也。性謂利，情謂貞也。人生賦形於天地，而受氣於陰陽。既始而亨（由幼學以至有立），則宜以利物為本志（性體），成物為竟功（情實），故曰利貞者性情也。性情亦即體用也。君子行乾道之四德，分言之，則利為體，貞為用，元為體，亨為用。合言之，則元亨為體，利貞為用矣。《坤卦》曰：「元亨，利牝馬之貞。」元亨合言，猶此處之始而亨也。利貞合言，猶此處之性情也。不致用無以見體性，故合而釋之耳。

乾始能以美利利天下，《呂氏春秋．愛類》：「聖人通士，不出於利民者無有。」**不言所利，**不自伐，不居功，生而不有，利之而不庸，終不自為大，故能成其大，是以下文重言讚歎之。君子體乾，最宜法此，所謂「居德則忌」，「天德不可為首」者也。《管子．形勢解》：「天生四時，地生萬財，以養萬物而無取焉。明主配天地者也，教民以時，勸之以耕織，以厚民養，而不伐其功，不私其利。故曰：能予而無取者，天地之配也。」《墨子．

法儀》：「天之行廣而無私，其施厚而不德，其明久而不衰，故聖王法之。」**大矣哉！**

大哉乾乎！重言讚歎，語勢承上起下。《孟子》：「孔子曰：『大哉堯之為君！惟天為大，惟堯則之，蕩蕩乎民無能名焉！君哉舜也！巍巍乎有天下而不與焉！』」（《論語》畧同）《呂氏春秋·貴公》：「天地大矣，生而弗子，成而弗有，萬物皆被其澤，而莫知其所由，此三王五帝之德也。」

剛健中正，純粹精也。來瞿塘曰：「剛以體言，健以性言。中者，无過不及也。正者，不偏也。此四者，乾之德也。純者，純陽而不雜以陰也。粹者，不雜而良美也。精者，不雜之極至也。總言乾德剛健中正之至極。所謂純粹精者，非出于剛健中正之外也。但乾德之妙，非一言所能盡，故于剛健中正之外，復以純粹精贊之。」《莊子·刻意》：「水之性，不雜則清，莫動則平，鬱閉而不流，亦不能清，天德之象也。故曰：純粹而不雜，靜一而不變，惔而无為，動而以天行，此養神之道也。」又：「故素也者，謂其無所與雜也；純也者，謂其不虧其神也。」《荀子·賦篇》：「血氣之精也，志意之榮也，百姓待之而後寧也，天下待之而後平也。明達純粹而無疵也，夫是之謂君子之知。」

六爻發揮，旁通情也。來瞿塘曰：「情者，事物至賾至動之情也。發揮者，每一畫有一爻辭以發揮之也。旁通者，曲盡也。如初之潛以至上之亢。凡事有萬殊，物有萬類，時有萬變，皆該括曲盡其情而无遺也。」《繫辭傳》：「知周乎萬物而道濟天下，故不過。旁行而不流。」又：「範圍天地之化而不過，曲成萬物而不遺。」揚子《法言·問明》：「或問『哲』。曰：『旁明厥思。』問『行』。曰：『旁通德厥。』」李軌註云：「動靜不能由一塗，由一塗，不可以應萬變。應萬變而不失其正者，惟旁通乎。」乾之六爻，周公辭而明之，所以旁通萬事萬變之情。士君子深自體會其時地，因其小大，觸類而推，依訓循行，則可以立於無過之地矣。

「時乘六龍」，以「御天」也。聖人發揮六爻之義，以旁通物情，猶乾之乘六龍以御天之道也。《彖辭》：「大明終始，六位時成，時乘六龍以御天。」此四句伸釋其義。

「雲行雨施」，天下平也。六龍御天而雲行雨施，聖人法天，德澤周流敷佈，故天下平治。《莊子》曰：「龍合而成體，散而成章，乘雲氣而養乎陰陽。」又曰：「天德而出寧，日月照而四時行，若晝夜之有經，雲行而雨施矣。」是此義也。《禮・仲尼燕居》：「言而履之，禮也；行而樂之，樂也。君子力此二者，以南面而立，夫是以天下太平也。」又《哀公問》：「公曰：『敢問君子何貴乎天道也？』孔子對曰：『貴其不已。如日月東西相從而不已也，是天道也；不閉其久，是天道也；無為而物成，是天道也；已成而明，是天道也。』」又《禮器》：「是故昔先王之制禮也，因其財物而致其義焉爾。故作大事必順天時，為朝夕必放於日月，為高必因丘陵，為下必因川澤。是故天時雨澤，君子達亹亹焉。是故昔先王尚有德、尊有道、任有能；舉賢而置之，聚眾而誓之。是故因天事天，因地事地，因名山升中於天，因吉土以饗帝于郊。升中于天而鳳皇降、龜龍假；饗帝于郊而風雨節、寒暑時。是故聖人南面而立，而天下大治。」又《中庸》：「天地之道，可一言而盡也：『其為物不貳，則其生物不測。』天地之道：博也，厚也，高也，明也，悠也，久也。今夫天，斯昭昭之多，及其無窮也，日月星辰繫焉，萬物覆焉。今夫地，一撮土之多，及其廣厚，載華嶽而不重，振河海而不洩，萬物載焉。今夫山，一卷石之多，及其廣大，草木生之，禽獸居之，寶藏興焉。今夫水，一勺之多，及其不測，黿鼉蛟龍魚鱉生焉，貨財殖焉。《詩》云：『維天之命，於穆不已！』蓋曰，天之所以為天也！『於乎不顯？文王之德之純！』蓋曰，文王之所以為『文』也！純亦不已。」

以上伸釋乾之四德及彖辭

君子以成德為行，日可見之行也。謂已行其德，人皆見之，信而有徵之意。成德，是指已成之德，外得於人，內得於己者也。《書•說命中》：「允協于先王成德。」

「潛」之為言也，隱而未見，行而未成，是以君子弗「用」也。此即《中庸》所謂「下焉者，雖善不尊，不尊不信，不信民弗從」也。《傅子》：「管甯謂邴原曰：『潛龍以不見成德，言非其時，皆招禍之道也。』」

以上伸釋初九爻辭

君子學以聚之，即《中庸》所謂博學之也。

問以辨之，即《中庸》審問之、慎思之、明辨之也。此以四字括三事。《文子•道德》：「老子曰：『學問不精，聽道不深。凡聽者，將以達智也，將以成行也，將以致功名也。不精不明，不深不達。故上學以神聽，中學以心聽，下學以耳聽。以耳聽者，學在皮膚；以心聽者，學在肌肉；以神聽者，學在骨髓。故聽之不深，即知之不明；知之不明，即不能盡其精；不能盡其精，即行之不成。』」

寬以居之，以上二句乃學問之事，此及下句乃涵養工夫。非居之寬弘，無以成其德學之大。《禮‧儒行》：「儒有博學而不窮，篤行而不倦，幽居而不淫，上通而不困；禮之以和為貴，忠信之美，優游之法；慕賢而容眾，毀方而瓦合。其寬裕有如此者。」

仁以行之。即《中庸》所謂篤行之也，與力行近乎仁，義正相通。《墨子‧修身》：「士雖有學，以行為本焉。」此學聚、問辨、寬居、仁行四者，聖人失君位而為宗師，必當爾爾也。宜與《論》、《孟》、《中庸》、《莊子‧大宗師》合參，茲引述如下。《論語》：「志於道，據於德，依於仁，游於藝。」又：「可與共學，未可與適道；可與適道，未可與立；可與立，未可與權。」《中庸》：「好學近乎知，力行近乎仁，知恥近乎勇。」又：「博學之，審問之，慎思之，明辨之，篤行之。」《孟子》：「可欲之謂善，有諸己之謂信，充實之謂美，充實而有光輝之謂大，大而能化之謂聖，聖而不可知之謂神。」又：「君子深造之以道，欲其自得之也。自得之，則居之安；居之安，則資之深；資之深，則取之左右逢其原。故君子欲其自得之也。」《莊子‧大宗師》：「南伯子葵問乎女偊曰：『子之年長矣，而色若孺子，何也？』曰：『吾聞道矣。』南伯子葵曰：『道可得學邪？』曰：『惡！惡可！子非其人也。夫卜梁倚有聖人之才，而无聖人之道，我有聖人之道，而无聖人之才，吾欲以教之。庶幾其果為聖人乎！不然，以聖人之道，告聖人之才，亦易矣。吾猶守而告之，參日，而後能外天下；已外天下矣，吾又守之，七日而後能外物；已外物矣，吾又守之，九日，而後能外生；已外生矣，而後能朝徹；朝徹而後能見獨；見獨而後能無古今；無古今而後能入於不死不生。殺生者不死，生生者不生。其為物，無不將也，無不迎也，無不毀也，無不成也。其名為攖寍。攖寍也者，攖而後成者也。』南伯子葵曰：『子獨惡乎聞之？』曰：『聞諸副墨之子（喻翰墨文字，通其義訓），副墨之子，聞諸洛誦之孫（亦作雒誦，謂反覆背誦也。此階最為重要，不升此階，下七關無由得破。近人讀書，畏難圖易，每舉諸葛公但觀大畧。以自文其空疏，無得於內。光輝胡由而生耶），洛誦之孫，聞之瞻名。（瞻見至理，靈府通明），瞻明聞之聶許（聶，登也。許，謂許何喜悅。喻漸登勝妙，私心喜悅），聶許聞之需役（需，須也。役，行也。喻篤行至道，成己成物），需役聞之於謳（於，古文烏字。此作讚歎之詞，謂盛德彰聞，謳歌滿路），於謳聞之玄冥（善世不伐，復歸玄寂），玄冥聞之參寥（參，三也。寥，絕也。貫天地人，精妙勝絕），參寥聞之疑始。（德合天地，渾然無我。生而不有，為而不恃。疑其本始，不知其所從來）』」。

《易》曰：「見龍在田，利見大人。」君德也。已見前解

以上伸釋九二爻辭

九三，重剛而不中，《乾》六爻皆剛，重剛者，謂上下皆陽爻。乘承皆剛，非陽爻居陽位也，朱子《本義》誤。按：二三四五，皆重剛，但二五得中，三四不得中，故三四爻同稱重剛不中。得中則履道坦坦，無適非當耳。不然者，羣陽相犯，所謂木與木相摩則燃矣。

上不在天，上，指爻言，謂處下卦之上爻。不在天，謂只在下卦之上耳，非如五爻之在朝得正位也。

下不在田，下，指卦言，謂處下卦在野也。不在田，謂雖處下卦在野，而亢高臨極，名彰毀隨，不能如二爻之得中道以化民成俗也。

故「乾乾」因其時而「惕」，處極位，上不在天，下不在田，本甚危殆。但若能乾乾時惕，既進德修業，復時省其過，無怠無荒，則當如下句所云雖危无咎矣。

雖危「无咎」矣。身修思永，愬愬終吉矣。《繫傳》曰：「其出入以度，外內使知懼。又明於憂患與故。无有師保，如臨父母。」凡三聖之訓皆然。微《易》，天地將為長暮矣。

以上伸釋九三爻辭

九四，重剛而不中，上不在天，下不在田，此條最須注意。此二句與九三文字全同，而意義殊別。所謂上者，指卦言，謂雖在上卦，而不能如九五之得大位。所謂下者，指爻言，謂雖居上卦之下爻，然亦在朝。非如九二之在野，從容中道，得羣庶信仰也。後人不別卦位爻位，以為與九三同辭同解。於是《易》之精義，沈翳逾千年，而妄人彈射隨之矣。朱文公注四子書，深契聖心，時勝漢儒。註《詩》稍遜。於《易》惜無精義，蓋誤以《易》為卜筮作也。其釋九三已誤矣，於此復云：「九四非重剛，重字疑衍。」，注下句云：「在人，謂三。」孔子讚《易》，無一字虛設，安有九三與九四，卦位爻位全異，而上下二字同訓乎？來瞿唐冥搜神契，頗多勝解，釋九三無誤，於此亦泯然。則自王輔嗣不註，孔仲達誤疏，故後之治《易》者，胥為孔《疏》所誤也。

中不在人，此中字則指全卦六爻言也，三四皆在六爻之中，九三無此句者。人，謂在野之廣大人羣也。此爻已出仕，非如九三之仍在人羣中也。自孔疏強以初二爻為地道，三四為人道，五上爻為天道後，此句之義，又不可解矣。三四既為人道，此非在人乎？（孔疏分三才之道，餘卦有時而然，乾坤則非也）聖人立文，簡要而餘義曲包，可以觀此知彼。如此處云中不在人，則知九三為中在人矣。但其所謂中，非從容中道之中耳。（中道之中，宜讀平聲）《繫傳》曰：「乾坤毀，則无以見《易》。《易》不可見，則乾坤或幾乎息矣。」學者幸加慮焉。

故「或」之。「或」之者，疑之也。此伸釋或躍之義。審己審時而進，不可則退。此所謂疑也，不必作疑惑字讀。

故「无咎」。雖已出仕，而慎於進退，非冒昧干祿者比，故可无咎。

以上伸釋九四爻辭

夫「大人」者，與天地合其德，與日月合其明，與四時合其序，與鬼神合其吉凶。盛稱聖德，明非聖人不宜居此尊位，故《繫傳》謂聖人大寶也。《禮·孔子閒居》：「子夏曰：『三王之德參於天地，敢問何如斯可謂參天地矣？』孔子曰：『奉三無私以勞天下。』子夏曰：『敢問何謂三無私？』孔子曰：『天無私覆，地無私載，日月無私照。

……天有四時，春秋冬夏，風雨霜露，無非教也。地載神氣，神氣風霆，風霆流形，庶物露生，無非教也。』」《管子・牧民》：「如地如天，何私何親？如月如日，唯君之節。……言室滿室，言堂滿堂，是謂聖王。」又《版法》：「法天合德，象法無親，參與日月，佐於四時。」又《版法解》：「凡人君者，覆載萬民而兼有之，燭臨萬族而事使之，是故以天地日月四時為主為質，以治天下。天覆而無外也，其德無所不在；地載而無棄也，安固而不動，故莫不生殖。聖人法之，以覆載萬民，故莫不得其職姓。得其職姓，則莫不為用。故曰：法天合德，象地無親。日月之明無私，故莫不得光。聖人法之，以燭萬民，故能審察，則無遺善，無隱姦。無遺善，無隱姦，則刑賞信必。刑賞信必，則善勸而姦止。故曰：參於日月四時之行。」《文子・精誠》：「天致其高，地致其厚，日月照，列星朗，陰陽和，非有為焉，正其道而物自然。陰陽四時，非生萬物也；雨露時降，非養草木也；神明接，陰陽和，萬物生矣。夫道者，藏精于內，棲神于心，靜漠恬惔，悅穆胸中，廓然無形，寂然無聲。官府若無事，朝廷若無人，無隱士，無逸民，無勞役，無冤刑。天下莫不仰上之德，象主之旨，絕國殊俗，莫不重譯而至，非家至而人見之也。推其誠心，施之天下而已。」又《道德》：「至德之世，賈便其市，農樂其野，大夫安其職，處士脩其道，人民樂其業。是以風雨不毀折，草木不夭死，河出圖，洛出書。」又《精誠》：「故大人與天地合德，與日月合明，與鬼神合靈，與四時合信。懷天心，抱地氣，執沖含和，不下堂而行四海，變易習俗，民化遷善，若出諸己，能以神化者也。」（《淮南子・泰族訓》同，不另引矣）《墨子・尚賢中》：「聖人之德，若天之高，若地之普，其有昭於天下也。若地之固，若山之承，不坼不崩。若日之光，若月之明，與天地同常。」《荀子・禮論》：「天地以合，日月以明，四時以序，星辰以行，江河以流，萬物以昌，好惡以節，善惡以當。以為下則順，以為上則明，萬物變而不亂，貳之則喪也。禮豈不至矣哉？」又《樂論》：「君子以鐘鼓道志，琴瑟樂心，動以干戚，飾以羽旄，從以磬管。故其清明象天，其廣大象地，其俯仰周旋，有似於四時。」又《王霸》：「名聲若日月，功績如天地，天下之人，應之如景響，是又人情之所同欲也，而王者兼而有是者也。」《呂氏春秋·去私》：「天無私覆也，地無私載也，日月無私燭也，四時無私行也。行其德，而萬物得遂長焉。」又《上德》：「故古之王者，德迴乎天地，澹乎四海。東西南北，極日月之所燭，天覆地載，愛思不臧，虛素以公，小民皆之。」

先天而天弗違，來瞿唐曰：「如凡制作之類，雖天之所未為，而吾意之所為，默與道契，天亦不能違乎我，是天合大人也。」《易·繫傳》：「《易》曰：『自天祐之，吉无不利。』子曰：『祐者助也。天之所助者順也，人之所助者信也。』」《禮·禮運》：「協諸義而協，則禮雖先王未之有，可以義起也。……是謂大順。大順者，所以養生、送死、事鬼神之常也。故事大積焉而不苑，並行而不謬，細行而不失，深而通，茂而有間，連而不相及也，動而不相害也。此順之至也。」又《祭義》：「置之而塞乎天地，溥之而橫乎四海，施諸後世而無朝夕。推而放諸東海而準，推而放諸西海而準，推而放諸南海而準，推而放諸北海而準。」《淮南子·氾論訓》：「常故不可循，器械不可因也，則先王之法度，有移易者矣。……故五帝異道，而德覆天下，三王殊事，而名施後世，此皆因時變而制禮樂者。……治國有常，而利民為本。政教有經，而令行為上。苟利於民，不必法古。苟周於事，不必循舊。夫夏、商之衰也，不變法而亡。三代之起也，不相襲而王。故聖人法與時變，禮與俗化，衣服器械，各便其用，法度制令，各因其宜。故變古未可非，而循俗未足多也。……故仁以為經，義以為紀，此萬世不更者也。若乃人考其才，而時省其用，雖日變可也。天下豈有常法哉！當於世事，得於人理，順於天地，祥於鬼神，則可以正治矣。」

後天而奉天時。來瞿唐曰：「奉天時者，奉天理也。如謂天敍有典，而我惇之，天秩有禮，而我庸之之類。雖天之所已為，我知理之如是，奉而行之，而我亦不能違乎天，是大人合天也。」《書・皐陶謨》：「天敍有典，勑我五典五惇哉！天秩有禮，自我五禮有庸哉！同寅協恭和衷哉！天命有德，五服五章哉！天討有罪，五刑五用哉！政事，懋哉！懋哉！」

天且弗違，而況於人乎！況於鬼神乎！《易・豐卦・彖辭》：「日中則昃，月盈則食，天地盈虛，與時消息，而況於人乎！況於鬼神乎！」《禮・禮運》：「故天生時而地生財，人其父生而師教之。四者，君以正用之。故君者，立於無過之地也。」又《中庸》：「故君子之道，本諸身，徵諸庶民，考諸三王而不繆，建諸天地而不悖，質諸鬼神而無疑，百世以俟聖人而不惑。質諸鬼神而無疑，知天也；百世以俟聖人而不惑，知人也。是故君子動而世為天下道，行而世為天下法，言而世為天下則。遠之則有望，近之則不厭。」《老子》：「以道莅天下，其鬼不神，非其鬼不神。其神不傷人，非其神不傷人，聖人亦不傷人。夫兩不相傷，故德交歸焉。」《荀子・哀公》：「孔子對曰：『所謂大聖者，知通乎大道，應變而不窮，辨乎萬物之情性者也。大道者，所以變化遂成萬物也；情性者，所以理然不取捨也。是故其事大辨乎天地，明察乎日月，總要萬物於風雨，繆繆肫肫，其事不可循，若天之嗣，其事不可識，百姓淺然，不識其隣。若此，則可謂大聖矣。』」又《君道》：「仁厚兼覆天下而不閔，明達用天地、理萬物而不疑，血氣和平，志意廣大，行義塞於天地之間，仁知之極也。夫是之謂聖人。審之禮也。」《漢書・禮樂志》：「海內徧知上德，被服其風，光煇日新，化上遷善，而不知所以然。至於萬物不夭，天地順而嘉應降。故《詩》曰：『鐘鼓鍠鍠，磬管鏘鏘，降福穰穰。』《書》云：『擊石拊石，百獸率舞。』鳥獸且猶感應，而況於人乎？況於鬼神乎？」

以上伸釋九五爻辭

「亢」之為言也，知進而不知退，知存而不知亡，知得而不知喪。此伸釋亢龍有悔之義。《易・大壯卦》九三：「小人用壯，君子用罔。貞厲。羝羊觸藩，羸其角。」上六云：「羝羊觸藩，不能退，不能遂。無攸利。」皆怙壯處極，不知進退者也。又《繫傳》：「危者，安其位者也。亡者，保其存者也。亂者，有其治者也。」亦其義。《墨子・大取》：「今人非道無所行，雖有強股肱，而不明於道。其困也，可立而待也。」《呂氏春秋・高義》：「人主之患，存而不知所以存，亡而不知所以亡，此存亡之所以數至也。」《史記・范睢蔡澤列傳》：「蔡澤說范睢曰：『《易》曰：「亢龍有悔。」此言上而不能下，信(伸)而不能詘，往而不能自返者也。』」

其唯聖人乎！此及下二句，是伸釋用九之義。合上九言之者，亢龍為最足代表陽極而需變也。

知進退存亡而不失其正者，其唯聖人乎！重言讚歎，唯聖人為无不利，不仁而在高位，是蒺藜之據，叢棘之置也。覆餗之凶，焚巢之號，不待占而知矣。《繫傳》：「是故君子安而不忘危，存而不忘亡，治而不忘亂，是以身安而國家可保也。」又：「君子知微知彰，知柔知剛，萬夫之望。」皆其義也。又《管子•君臣下》：「君之在國都也，若心之在身體也。道德定於上，則百姓化於下矣。戒心形於內，則容貌動於外矣。正也者，所以明其德。知得諸己，知得諸民，從其理也。知失諸民，退而修諸己，反其本也。」亦其義。此三句，若出凡手，則當云：「其唯聖人乎！知進退存亡而不失其正。知進退存亡而不失其正者，其唯聖人乎！」矣。夫子讚《易》，辭寡意愜，餘味曲包，他多此例。

以上合上九用九之辭而伸釋之也。

䷁ 坤卦

《繫辭傳》曰：「一陰一陽之謂道，繼之者善也，成之者性也。仁者見之謂之仁，知者見之謂之知，百姓日用而不知，故君子之道鮮矣！」又曰：「聖人設卦，觀象繫辭焉而明吉凶，剛柔相推而生變化。是故吉凶者，失得之象也。悔吝者，憂虞之象也。變化者，進退之象也。剛柔者，晝夜之象也（義明乾之九三）。六爻之動，三極之道也。是故君子所居而安者，《易》之序也。所樂而玩者，爻之辭也。是故君子居則觀其象而玩其辭，動則觀其變而玩其占。是以自天祐之，吉无不利。」又曰：「引而伸之，觸類而長之，天下之能事畢矣。顯道神德行，是故可與酬酢，可與祐神矣。子曰：『知變化之道者，其知神之所為乎？』」又曰：「剛柔相推，變在其中矣。繫辭焉而命之，動在其中矣。吉凶悔吝者，生乎動者也。剛柔者，立本者也。變通者，趣時者也。吉凶者，貞勝者也。天地之道，貞觀者也。日月之道，貞明者也。天下之動，貞夫一者也。」《説卦傳》曰：「昔者聖人之作《易》也，……觀變於陰陽而立卦，發揮於剛柔而生爻，和順於道德而理於義，窮理盡性，以至於命。」又曰：「昔者聖人之作《易》也，將以順性命之理。是以立天之道，曰陰與陽；立地之道，曰柔與剛；立人之道，曰仁與義。兼三才而兩之，故《易》六畫而成卦；分陰分陽，迭用柔剛，故《易》六位而成章。」大抵生人之氣分，無間男女，要不外乎陰陽剛柔。大別之，則乾為男，坤為女耳。然男性中，其稟賦固多陽而剛者，已屬之乾矣。若其賦性陰柔，不由矯飾者，則屬坤也。女性中，其稟賦固多陰而柔者，已屬之坤矣。若其昂然軒舉，性氣陽剛，仍得屬之坤乎？乾坤成列而《易》立乎其中。成性存存，道義之門，是有待乎學者之善自體驗，以決其體乾用坤抑體坤用乾也。

夫天尊地卑，乾坤定矣（《繫傳》）。男女之別，男尊女卑，以男為貴（語見《列子》）。故居尊持正，領導群倫者，非貞確明健稟乾綱正性之君子不能。其性情婉順，得於陰柔之美者，則宜為之輔。無競於居尊，臨涖道而旽洋，致哲婦傾城，為梟為鴟之刺也。雖然，保合太和，乃利貞，致中和而後天地位萬物育。若亢龍窮高，則踰越天日，失位失民，自取禍敗。而牝馬知貞，則行地无疆，含章從事，名息道存矣，是以《易》道貴乎得中。而剛克柔克，同歸正直，所以疇於《洪範》也。莊周曰：「至陰肅肅，至陽赫赫。肅肅出乎天，赫赫發乎地，兩者交通成和而物生焉。」《淮南‧氾論訓》云：「天地之氣，莫大於和。……故聖人之道，寬而栗，嚴而溫，柔而直，猛而仁。太剛則折，太柔則卷。聖人正在剛柔之間，乃得道之本。積陰則沈，積陽則飛，陰陽相接，乃能成和。」是知乾坤之體用者也。

《文言》曰：坤至柔而動也剛，揚子《法言‧君子》：「或問『君子之柔剛』。曰：『君子於仁也柔，於義也剛。』」

至靜而德方。謂坤性本至柔至靜，及其隨乾而動，則亦剛且方也。（於《易》義觀之，地體本圓，隨乾動而可方。方，天德也。《坤》六二《小象》：「六二之動，直以方也。」皆就其動而隨乾言。則天體本方而地體本圓，其為用則反是。此云德方者，是得於天之德，指其用言，非其本體也。此二句柔剛動靜皆見，義各相反，而有方無圓，是舉五字而兼六事，曲包之矣。此例《易》中屢見，學《易》者宜注及之，否則失其解矣。此二句必繫辭釋之，猶曰：「坤性至柔至靜德圓。承天而行。則其性亦剛亦動而德方也。」後儒昧此精義，以方字屢見《坤卦》經傳中，便謂天圓地方，豈三聖之意哉？惜虛空冥冥，天體無極，今之天文學尚未足以證其果有形體否，而地圓地動之定論，則與《易》合矣）來瞿唐曰：「乾剛坤柔，定體也；乾動坤靜，定體也。柔無為矣，而剛則能動；靜無形矣，而方則有體。柔靜者，順也體也；剛方者，健也用也。」

後得主而有常，此伸釋卦辭「先迷後得主」及《彖辭》「先迷失道，後順得常」也。有常，謂得所主。主，猶人之心有所主，正見明識之意。坤性圓柔，圓柔者多昧而無定見，易於迷惑失道，必隨陽而後得正道而行。故曰後得主而有常也。《易》道多扶陽抑陰，扶明抑暗，故乾不處極，不教用陰，而三上二爻，戒以惕而知悔，則義當无咎。於坤則不然，除六四外，幾盡示以從陽。文、周二聖，情見乎辭，學者當知所勉矣。老氏純主用九，若在上位之君子用之，則可沖氣為和，愈仁民而愛物。如在小人，復助以陰柔之用，鮮不為大奸慝矣。是故老氏之學，只得《易》之一用耳。不該不徧，一曲之士也。後人或《老》《易》齊稱，或孔、老對舉，則秉爝火而方炎陽，強河伯以偶海若矣，不可不辨也。《文子·符言》：「君子行正氣，小人行邪氣。內便于性，外合于義，循理而動，不繫于物者，正氣也；推于滋味，淫于聲色，發于喜怒，不顧後患者，邪氣也。」

含萬物而化光。此伸《彖辭》「坤厚載物，德合无疆，含弘光大，品物咸亨」之意。含萬物，謂其負陰抱陽，含藏甚大。化光，指其能隨陽而化，陽明陰暗，惟天昭昭，所必宜歸從也。

坤道其順乎，《説卦傳》：「乾，健也。坤，順也。」

承天而時行。語勢由上句順字來。順，謂其能順天，美坤道之從陽也。《莊子·田子方》：「肅肅出乎天（謂陰氣上行調陽），赫赫發乎地（謂陽氣下行調陰也），兩者交通成和而物生焉。」（見前）又《天道》：「天尊地卑，神明之位也。春夏先（陽），秋冬後（陰），四時之序也。萬物化作，萌區有狀，盛衰之殺，變化之流也。夫天地至神，而有尊卑先後之序，而況人道乎？」按《坤卦》卦辭云：「元亨。利牝馬之貞。君子有攸往，先迷後得主。利，西南得朋，東北喪朋。安貞吉。」《彖辭》云：「至哉坤元！萬物資生，乃順承天。坤厚載物，德合無疆。含弘光大，品物咸亨。牝馬地類，行地无疆。柔順利貞。君子攸行，先迷失道，後順得常。西南得朋，乃與類行；東北喪朋，乃終有慶。安貞之吉，應地無疆。」「西南得朋，東北喪朋」二句，後儒每不得其解，蓋為得喪二字所惑，徑以得朋為利，喪朋為不利，不知《易》之真義，正與相反也。文王八卦方位，西南為兑坤離，是母與中少二女，皆陰方。東北為震艮坎，是長少中三男，皆陽方。得朋為遇其類，陰而逢陰，所以先迷也。失朋為離其類，凝陰逢陽，故云乃終有慶也。東北無乾者，震艮坎三男得乾陽之體，猶之乾矣。且老陰窮厄，則進居少陽，固四象自然之序也。《淮南・詮言訓》云：「陽氣起於東北，盡於西南；陰氣起於西南，盡於東北。」得其義矣。

以上伸釋坤卦彖辭

積善之家，必有餘慶；釋初六爻辭「履霜堅冰至」也。畧同乾之九四，所異者，性分也。《小雅・裳裳者華》：「我覯之子，維其有章矣。維其有章矣，是以有慶矣。」又《南山有臺》：「南山有枸，北山有楰。樂只君子，遐不黃耇？樂只君子，保艾爾後。」《左傳》昭公七年孟僖子引臧孫紇語：「聖人有明德者，若不當世，其後必有達人，今其將在孔某乎？」《孟子》：「苟為善，後世子孫，必有王者矣。」《老子》：「天道無親，常與善人。」又：「治人事天莫若嗇（去其病）。夫唯嗇，是謂早服；早服謂之重積德；重積德則無不克；無不克則莫知其極；莫知其極，可以有國；有國之母，可以長久；是謂深根固柢。長生久視之道。」《莊子·則陽》：「是故丘山積卑而為高，江河合水而為大，大人合并而為公。」《荀子·性惡》：「積善而不息，則通於神明，參於天地矣。」《淮南子·脩務訓》：「夫事有易成者名小，難成者名大。君子脩美，雖未有利，福將在後至。故《詩》云：『日就月將，學有緝熙於光明。』此之謂也。」

積不善之家，必有餘殃。《繫辭傳》：「善不積不足以成名，惡不積不足以滅身。小人以小善為无益而弗為也，以小惡為无傷而弗去也。故惡積而不可掩，罪大而不可解。」《書·泰誓中》：「我聞吉人為善，惟日不足；凶人為不善，亦惟日不足。」又《蔡仲之命》：「皇天無親，惟德是輔；民心無常，惟惠之懷。為善不同，同歸於治；為惡不同，同歸於亂。爾其戒哉！慎厥初。惟厥終，終以不困；不惟厥終，終以困窮。」又《盤庚》：「無有遠邇，用罪伐厥死，用德彰厥善。」又《洪範》：「嚮用五福，威用六極（天饗善懲惡）。……五福：一曰壽，二曰富，三曰康寧，四曰攸好德，五曰考終命。六極：一曰凶短折，二曰疾，三曰憂，四曰貧，五曰惡，六曰弱。」《老子》：「天之道，不言而善應，不召而自來，繟然而善謀。天網恢恢，疏而不失。」《尸子》：「水積則生呑舟之魚，土積則生豫章之木，學積亦有生焉。」《荀子·勸學》：「積土成山，風雨興焉；積水成淵，蛟龍生焉；積善成德，而神明自得，聖心備焉。」又《儒效》：「故積土而為山，積水而為海，旦暮積謂之歲。至高謂之天，至下謂之地，宇中六指謂之極；涂之人百姓，積善而全盡，謂之聖人。……縱性情而不足問學，則為小人矣。為君子則常安榮矣，為小人則常危辱矣。」《淮南子·繆稱訓》：「君子不謂小善不足為也而舍之，小善積而為大善；不謂小不善為無傷也而為之，小不善積而為大不善。是故積羽沈舟，羣輕折軸，故君子禁於微。壹快不足以成善，積快而為德；壹恨不足以成非，積恨而成怨。故三代之稱，千歲之積譽也；桀、紂之謗，千歲之積毀也。」又《人間訓》：「夫積愛成福，積怨成禍。若癰疽之必潰也，所浼者多矣。」又《主術訓》：「善積則功成，非積則禍極。」

臣弒其君，子弒其父，《公羊傳》宣公十一年：「上無天子，下無方伯，天下諸侯有為無道者。臣弒君，子弒父，力能討之，則討之可也。」《孟子》：「世衰道微，邪說暴行有作。臣弒其君者有之，子弒其父者有之。」《管子・法法》：「故《春秋》之記，臣有弒其君，子有弒其父者矣。」

非一朝一夕之故，其所由來者漸矣，此戒陰柔之士。初仕於朝，宜勉行正道，自昭明德，無積陰污，以成大惡也。大抵賦性陰柔者，其持心每易疑迷不定。雖本性非惡，而易隨和以從奸，故聖人嚴為之防，戒以慎之於始也。《韓非子・外儲說右上》：「子夏曰：『《春秋》之記，臣殺君，子殺父者，以十數矣，皆非一日之積也，有漸而以至矣。』凡姦者，行久而成積，積成而力多，力多而能殺。故明主蚤絕之。」又《主道》：「弒其主，代其所，人莫不與，故謂之虎。處其主之側，為姦臣，聞其主之忒，故謂之賊。」漸，漸進也，謂事由積漸而成。本《易》卦名，其《大象》云：「山上有木，漸。君子以居賢德善俗。」亦戒其勿染於邪惡也。《荀子・勸學》：「蘭槐之根是為芷，其漸之滫，君子不近，庶人不服，其質非不美也，所漸者然也。故君子居必擇鄉，遊必就士，所以防邪僻而近中正也。物類之起，必有所始；榮辱之來，必象其德。肉腐出蟲，魚枯生蠹，怠慢忘身，禍災乃作。」又《大畧》：「蘭茝藁本，漸於蜜醴，一佩易之。正君漸於香酒，可讒而得也。君子之所漸，不可不慎也。」

由辯之不早辯也。《說文》：「辯，治也。」與从刀之「辧（辨），判也」，古籍多互用。皆後人不識釆（易誤作采字，采字从爪木。此象獸之指爪有分別，隸變作釆）別之本字，故以辯辨易之也。辯，明辨之也。其所以成大惡，以至臣弒君，子弒父，由不早明是非邪正善惡曲直之辨，故惡積而不可掩，罪大而不可解也。

《易》曰：「履霜堅冰至。」此初六爻辭也。霜，初陰之象。冰，積陰之象。《禮記·祭義》：「霜露既降，君子履之，必有悽愴之心，非其寒之謂也。春，雨露既濡，君子履之，必有怵惕之心，如將見之。」宜正其念，預為之防也。《易》為君子謀而嚴戒小人，履薄霜應知堅冰之將至，惟聖罔念作狂，惟狂克念作聖。聖狂之間，存乎一念，防杜微漸，謀之可不早乎？《書·伊訓》：「聖謨洋洋，嘉言孔彰。惟上帝不常，作善降之百祥，作不善，降之百殃。爾惟德罔小，萬邦惟慶，爾惟不德罔大，墜厥宗。」又《畢命》：「旌別淑慝，表厥宅里。彰善癉惡，樹之風聲。」《中庸》：「莫見乎隱，莫顯乎微，故君子慎其獨也。」《管子·宙合》：「景不為曲物直，響不為惡聲美，是以聖人明乎物之性者，必以其類來也。故君子繩繩乎慎其所先。」《老子》：「其安易持，其未兆易謀，其脆易泮，其微易散，為之於未有，治之於未亂。合抱之木，生於毫末；九層之臺，起於累土；千里之行，始於足下。」《韓非子·喻老》：「登糟邱，臨酒池，紂遂以亡，故箕子見象箸而知天下之禍。」又：「千丈之隄，以螻蟻之穴潰；百尺之室，以突隙之烟焚。故曰白圭之行隄也，塞其穴，丈人之慎火也，塗其隙。是以白圭無水難，丈人無火患，此皆慎易以避難，敬細以遠大者也。」又《說林》：「聖人見微以知萌，見端以知末，故見象箸而怖，知天下不足也。」《淮南子·齊俗訓》：「《易》曰：『履霜堅冰至。』聖人之見，終始微言。故糟邱生乎象箸，炮烙生乎熱斗。」又《說山訓》：「嘗一臠肉，知一鑊之味；懸羽與炭，而知燥濕之氣；以小明大。見一葉落，而知歲之將暮；睹瓶中之冰，而知天下之寒；以近論遠。」

蓋言順也。《易•升卦•象辭》：「地中生木，升。君子以順德，積小以高大。」順，與本爻《小象》「馴致其道」之馴同意，謂遵循順行，薄霜可成堅冰也。《小象》：「履霜堅冰，陰始凝也。馴致其道，至堅冰也。」又《性惡》：「今人之性，生而有好利焉，順是，故爭奪生而辭讓亡焉；生而有疾惡焉，順是，故殘賊生而忠信亡焉；生而有耳目之欲，有好聲色焉，順是，故淫亂生而禮義文理亡焉。然則從人之性，順人之情，必出於爭奪，合於犯文（依俞曲園改分字為文字）亂理而歸於暴。故必將有師法之化，禮義之道，然後出於辭讓，合於文理，而歸於治。」（荀子主性惡，正是體坤，孟子主性善則體乾。明於乾坤之義者，自不與乎人性善惡之辯。但《易》道扶陽抑陰，獎勉君子而嚴戒小人，則孟子之主性善，與周、孔之意為合。且若荀子之說行，則人之不善，可自飾以謂得之自然，其流弊可勝道哉！）

以上釋初六爻辭

「直」其正也，此釋六二爻辭「直、方、大，不習无不利」也。此爻以陰居陰，得中得位，為《坤卦》之主爻（非六五也），喻有柔德之君子，躋於要路，動而承乾，若法天明德，直方而大。則雖不重習嫻熟其事，亦无有不利也。直其正者，謂直即正也。直方大三者，乾德之事，此欲其法而行之也。《書‧舜典》：「帝曰：『俞，咨伯。汝作秩宗，夙夜惟寅，直哉惟清！』」又《君牙》：「爾身克正，罔敢弗正。民心罔中，惟爾之中。」《詩‧小雅‧大東》：「周道如砥，其直如矢。君子所履，小人所視。」又《小明》：「嗟爾君子，無恒安息。靖共爾位，好是正直。神之聽之，介爾景福。」又《大雅‧崧高》：「申伯之德，柔惠且直。揉此萬邦，聞于四國。」《左傳》莊公三十二年：「神，聰明正直而壹者也。」又襄公七年：「《詩》曰：『靖共爾位，好是正直。神之聽之，介爾景福。』恤民為德，正直為正，正曲為直，參和為仁。如是，則神聽之，介福降之。」《論語》：「舉直錯諸枉，則民服；舉枉錯諸直，則民不服。」又：「人之生也直，罔之生也，幸而免。」又：「季康子問政於孔子，孔子對曰：『政者正也。子帥以正，孰敢不正？』」又：「其身正，不令而行；其身不正，雖令不從。」又：「直哉史魚！邦有道如矢；邦無道如矢。」《禮‧樂記》：「廉直勁正，莊誠之音作，而民肅敬。」《孟子》：「惟大人惟能格君心之非。君仁莫不仁，君義莫不義，君正莫不正。一正君而國定矣。」《管子‧心術下》：「形不正者德不來，中不精者心不治，正形飾德，萬物畢得。翼然自來，神莫知其極。昭之天下，通於四極。」《韓非子‧飾邪》：「故鏡執清而無事，美惡從而比焉；衡執正而無事，輕重從而載焉。」又：「修身潔白，而行公行正，居官無私，人臣之公義也。」《淮南子‧繆稱訓》：「聖人不求譽，不辟誹，正身直行，眾邪自息。」又《主術訓》：「夫以正教化者，易而必成；以邪巧世者，難而必敗。」又：「非平正無以制斷。」又：「使人主執正持平，如從繩準高下，則羣臣以邪來者，猶以卵投石，以火投水。」又：「故人主誠正，則直士任事，而姦人伏匿矣；人主不正，則邪人得志，忠者隱蔽矣。」

「方」其義也。謂其行義剛而方，風骨稜稜也。《書・泰誓上》：「同力度德，同德度義。」《左傳》成公八年：「信以行義，義以成命，小國所望而懷也。信不可知，義無所立，四方諸侯，其誰不解體？」《禮・儒行》：「近文章，砥厲廉隅。」（謂磨利其邊角，厲其風操也。廉隅即邊角，欲其方正銳利）又：「其行本方立義。」又《聘義》：「有行之謂有義，有義之謂勇敢。故所貴於勇敢者，貴其能以立義也；所貴於立義者，貴其有行也；所貴於有行者，貴其行禮也。故所貴於勇敢者，貴其敢行禮義也。故勇敢強有力者，天下無事，則用之於禮義，天下有事，則用之於戰勝。用之於戰勝則無敵，用之於禮義則順治。外無敵，內順治，此之謂盛德。」又《禮運》：「義者，藝之分，仁之節也。協於藝，講於仁，得之者強。」又《祭統》：「夫義者，所以濟志也，諸德之發也。是故其德盛者其志厚，其志厚者其義章。」又《儒行》：「儒有委之以貨財，淹之以樂好，見利不虧其義；劫之以眾，沮之以兵，見死不更其守；鷙蟲攫搏，不程勇者；引重鼎，不程其力；往者不悔，來者不豫；過言不再，流言不極；不斷其威，不習其謀。其特立有如此者。」又《大學》：「國不以利為利，以義為利也。」又《樂記》：「是故君子反情以和其志，比類以成其行，姦聲亂色不留聰明，淫樂慝禮不接心術，惰慢邪僻之氣不設於身體，使耳目鼻口心知百體，皆由順正以行其義。」《論語》：「見義不為，無勇也。」又：「君子喻於義，小人喻於利。」又：「羣居終日，言不及義，好行小慧，難矣哉！」又：「觚不觚，觚哉！觚哉！」（義同砥厲廉隅。觚，有角之器也）《孟子》：「何必曰利，亦有仁義而已矣。」又：「仁，人之安宅也；義，人之正路也。」又：「居仁由義，大人之事備矣。」又：「生，我所欲也；義，亦我所欲也。二者不可得兼，舍生而取義者也。」又：「事君無義，進退無禮，言則非先王之道者，猶沓沓也。」《管子·五輔》：「夫民必知義然後中正，中正然後和調，和調乃能處安，處安然後動威，動威乃可以戰勝而守固。故曰：義不可不行也。」又《心術下》：「能戴大圓者體乎大方，鏡大清者視乎大明。」又《內業》：「人能正靜，皮膚裕寬，耳目聰明，筋信而骨強，乃能戴大圓而履大方。鑒於大清，視於大明，敬慎無忒，日新其德，徧知天下，窮於四極。敬發其充，是謂內得。」又《禁藏》：「故適身行義，儉約恭敬，其唯無福，禍亦不來矣。」又《輕重己》：「清神生心，心生規，規生矩，矩生方，方生正，正生曆，曆生四時，四時生萬物。聖人因而理之，道徧矣。」《晏子·春秋·內篇·問上》：「謀度于義者必得，事因於民者必成。」《墨子·非攻下》：「督以正，義其名，必務寬吾眾，信吾師，以此授諸侯之師，則天下無敵矣。」又《天志上》：「然則天亦何欲何惡？天欲義而惡不義。」又《非命上》：「義人在上，天下必治，上帝山川鬼神，必有幹主，萬民被其大利。」又《耕柱》：「所為貴良寶者，可以利民也，而義可以利人，故曰：義，天下之良寶也。」《韓非子·解老》：「所謂方者，內外相應也，言行相稱也；所謂直者，義必公正，心不偏黨也。」《呂氏春秋·情欲》：「先王之立高官也，必使之方（高注：方正）。方則分定，分定則下不相隱。」《淮南子·主術訓》：「心欲小而志欲大，智欲圓而行欲方。」又《繆稱訓》：「故世治則以義衛身，世亂則以身衛義。」

君子敬以直內，敬直生於內，非由外飾。復伸直字之義。直者，正且敬也。《禮·檀弓》：「與其敬不足而禮有餘也，不若禮不足而敬有餘也。」又《中庸》：「齊莊中正，足以有敬也。」《論語》：「子謂子產：『有君子之道四焉：其行己也恭，其事上也敬，其養民也惠，其使民也義。』」又：「出門如見大賓，使民如承大祭（敬以持己）。」又：「仲弓曰：『居敬而行簡，以臨其民，不亦可乎？』」

義以方外，敬直持其內，而風義方其外，發彊剛毅，足以有執矣。《禮•深衣》：「負繩抱方者，以直其正，方其義也。故《易》曰：『坤六二之動，直以方也。』」（見《小象》）

敬義立而德不孤。《論語》：「德不孤，必有鄰。」程傳：「敬義既立，其德盛矣。不期大而大矣，德不孤也。」《書•君陳》：「爾克敬典在德，時乃罔不變。」又：「底至齊信，用昭明于天下，則亦有熊羆之士，不二心之臣，保又王家。」又《洛誥》：「明作有功，惇大成裕，汝永有辭。」《管子•樞言》：「時者得天，義者得人。既時且義，故能得天與人。」《淮南子•泰族訓》：「位高而道大者從，事大而道小者凶。」按二動成地水師。卦辭云：「師，貞。丈人吉。」《象辭》曰：「師，眾也。貞，正也。能以眾正，可以王矣。」《象》曰：「師。君子以容民畜眾。」是隨陽而動，羣陰宗之，直方斯大而德不孤之義也。

「直方大，不習无不利」，點出六二爻辭，下句發其要旨。

則不疑其所行也。與《大有》上九「自天祐之，吉无不利」同意。《繫傳》曰：「天之所助者順也，人之所助者信也。履信思乎順，而以尚賢也，是以自天祐之，吉无不利也。」不疑其所行者，陰柔之士，本易疑迷，故示之隨乾動而方正。則拂鐘無聲，應機立斷，無所疑其行之未習而不利也。《莊子•人間世》：「子之愛親，命也，不可解於心；臣之事君，義也，無適而非君也，無所逃於天地之間。……夫事其君者，不擇地而安之，忠之盛也。」《韓非子•解老》：「見必行之道，則其從事亦不疑，不疑之謂勇。」《呂氏春秋•士容論》：「士不偏不黨，柔而堅，虛而實。其狀朖然不儇，若失其一。傲小物而志屬於大，似無勇而未可恐，狼執固橫敢而不可辱害，臨患涉難而處義不越，南自稱寡而不以侈大，今日君民而欲服海外，節物甚高而細利弗賴，耳目遺俗而可以定世，富貴弗就而貧賤弗朅（謂其交友），德行尊理而羞用巧衞，寬裕不訾而中心甚厲，難動以物而必不妄折，此國士之容也。」為臣而不能直內方外，若宮之奇之在虞，達心而懦，言略而不能彊諫，雖曰君子，何補於國乎？

以上釋六二爻辭

陰雖有美「含」之，此釋六三爻辭「含章可貞。或從王事，無成有終」也。六二已居要路為重臣（領袖之亞），此爻則處內卦之極，逾其本位，謂代主制命，監國撫軍，亦即今之所謂代拆代行也。陽剛之士君天下，易亢高損物，故隨示之用九，否則凶道也。陰柔之士執君命，其體性甚宜，然仍須含章，然後可正。章字最為重要，與《豐卦》六五「來章」之章，同喻陽道昭明光亨者。《詩·小雅》：「維其有章矣，是以有慶矣。」《孟子》：「流水之為物也，不盈科不行；君子之志於道也，不成章不達。」亦此義也。章，即文章，《說文》作彣彰。煥乎！郁乎！輝光文明之象。又文章，或云文理。《中庸》：「文理密察，足以有別也。」《淮南子·泰族訓》：「治由文理，則無悖謬之事矣。」陽明陰暗，非含章，不能貞正。陰道居此位，極應法天持明，自昭其德。否則卑濕重遲，何以代主制命哉？美即指章，爽朗光明，不含此美，則不貞而邪僻行矣。

以從王事，代行王者君天下之事也。《小象》云：「含章可貞，以時發也。或從王事，知光大也。」《淮南子・要畧》云：「因循倣依，以知禍福，操舍開塞，各有龍忌，發號施令，以時教期，使君人者，知所以從事。」

弗敢成也。釋爻辭無成之意，謂弗敢以成功成物自居。蓋陰柔之士，雖體乾自昭，然由學養，非其本性。代大匠斲，雖含章可不傷其手，然以周公穆親篤聖，霍光大德至忠，猶且成王不遣嫌吝於懷，宣帝若負芒刺於背，況本非其分，豈可以成功自居哉？《書》曰：「爾有嘉謀嘉猷，則入告爾后于內，爾乃順之於外，曰：『斯謀斯猷，惟我后之德。』」是其義矣。《禮・表記》：「子曰：『下之事上也，雖有庇民之大德，不敢有君民之心，仁之厚也。是故君子恭儉以求役仁，信讓以求役禮，不自尚其事，不自尊其身，儉於位而寡於欲，讓於賢，卑己而尊人，小心而畏義，求以事君，得之自是，不得自是，以聽天命。《詩》云：「莫莫葛藟，施於條枚。豈弟君子，求福不回。」其舜、禹（代命時）、文王、周公之謂與？有君民之大德，有事君之小心。《詩》云：「惟此文王，小心翼翼。昭事上帝，聿懷多福。厥德不回，以受方國。」』」《禮・樂記》：「知禮樂之情者能作（作始），識禮樂之文者能述（繼事）。作者謂之聖，述者謂之明。」（作禮樂，天子事，臣道不敢爾也）《孟子》：「附之韓、魏之家，如其自視欿然，則過人遠矣。」《管子・法法》：「賢人之行其身也，忘有其名也；王主之行其道也，忘其成功也。賢人之行，王主之道，其所不能已也。」《韓非子・說疑》：「若夫后稷、皋陶、伊尹、周公旦、太公望、管仲、隰朋、百里奚、蹇叔、舅犯、趙衰、范蠡、大夫種、逢同、華登，此十五人者為其臣也，皆夙興夜寐，卑身賤體，竦心白意。明刑辟，治官職，以事其君；進善言，通道法，而不敢矜其善；有成功立事，而不敢伐其勞。不難破家以便國，殺身以安主。以其主為高天泰山之尊，而以其身為壑谷黼湑之卑；主有賢名廣譽於國，而身不難受黼湑之卑。如此臣者，雖當昏亂之主，尚可至功，況於顯明之主乎？此謂霸主之佐也。」

地道也，妻道也，臣道也。雖含章而不敢成者此也。《關尹子·三極》：「天下之理，夫者倡，婦者隨；牡者馳，牝者逐；雄者鳴，雌者應。是以聖人制言行，而賢人拘之。」

地道「无成」而代「有終」也。地道無成者，謂坤本地道，隨天之施濟而受成，不可以成功自居也。代有終者，《説文》：「代，更也。」謂其更代制命，可結善果也。代字是度人金針。宋衷曰：「地得終天功，臣得終君事，婦得終夫業，故曰而代有終也。」按：此爻動則為謙。卦辭云：「謙，亨。君子有終。」其九三云：「勞謙，君子有終，吉。」《小象》曰：「勞謙君子，萬民服也。」義正同此。《繫傳》曰：「勞而不伐，有功而不德，厚之至也。語以其功下人者也。德言盛，禮言恭。謙也者，致恭而存其位者也。」存其位，釋有終也，義亦同此。有終，猶今之所謂有結果，《老子》「夫唯弗居，是以不去」之意也。《管子·白心》：「功成者隳，名成者虧。故曰：孰能棄名與功，而還與眾人同？孰能棄功與名，而還反無成？無成有貴其成也，有成貴其無成也。」

以上釋六三爻辭

天地變化，草木蕃。釋六四爻辭「括囊，无咎无譽」也，大意與乾之初九同。此則從世亂益甚言之也，《詩·小雅·十月》所謂「爗爗震電，不寧不令。百川沸騰，山冢崒崩。高岸為谷，深谷為陵」者是矣。起二句即喻世之變亂。《孟子》：「洪水橫流，氾濫於天下，草木暢茂，禽獸蕃殖，五穀不登，禽獸偪人。」草木蕃，則禽獸羣居，生人之道，不待言而苦可知矣。《文子•精誠》：「政失于春，歲星盈縮，不居其常；政失于夏，熒惑逆行；政失于秋，太白不當，出入無常；政失于冬，星辰不效其鄉。四時失政，鎮星搖蕩，日月見謫，五星悖亂，彗星出。」《莊子•馬蹄》：「禽獸成羣，草木遂長。」《荀子•天論》：「夫星之墜，木之鳴，是天地之變，陰陽之化，物之罕至者也。」又《賦篇》：「天下不治，請陳佹詩：天地易位，四時易鄉。列星殞墜，旦暮晦盲。幽晦登昭，日月下藏。公正無私，反見從橫。」《淮南子•泰族訓》：「故國危亡而天文變，世惑亂而虹蜺見。萬物有以相連，精祲有以相蕩也。」

天地閉，即《易》之《否卦》也。繫辭焉而命之，動在其中矣。《否》之《大象》曰：「天地不交，否。君子以儉德辟難，不可榮以祿。」故下句謂賢人隱也。其《彖辭》云：「則是天地不交而萬物不通也，上下不交而天下无邦也。內陰而外陽，內柔而外剛，內小人而外君子。小人道長，君子道消也。」《禮•月令》：「天氣上騰，地氣下降。天地不通，閉塞而成冬。」

賢人隱。《詩•小雅•正月》：「魚在于沼，亦匪克樂。潛雖伏矣，亦孔之炤。憂心慘慘，念國之為虐。」《禮•表記》：「子曰：『君子慎以辟禍，篤以不揜，恭以遠恥。』」《論語》：「子謂南容：『邦有道，不廢；邦無道，免於刑戮。』」又：「邦有道，危言危行；邦無道，危行言孫。」又：「賢者辟世，其次辟地，其次辟色，其次辟言。」又：「伯夷叔齊，餓於首陽之下，民到于今稱之。」《孟子》：「伯夷辟紂，居北海之濱。……太公辟紂，居東海之濱。」）《管子•宙合》：「賢人之處亂世也，知道之不可行，則沈抑以辟罰，靜默以侔免。辟之也，猶夏之就清，冬之就溫焉，可以無及於寒暑之菑矣，非謂畏死而不忠也。」《莊子•在宥》：「天下脊脊大亂，罪在攖人心。故賢者伏在大山嵁巖之下，而萬乘之君，憂慄乎廟堂之上。」又《天地》：「夫聖人鶉居而鷇食，鳥行而无彰，天下有道，則與物皆昌；天下无道，則修德就閑。」《淮南子•俶真訓》：「夫鳥飛千仞之上，獸走叢薄之中，禍猶及之，又況編戶齊民乎？由此觀之，體道者不專於在我，亦有繫於世矣。夫歷陽之都，一夕反而為湖，勇力聖知，與罷怯不肖者同命。巫山之上，順風縱火，膏夏紫芝，與蕭艾俱死。故河魚不得明目，穉稼不得育時，其所生者然也。故世治則愚者不得獨亂，世亂則智者不得獨治。身蹈於濁世之中，而責道之不行也，是猶兩絆騏驥，而求其致千里也。置猨檻中，則與豚同，非不巧捷也，無所肆其能也。」

《易》曰：「括囊，无咎无譽。」《荀子•非相篇》嘗引此文，以為「腐儒之謂」，是以其徒有韓非、李斯之終受荼毒也。《易》之真義，其可背乎？括囊，謂結其囊口。結其囊口，則囊中之物，是貴是賤，或有物無物，外人胥不得而知。喻君子處默，不欲人之知見，以全身遠害。猶《淮南》所謂「貴賤之於身，猶條風之時麗。毀譽之於己，猶蚊蝱之一過也」。

蓋言謹也。謹即《小象》所云「慎不害」也。《淮南子•詮言訓》引此云：「廣成子曰：『慎守而內，周閉而外。多知為敗，毋視毋聽。抱神以靜，形將自正。不得之己而能知彼者，未之有也。』故《易》曰：『括囊，无咎无譽。』」《淮南》引《易》證己，牽彼就我，猶前賢之引《詩》，非其本義也。《漢書•車千秋傳贊》云：「車丞相履伊、呂之列，當軸處中，括囊不言，容身而去，彼哉！彼哉！」譏其不能履直方之道，不應謹而謹，與《易》義合矣。又《魏志・文帝紀》裴注引霍性上疏云：「臣聞文王與紂之事，是時天下括囊无咎，凡百君子，莫肯用訊。」深得《易》旨，伯夷、太公之避居海濱是也。《莊子・人間世》，「天下有道，聖人成焉；天下無道，聖人生焉。方今之時，僅免刑焉。」又《庚桑楚》：「故鳥獸不厭高，魚鼈不厭深。夫全其形生之人，藏其身也，不厭深眇而已矣。」《呂氏春秋・離俗覽》：「故如石戶之農、北人無擇、卞隨、務光者，其視天下，若六合之外，人之所不能察；其視富貴也，苟可得已，則必不之賴；高節厲行，獨樂其意，而物莫之害。」《淮南子・人間訓》：「患禍之所由來者，萬端無方。是故聖人深居以避辱，靜安以待時。小人不知禍福之門戶，妄動而絓羅網，雖曲為之備，何足以全其身！」又：「聖人敬小慎微，動不失時，百射重戒，禍乃不滋。」又《詮言訓》：「故道不可以勸而就利者，而可以寧避害者。故常無禍，不常有福；常無罪，不常有功。」又《要畧》：「審死生之分，別同異之跡，節動靜之機，以反其性命之宗。所以使人愛養其精神，撫靜其魂魄，不以物易己，而堅守虛無之宅者也。」（謂其《精神訓》）

以上釋六四爻辭

君子「黃」中通理，釋六五爻辭「黃裳元吉」也，大意與乾之九二同，亦宜以師道自任者。後人見五為乾之主位，於此復見元吉字，以為此亦坤之主爻。不知此爻以陰居陽，中而非正，實與乾之九二，同是有德而無位者。但九二體陽居陰，惟善世不伐可矣。此則體性本陰，而居乾陽光明之地，欲與九二同德，非黃其中而通至理，何以昭其明德以行大道乎？且所謂元吉者，固可謂之上吉大吉矣，亦可解作吉之始也。《呂氏春秋·召類》云：「《易》曰：『渙其羣，元吉。（《渙卦》六四）渙者，賢也；羣者，眾也；元者，吉之始也。』」則黃裳元吉者，是黃其裳乃始得吉也，是元吉之別一義也。而所謂黃裳者，周公立文，其稱名也，雜而不越，於稽其類。黃帝、堯、舜垂衣裳而天下治，蓋取諸乾坤，衣本用正色，裳本用間色（見《玉藻》）。今稱正色以黃其裳，明柔道之君子，中道在下，義須隨陽，含萬物而化光也。乾為衣，坤為裳。衣在上，裳在下。黃，中也（《禮·郊特牲》），正色也。黃裳者，謂其得中道，正色而在下位也。字極精審，含義無窮。《詩·邶風·綠衣》「綠兮衣兮，綠衣黃裳。」間色在上，正色在下，嬖妾尊而嫡室卑，猶此之喻賢人在野也。黃中通理是釋爻辭之黃字，通理是黃中之補足義。黃者，正明斐然之象，乾道陽剛之義色也。《公羊傳》曰：「孔父正色而立於朝，則人莫敢過而致難於其君者，孔父可謂義形於色矣。」士君子含咀英華，文理密察，正身直行，無黨無偏。在朝則為志義之臣，在野則為弘道之士，皆此陽剛而義之氣發之。所謂見面盎背，施於四體，不言而喻者是也。《禮·鄉飲酒義》：「天地嚴凝之氣，始於西南而盛於西北（西南坤方，西北乾方），此天地之尊嚴氣也，此天地之義氣也。」又《樂記》：「內和而外順，則民瞻其顏色而不與爭也，望其容貌而民不生易慢焉。故德煇動於內，而民莫不承聽；理發諸外，而民莫不承順。」（喜怒哀樂之未發，謂之中。發而皆中節，謂之和。仁柔而濟以義剛，亦和也。此條亦見《祭義》）又《文王世子》：「禮樂交錯於中，發形於外。是故其成也懌，恭敬而溫文。」《論語》：「動容貌，斯遠暴慢矣；正顏色，斯近信矣；出辭氣，斯遠鄙倍矣。」（曾子語）

又：「子夏曰：『君子有三變：望之儼然，即之也溫，聽其言也厲。』」《呂氏春秋・有度》：「通意之悖（《莊子・庚桑楚》通作徹），解心之繆（《莊子》作謬），去德之累，通道之塞（《莊子》通作達）。貴、富、顯、嚴、名、利，六者，悖意者也（《莊子》悖作勃，無者字）。容、動、色、理、氣、意，六者，繆心者也（《莊子》無者字）。惡、欲、喜、怒、哀、樂，六者，累德者也（《莊子》無者字）。智、能、去、就、取、舍（《莊子》作去就取與知能），六者，塞道者也（《莊子》無者字）。此四六者，不蕩乎胸中則正（《莊子》作盪），正則靜，靜則清明（《莊子》無清字，下同），清明則虛，虛則無為而無不為也。」莊、呂之說，不盡合《易》，聊備參考耳。引《呂》不引《莊》，有兩通字故也。

正位居體，上句釋黃字，此句釋裳字。謂之正位者，不以不得尊位為非正，宜素其位而行也。居體謂安處其本分。《孟子》：「自得之則居之安。」「居仁由義，大人之事備矣。」「居天下之廣居，立天下之正位，行天下之大道。」皆其義。《淮南子・脩務訓》魏文侯謂其僕曰：「段干木雖以己易寡人，不為，吾日悠悠慚于影，子何以輕之哉！」

美在其中，謂其中通理也。美指黃，正色，猶六三「陰雖有美含之」之美。此爻《小象》云：「黃裳元吉，文在中也。」此處《小象》稱文，六三稱章，文章同義，五色相宣，故並云美。《禮・孔子閒居》：「清明在躬，氣志如神。」又《樂記》：「是故情深而文明，氣盛而化神，和順積中而英華發外。」《莊子・天道》：「水靜則明燭鬚眉，平中準，大匠取法焉。水靜猶明，而況精神！聖人之心靜乎！」此句是靜，是黃中。下句始是動。

而暢於四支，支，今之肢字。《詩・小雅・裳裳者華》：「左之左之，君子宜之。右之右之，君子有之。維其有之，是以似之。」（取朱子義）《論語》公明賈稱公叔文子於孔子曰：

「夫子時然後言，人不厭其言；樂然後笑，人不厭其笑；義然後取，人不厭其取。」（此與《中庸》所謂成己、成物，性之德，合外內之道，時措之宜同意。公叔文子不足以當之，故夫子謂豈其然也）《大學》：「所惡於上，毋以使下；所惡於下，毋以事上；所惡於前，毋以先後；所惡於後，毋以從前；所惡於右，毋以交於左；所惡於左，毋以交於右。此之謂絜矩之道。」《孟子·告子上》：「《詩》云：『既醉以酒，既飽以德。』言飽乎仁義也，所以不願人之膏粱之味也；令聞廣譽施於身，所以不願人之文繡也。」又《盡心下》：「動容周旋中禮者，盛德之至也。哭死而哀，非為生者也。經德不回，非以干祿也。言語必信，非以正行也。君子行法以俟命而已矣。」又《盡心上》：「廣土眾民，君子欲之，所樂不存焉。中天下而立，定四海之民，君子樂之，所性不存焉。君子所性，雖大行不加焉，雖窮居不損焉，分定故也。君子所性，仁義禮智根於心，其生色也，睟然見于面，盎於背，施於四體，四體不言而喻。」《墨子·修身》：「藏於心者，無以竭愛，動於身者，無以竭恭，出於口者，無以竭馴。暢之四支，接之肌膚，華髮隳顛，而猶弗舍者，其唯聖人乎！」《莊子·天地》：「不徐不疾，得之於手，而應於心。口不能言，有數存焉於其間。」又《天運》：「吾又奏之以陰陽之和，燭之以日月之明；其聲能短能長，能柔能剛，變化齊一，不主故常；在谷滿谷，在阬滿阬。」又《達生》：「忘足，屨之適也；忘要（腰之本字），帶之適也；知忘是非，心之適也（忘而已矣，非無是非之心也）；不內變，不外從（不妄從俗），事會之適也。始乎適，而未嘗不適者，忘適之適也。」又《山木》：「入獸不亂羣，入鳥不亂行。鳥獸不惡，而況人乎！」又《田子方》：「子路曰：『吾子欲見溫伯雪子久矣，見之而不言，何邪？』仲尼曰：『若夫人者，目擊而道存矣，亦不可以容聲矣。』」又：「夫天下也者，萬物之所一也。得其所一而同焉，則四支百體將為塵垢，而死生終始將為晝夜，而莫之能滑，而況得喪禍福之所介乎！」又《庚桑楚》：「學者，學其所不能學也；行者，行其所不能行也；辯者，辯其所不能辯也。知止乎其所不能知，至矣；若有不即是者，天鈞敗之。備物以將形，藏不虞以生心，敬中以達彼，若是，而萬惡至也，皆天也，而非人也，不足以滑成，不可內於靈臺。靈臺者有持，而不知其所持，而不可持者也。不見其誠己而發，每發而不當，業入而不舍，每更為失。」（誠己而發，則當而無失矣）又《寓言》：「夫受才乎大本，復靈以生。鳴而當律，言而當法，利義陳乎前，而好惡是非，直服人之口而已矣。使人乃以心服，而不敢蘁立，定天下之定。」《荀子‧勸學》：「君子之學也，入乎耳，箸乎心，布乎四體，形乎動靜，端而言，蝡而動，一可以為法則。小人之學也，入乎耳，出乎口。口耳之間，則四寸耳，曷足以美七尺之軀哉！古之學者為己，今之學者為人。君子之學也，以美其身；小人之學也，以為禽犢。」又：「君子知夫不全不粹之不足以為美也，故誦數以貫之，思索以通之，為其人以處之，除其害者以持養之，使目非是無欲見也，使耳非是無欲聞也，使口非是無欲言也，使心非是無欲慮也。及至其致好之也，目好之五色，耳好之五聲，口好之五味，心利之有天下。是故權利不能傾也，羣眾不能移也，天下不能蕩也。生乎由是，死乎由是，夫是之謂德操。德操然後能定，能定然後能應，能定能應，夫是之謂成人。天見其明，地見其光，君子貴其全也。」

發於事業，上二句謂正位居體也，事業非指朝位。《繫辭傳》曰：「形而上者謂之道，形而下者謂之器，化而裁之謂之變，推而行之謂之通，舉而措之天下之民，謂之事業。」此事業之真解，德學文章皆是，非必事功也。《繫辭傳》：「往者屈也，來者信（即伸字。下同）也，屈信相感而利生焉。尺蠖之屈，以求信也；龍蛇之蟄，以存身也。精義入神，以致用也；利用安身，以崇德也。過此以往，未之或知也；窮神知化，德之盛也。」《莊子・田子方》：「百里奚爵祿不入於心，故飯牛而牛肥。……有虞氏（舜也）死生不入於心，故足以動人。」又《則陽》：「故聖人，其窮也使家人忘其貧，其達也使王公忘爵祿而化卑。」《呂氏春秋・本味》：「故審近所以知遠也，成己所以成人也，豈越越多業哉？」揚子《法言・學行》：「螟蛉之子。殪而逢，蜾蠃祝之曰：『類我，類我。』久則肖之矣。速哉！七十子之肖仲尼也。」

美之至也。《莊子・知北遊》：「天地有大美而不言，四時有明法而不議，萬物有成理而不說。聖人者，原天地之美，而達萬物之理，是故至人无為，大聖不作（无為不作，是无不為，无不作，故下云若亡而存，不形而神也），觀於天地之謂也。今彼神明至精，與彼百化，物已死生方圓，莫知其根也，扁然而萬物自古以固存。六合為巨，未離其內；秋豪為小，待之成體。天下莫不沈浮，終身不故；陰陽四時運行，各得其序。惛然若亡而存，油然不形而神，萬物畜而不知。此之謂本根，可以觀於天矣。」又《天運》：「夫德遺堯、舜而不為也，利澤施於萬世，天下莫知也，豈直太息而言仁孝乎哉！夫孝悌仁義，忠信貞廉，此皆自勉而役其德者也，不足多也。故曰：至貴，國爵并焉；至富，國財并焉；至願，名譽并焉。是以道不渝。」

附《左氏春秋》昭公十二年傳文

南蒯之將叛也（魯季氏費邑宰），其鄉人或知之，過之而歎，且言曰：「恤恤乎，湫乎攸乎！深思而淺謀，邇身而遠志，家臣而君圖，有人矣哉！」南蒯枚筮之，遇《坤》之《比》，曰「黃裳元吉」，以為大吉也。示子服惠伯曰：「即欲有事，何如？」惠伯曰：「吾嘗學此矣，忠信之事則可，不然必敗。外彊內溫，忠也；和以率貞，信也。故曰『黃裳元吉』。黃，中之色也；裳，下之飾也；元，善之長也。中不忠不得其色，下不恭不得其飾，事不善不得其極（杜注：失中德）。外內倡和為忠，率事以信為恭，供養三德為善（杜注：三德，謂正直、剛克、柔克也），非此三者弗當。且夫《易》，不可以占險，將何事也？且可飾乎？中美能黃，上美為元，下美則裳，參成則筮。猶有闕也，筮雖吉，未也。」

以上釋六五爻辭

陰疑於陽必「戰」，此釋上六爻辭「龍戰於野，其血玄黃」也。坤於卦辭稱牝馬，利於貞正。今陰極無陽，遇陽必戰，故云龍戰。龍指乾陽，是對方，非本爻之象。陰道處極，在內卦代主制命，和柔臨下，其勢尚宜，故示以含章則可貞正。若處廣大人羣，聲譽隆溢，有逾其分。而凡事圓柔含混，見義不為，雖其中情，本非邪惡，亦必為明快之君子疑其為曲學阿世。（《漢書•儒林傳》轅固謂公孫弘曰：「公孫子，務正學以言，無曲學以阿世。」）冰炭同器，水火相攻，禍敗隨之矣。大抵處極位，乾最危於立朝，坤最忌於在野（戰于野之野字是度人金針）。此則陰陽體性，隨時地而異便也。莊生云：「陰陽錯行，則天地大絯。於是乎有雷有霆，水中有火，乃焚大槐。有甚憂，兩陷而无所逃。」是其義矣。《論語》：「子曰：『鄉原（即愿），德之賊也。』」又：「子曰：『巧言、令色、足恭，左丘明恥之，丘亦恥之。匿怨而友其人，左丘明恥之，丘亦恥之。』」又：「孔子曰：『益者三友，損者三友。友直，友諒，友多聞，益矣。友便辟（即嬖字），友善柔，友便佞，損矣。』」《孟子》：「孔子曰：『過我門而不入我室，我不憾焉者，其惟鄉原乎！鄉原，德之賊也。』曰：『何如，斯可謂之鄉原矣？』曰：『何以是嘐嘐也？言不顧行，行不顧言，則曰：古之人，古之人。行何為踽踽涼涼？生斯世也，為斯世也，善斯可矣。閹然媚於世也者，是鄉原也。』萬章曰：『一鄉皆稱原人焉，無所往而不為原人，孔子以為德之賊，何哉？』曰：『非之無舉也，刺之無刺也，同乎流俗，合乎汙世，居之似忠信，行之似廉潔，眾皆悅之，自以為是，而不可與入堯、舜之道，故曰德之賊也。』」又：「恥之於人大矣，為機變之巧者，無所用恥焉。不恥不若人，何若人有？」又：「人不可以無恥，無恥之恥，無恥矣。」

為其嫌於无陽也，仲必戰之故也。陽城且為韓公所疑，況負時譽在野，而無章明之美，言行無所歸義。則九二之大人君子，負昭宣之任，本閑邪之義，必鳴鼓而攻之矣。《文子·上德》：「陽滅陰，萬物肥；陰滅陽，萬物衰。故王公尚陽道則萬物昌，尚陰道則天下亡。」又：「聖人㑹陽，天下和同；㑹陰，天下溺沉。」

故稱「龍」焉。明稱龍是指乾陽而非此極陰之謂矣。

猶未離其類也，故稱「血」焉。稱血者，承龍戰來。類，即《彖辭》「牝馬地類」之類。此血是兼龍言，未離其類者，龍馬皆畜類，兩傷則見血也。夫君子小人之相攻相斥，雖至身名兩敗，未必如武士之失意杯酒，白刃相讎也。《易》多指物以喻人事，故稱血耳。

夫「玄黃」者，天地之雜也，天玄而地黃。《周禮·冬官·考工記》：「天謂之玄，地謂之黃。」血之色本紅，而謂之玄黃者，以陰陽交傷兩敗。而龍馬表乾坤，故以天地之色稱之。《繫辭傳》：「爻有等，故曰物；物相雜，故曰文；文不當，故吉凶生焉。」

以上釋上六爻辭

按：坤爻此下復有「用六，利永貞。《象》曰：用六永貞，以大終也」一條。《文言》於此不復釋之者，義明於《乾·文言》之釋用九，可推而得。陽極而凶，宜退而用陰；陰極而凶，宜進而用陽。士君子商略而損益之，則可以致中和。而天地位，萬物育矣。曾子曰：「士不可以不弘毅，任重而道遠。」孫卿子曰：「狹隘褊小，則廓之以廣大；卑濕重遲貪利，則抗之以高志；庸眾駑散，則劫之以師友。」揚子雲曰：「公儀子、董仲舒之才之邵也。使見善不明，用心不剛，儔克爾。」諸葛公云：「若志不彊毅，意不慷慨，徒碌碌滯於俗，默默束於情，承竄伏於凡庸。不免於下流矣。」皆用六之義也。

周易六子講疏

䷜ 坎下坎上 坎卦

《坎》為陽卦，陽爻入《坤》以代地用，與陰爻入《乾》代天用之《離卦》同為求得其中和之意。《坎》之主爻在九五，蓋陽爻居陽位，中而且正也。以全卦論之，與《乾卦》同為上卦在朝，下卦在野，此卦乃曉喻士君子以處險之道。

《習坎》。坎，陷也，險也。習，《說文》云：「鳥數飛也。」習坎，重險也。上下皆陰爻，中為陽爻，一陽陷於兩陰之中，故曰重險也。然妙藏生機，蓋中四爻互卦為《頤》。頤，養也。是善能處於險者則生機存焉矣。《左傳》僖公二十二年：「明恥教戰，求殺敵也。」《孫子·九地篇》云：「投之亡地而後存，陷之死地而後生。」《孟子·告子下篇》：「入則無法家拂士，出則無敵國外患者，國恆亡。然後知生於憂患，而死於安樂也。」故士君子雖處險地，如能深會處險之道，勿急躁鹵莽以求脫，而安靜貞正以自為，則可歸於无咎矣。

有孚。孚，信也。坎為水為月，如潮汐之受月球吸引力而有定時之起落，故云有孚。唐李益詩云：「早知潮有信，嫁與弄潮兒。」是也。此喻士君子當守一貫之道，自可通而無礙矣。故下云「維心亨，行有尚」也。

維心亨，亨，通也。《說卦傳》：「坎為堅多心，為通。」能堅一其志，則誠信在中。夫人如有誠有信，則雖暫見塞阻，時至自通矣。

行有尚。尚，功也。既有誠信，又能堅而不越，執德不移，故所行必有功也。二三四爻互震，震為足，故云行。二動而五應（二動則成䷇，比之六二「比之自內，貞吉。」），得中得正，故有功云尚。（二多譽，五多功）

《彖》曰：『習坎』，重險也。《彖辭》孔子所作。彖者，材也，就其內含之材料而判斷之也，此卦以三畫言之，上下皆陰爻，已重險矣，如以六畫之全卦言之，亦上下皆坎，險陷重重，故云重險也，虞翻曰：「兩象也。天險地險，故曰重險。」虞云兩象，是上下卦兩坎象。上為天，下為地，故天險地險而為重險也。

水流而不盈，行險而不失其信。此二句乃孔子釋卦辭「有孚」之意。盈，滿也。意謂滿盈隆高而突起。蓋水性趨下，入於坎中，滿則他行，不留於坎中使之崇隆高起也。故《孟子·離婁下》曰：「徐子曰：『仲尼亟稱於水曰：「水哉，水哉！」何取於水也。』孟子曰：『原泉混混，不舍晝夜，盈科而後進，放乎四海。有本者如是，是之取爾。』」諸葛亮《戒外甥書》云：「雖有淹留，何損於美趣，何患於不濟。」皆可為水流句注腳。「行險而不失其信」者，謂士君子履險道而不失其常性也。《易·大過·象》曰：「澤滅木，大過。君子以獨立不懼，遯世无悶。」《論語·顏淵篇》曰：「自古皆有死，民無信不立。」又《里仁篇》云：「造次必於是，顛沛必於是。」《荀子·修身篇》云：「良農不為水旱不耕，良賈不為折閱不市，士君子不為貧窮怠乎道。」又《天論篇》云：「天不為人之惡寒也輟冬，地不為人之惡遼遠也輟廣，君子不為人匈匈也輟其行，天有常道矣，地有常數矣，君子有常體矣。君子道其常，小人計其功。」《莊子•秋水篇》云：「夫水行不避蛟龍者，漁父之勇也。陸行不避兕虎者，獵夫之勇也。白刃交於前，視死若生者，烈士之勇也。知窮之有命，知通之有時，臨大難而不懼者，聖人之勇也。」又《讓王篇》云：「古之得道者，窮亦樂，通亦樂，所樂非窮通也，道德（得也）於此，則窮通為寒暑風雨之序矣。」以上所引，皆可發「水流」二句之義矣。

『維心亨』，乃以剛中也。維心亨，解見前。「乃以剛中也」句，是釋心亨之義。剛中，指二五兩爻。陽剛居中，猶聰明正直而得中道（《左傳》莊公三十二年：「神，聰明正直而壹者也。」），是以心亨也。大抵《易》道扶陽剛而抑陰柔，即遏惡揚善之意。《論語•公冶篇》：「子曰：『吾未見剛者。』或對曰：『申棖。』子曰：『棖也欲，焉得剛？』」故知直性陽剛，得之者鮮矣。東坡《剛說》：「孔子曰：『剛毅木訥近仁。』（《子路篇》）又曰：『巧言令色，鮮矣仁。』（《學而》及《陽貨篇》）所好夫剛者，非好乎剛也，好其仁（善也）也；所惡夫佞者，非惡乎佞也，惡其不仁也。吾平生多難，常以身試之。凡免我於厄者，皆平日可畏人也；擠我於嶮者，皆異時可喜人也。吾是以知剛者之必仁，佞者之必不仁也。……孔子時，可謂多君子，而曰未見剛者，以明其難得如此。而世乃曰：『太剛則折。』士患不剛耳。長養成就猶恐不足，當憂其太剛而懼之以折耶？折不折天也，非剛之罪。為此論者，鄙夫患失者也。」（《論語•陽貨篇》：「子曰：『鄙夫可與事君也與哉？其未得之也，患得之。既得之，患失之。苟患失之，無所不至矣。』」）《宋史•孔文仲傳》：「字經父。……性狷直。……同知貢舉。……還家而卒，年五十一。士大夫哭之皆失聲，蘇軾拊其柩曰：『世乃嘉軟熟而惡崢嶸，求勁直如吾經父者，今無有矣。』」

『行有尚』，往有功也。行有尚，解見前。往有功，乃釋行有尚之義。誠信在中，故往而有功。行，猶往。尚，功也。

天險不可升也。地險山川丘陵也。王公設險以守其國。險之時用，大矣哉！」天險，謂守之以德。九五乾位，故云天險。坎有孚心亨，下四爻互解，處險有解，故云不可升。天無形以見其險，人君若能守險以德，則如天險之不可升矣。（《論語・子張篇》子貢曰：「夫子之不可及也，猶天之不可階而升也。」）三四五互艮為山，為丘陵。坎為水，為川。故云山川丘陵，此有形之險也。王，天下之長。公，諸侯之君。《爾雅・釋詁》：「林、烝、天、帝、皇、王、后、辟、公、侯，君也。」險，指天險及地險，謂既守之以德，又復守之以形勢也。艮為山，坎為水。二三四五大離為甲胄，為戈兵，故云設險以守其國。九五君位，故云王公。王肅曰：「守險以德，據險以時（大離為日，為時），成功大矣。」李道平曰：「體坎伏離（大離已見，不必取伏卦），兌秋（上六兌位），震春（二三四互震），坎冬，離夏，隨時設險。坤為用（為柄，故為用。案：坤不見，應是三四五互艮為手，故云用），故曰時用。」○《孟子・梁惠王下》：「滕文公問曰：『滕，小國也，間於齊、楚。事齊乎？事楚乎？』孟子對曰：『是謀，非吾所能及也。無已，則有一焉：鑿斯池也，築斯城也（即地險），與民守之，效死而民弗去（此天險矣），則是可為也。』」《孫子・形篇》：「古之善戰者，先為不可勝（括天險地險），以待敵之可勝（彼以為可勝）。……不可勝者守也，可勝者攻也。」《史記・吳起傳》：「武侯浮西河而下中流，顧而謂吳起曰：『美哉乎山河之固，此魏國之寶也。』吳起對曰：『在德不在險。……若君不脩德，舟中之人，盡為敵國也。』」陸機《辨亡論下》：「借使中才守之以道，善人御之有術，敦率遺典，勤民謹政，循守策，守常險，則可以長世永年，未有危亡之患也。……古人有言曰：『天時不如地利。』（《孟子‧公孫丑下》）《易》曰：『王侯設險以守其國。』言為國之恃險也。又曰：『地利不如人和。』『在德不在險。』言守險之由人也。」

《象》曰：「水洊至，《習坎》。君子以常德行，習教事。」《說文》無洊，當是再之叚借。《爾雅‧釋言》：「荐，再也。」亦是借字。陸績曰：「洊，再。習，重也。」六子於離云：「明兩作，離。」於震云：「洊雷，震。」於艮云：「兼山，艮。」於巽云：「隨風，巽。」於兑云：「麗澤，兑。」獨《坎象》多一「習」字，與卦辭同。蓋處險特難，非常習不可，故屢云「習坎」也。虞翻曰：「君子謂乾五，在乾稱大人，在坎稱君子（案：《易》為君子謀，大人君子同義，不必每卦皆尋君子之象也）。坎為習為常（「習」乃坎之特顯字，故為習。川流不息，故為常），乾為德，震為行（《書‧說命中》：「非知之艱，行之惟艱。」德行須行，故互震足為行。足括德字矣，無須更舉乾象也），巽為教令（六四巽位，申命行事），坤為事（坤發於事業，虞氏以坎是乾之二五入於坤中，故並舉坤耳），故以常德行習教事也。」《左傳》僖公二十二年：「明恥教戰，求殺敵也。」《論語‧子路篇》：「善人教民七年，亦可以即戎矣。」又云：「以不教民戰，是謂棄之。」故常德習教。於國則為明恥教戰，於己則是窮研至道，推善與人也。〇卦辭大象及初六爻辭皆見「習坎」，是文、周、孔子誨人慎乎處險，必重習之以練其堅忍之性。亦猶孟子所謂「動心忍性，曾益其所不能」及「生於憂患」之意也。

初六：「習坎，入于坎窞，凶。」此爻居坎之最下，坎中之窞，最為凶險之象。故云入於坎窞，凶。《說文》：「窞，坎中小坎也。从穴，从臽。《易》曰：『入于坎窞。』」《論語·泰伯篇》：「子曰：『篤信好學，守死善道。危邦不入，亂邦不居。天下有道則見，無道則隱。邦有道，貧且賤焉，恥也；邦無道，富且貴焉，恥也。』」危邦不入，可為此爻釋義。《莊子·讓王篇》：「非其義者，不受其祿。无道之世，不踐其土。」亦此義。初六陰爻居陽位，不正，變而之正，則成節之初九：「不出戶庭，无咎。」《象》曰：「不出戶庭，知通塞也。」

《象》曰：「『習坎入坎』，失道『凶』也。」此謂既知其險，則危處不當入，而竟入之，是失其處險之道，故當凶也。初本震位，為大塗，為道。今初六以陰居陽位，失正，故云失道凶也。

九二：「坎有險，求小得。」一陽陷於兩陰之中，故有險。而謂可以求小得者，陽大陰小，二不正，宜變陰成比之六二，則內有陰輔之者矣。但求小得者，蓋《孟子》「免死而已矣」之意。《孟子·告子下》：「陳子曰：『古之君子何如則仕？』孟子曰：『所就三，所去三。迎之致敬以有禮，言將行其言也，則就之。禮貌未衰，言弗行也，則去之。其次，雖未行其言也，迎之致敬以有禮，則就之。禮貌衰，則去之。其下，朝不食，夕不食，飢餓不能出門戶，君聞之曰：「吾大者不能行其道，又不能從其言也，使飢餓於我土地，吾恥之。」周之，亦可受也。免死而已矣。』」

《象》曰：「『求小得』，未出中也。」未出中者，謂二雖不正，然未離乎中道（在下卦之中），故尚可以求小有得也。《孟子•萬章下》：「仕非為貧也，而有時乎為貧；娶妻非為養也，而有時乎為養。為貧者，辭尊居卑，辭富居貧。辭尊居卑，辭富居貧，惡乎宜乎？抱關擊柝。孔子嘗為委吏矣，曰：『會計當而已矣。』嘗為乘田矣，曰：『牛羊茁壯長而已矣。』（委吏，委積之吏。乘田，掌苑囿芻牧者）位卑而言高，罪也；立乎人之本朝而道不行，恥也。」在野而求小得，於今之世，莫善乎教學矣。

六三：「來之坎坎，險且枕。入于坎窞，勿用。」此爻處下卦之極，是處亂世者雖在野而名聲藉甚，宜絕交遊，不與人間事，南陽栗里之臥龍可以當之矣。《爾雅•釋詁》：「之，往也。」來之坎坎，謂來往皆險也。來則陷於下坎底，往則入於上坎，故云來往皆險也。枕，陸德明《經典釋文》云：「古文作沈。」案：《說文》：「沈，陵上滈水也。」（「滈，久雨也。」）「湛，沒也。」故沈字亦當作湛，湛始是真古文也。謂豈徒險哉，將且湛身也。三，非可謂已浮在上，實仍在上坎之下也。故云險且湛，入于坎窞。勿用者，名大處險，故不宜妄有所求也。三四五互艮為止，上四爻互蹇卦為難，故云勿用。《乾》初九：「潛龍勿用。」《文言》曰：「不易乎世，不成乎名，遯世无悶，不見是而无悶。」勿用，蓋遯世无悶之意。

《象》曰：「『來之坎坎』，終无功也。」卦辭云「行有尚」，而此云「終无功」者，體艮互蹇而三多凶，不湛身已足，何功之有哉？

六四：「樽酒，簋，貳用缶，納約自牖，終无咎。」簋，讀如九。此數語為有韻之文，酒、簋、缶、牖、咎，五字叶韻。《說文》：「簋，黍稷方器也。」「朹，古文簋。」古文从木九聲，則簋古讀如九矣。《詩·秦風·權輿》：「於我乎每食四簋，今也每食不飽。」而《小雅·苕之華》首、罶、飽為韻，古讀可見矣。〇此臣位也，陰爻居陰位，得正，承九五正陽，為君臣相得，合謀救國之象。范蠡、文種生聚教訓，卒濟句踐沼吳之功是也。〇中四爻互頤，養也。故此爻以飲食言之。二三四互震為木，為蒼筤竹。坎為水，古以水為玄酒（《禮記·禮運》：「故玄酒在室。」孔穎達曰：「玄酒，謂水也。」），故云樽酒。震為蕃鮮，坎為豕，三四五互艮為狗。蕃蕃鮮之菜，犬豕之肉，以竹木之器盛之，以餽於君，故云簋。貳，《說文》：「副益也。」四在坎下，以酒為主，餚饌為副益。所以佐酒承歡者（《左傳》莊公二十二年：「君子曰：『酒以成禮，不繼以淫，義也。』」），二三四五互大離為大腹，缶之象，所以盛飯者也。震，動也，艮為手。故云用缶。艮手，故云納。震為善鳴，故云約。蓋嘉謀嘉猷也。艮為門闕，故云自牖。四處震之極，為反生，得正。動極而得正反生，故云終无咎。又二三四五爻互大離，其卦為頤。坎互頤養，是雖處重險之中，而中藏生機之象，正以此爻表之。〇《書·君陳》：「爾有嘉謀嘉猷，則入告爾后（君也）于內，爾乃順之于外，曰：『斯謀斯猷，惟我后之德。』」正此爻君臣密謀之意也。《荀子·議兵篇》：「故以桀詐桀，猶巧拙有幸焉。以桀詐堯，譬之若以卵擊石，以指撓沸（劉向《新序》作「以脂繞沸」），若赴水火，入焉焦沒矣。故仁人上下，百將一心，三軍同力，臣之於君也，下之於上也，若子之事父，弟之事兄，若手臂捍頭目而覆胸腹也，詐而襲之，與先驚而後擊之，一也。」（亦略見《韓詩外傳》卷三及《新

序•雜事篇》）

《象》曰：「『樽酒簋貳』，剛柔際也。」陸氏《釋文》但作「樽酒簋」，注云：「一本更有貳字。」○《易》例以柔承剛為順，乘剛為逆，四柔五剛，以臣承君，陰陽俱正，君臣相得也。際，謂際會。又三四五互艮為止，伏兑為悅，正君臣靜止而潛相悅，密謀交歡，待時而動，伺機出險之象。

九五：「坎不盈，祗既平，无咎。」陸氏《釋文》：「祗，鄭云：『當作坻，小丘也。』（《說文》：「坻，小渚也。《詩》曰：『宛在水中坻。』」）京作禔，《說文》同。」《說文》云：「禔，安福也。从示，是聲。《易》曰：『禔既平。』市支切」《說文》作禔是本字本義，祗與禔亦異字而同意。既，猶且也，祗既平、謂安且平也。三四五互艮。艮，止也。時止則止，時行則行，動靜不失其時，故云不盈。安且平，水盈科而後進，今平而未溢，是將出坎之時，故宜安而止之，慎守潔誠之道，既安且平，不求近功，以俟大舉匡復，則无咎矣。坎為多眚，本有咎，然艮止待時，而大離光明，故无咎。【《漢書•賈誼傳•鵩鳥賦》：「乘流則逝，遇坎則止。」（《史記》坎作坻）魏孟康注：「《易》，坎為險，遇險難而止也。」晉張晏注：「謂夷易則仕，險難則隱也。」】

《象》曰：「『坎不盈』，中未光大也。」五陽為大，中四互大離為日，為光明。本有光大之意，然上四爻互蹇，上五爻又互屯。蹇難迍邅重重，故云未光大也。又中四互頤，宜持養安盜，常德習教，待時而動，則終有出險之日。如齊桓公之離莒返國也。（《管子•小稱篇》：「桓公、管仲、鮑叔牙、甯戚四人飲，桓公謂鮑叔牙曰：『闔不起為寡人壽乎？』鮑叔牙奉杯而起曰：『使公毋忘出如莒時也，使管子毋忘束縛在魯也，使甯戚毋忘飯牛車下也。』桓公辟席再拜曰：『寡人與二大夫無忘夫子之言，則國之社稷必不危矣。』」）

上六：「係用徽纆，寘于叢棘，三歲不得，凶。」前爻六四居五陽下，柔承剛，為君臣相得，此則六陰越五陽而上之，柔乘剛，是強臣越次夌君。積陰行險，其繫而置之囹圄宜哉！使三歲不悔悟而返乎善，則且至凶亡，豈徒不自得而已哉？《周禮·秋官·大司寇》：「凡害人者，寘之圜土，而施職事焉，以明刑恥之。其能改過，反於國中。不齒三年（不齒者，不得以年齒列於百姓），其不能改而出圜土者殺。」又《司圜》云：「其能改者，上罪三年而舍，中罪二年而舍，下罪一年而舍。其不能改而出圜土者殺。雖出，不齒三年。」○又此爻以陰居極位，逾越九五，亦人君失位之象。蓋君人者，身在險地，若不常德習教，而凝陰無陽，暴戾不道，則將失其位矣，伊尹放太甲于桐是也。（伊尹放太甲于桐，太甲自怨自艾，正是三年而後返。是時成湯既沒，商初有天下，民人猶思禹德，商祚實未盜。故伊尹行權，放其君于湯之葬地，使思其祖父成湯之德業，自省而悔改也）○坎為矯輮，故云徽纆。馬融云：「徽纆，索也。」劉表云：「三股為徽，兩股為纆。」又坎於木為堅多心，故為叢棘。又為多眚，為盜。故云繫之以徽纆，寘之于叢棘中也。坎伏離為日。《荀子·儒效篇》：「旦暮積謂之歲。」《下繫》：「日月相推而明生，寒暑相推而歲成。」先天八卦之序離居第三，故云三歲。繫而寘之于苦境，故云不自得也。

《象》曰：「『上六』失道，『凶』『三歲』也。」失道，謂失其為臣或為君之道也。

三四五互艮為徑路，為道。上六出艮外，不在道中，故云失道。上凶乘剛而下無應，故凶也。

䷝ 離下離上　離卦

此卦乃文治康平之象。《說卦傳》：「離也者明也，萬物皆相見，南方之卦也。聖人南面而聽天下，嚮明而治，蓋取諸此也。」《逸周書・謚法》：「照臨四方曰明，僭訴不行曰明。」離與坎異，坎為險陷，然互頤為養，生機存焉，是生於憂患也（於坎之六四表出之）。離為文明，然互大過為棺槨，死機在焉，是死於安樂也。聖人之憂世深矣，故處險難者，宜常德習教，增益其所不能，則可以脫險而生矣。處文治者，如不能明以自照，安不忘危，則將亦陷身於死地也。李道平曰：「蓋坎離能用乾坤之中，既未濟則又得坎離之合，而實乾坤之變，故六十四卦，乾坤居其首，坎離居其中，既未濟居其終，而坎離實乾坤之樞紐歟？」坎用乾，以上卦為在朝，下卦為在野。離用坤，以內卦為在朝，外卦為在野。又離包巽兑，坎包震艮，六子俱備，故坎離代乾坤之用焉。

《離》。利貞，亨。離乃體乾用坤，坤用六利永貞，故云利貞。體乾，天道下濟而光明，故亨。

畜牝牛吉。坎處險，離處明。坎二陰居上下，中為陽爻，故柔而能剛。離乃一陰坿於兩陽之中，故剛而能柔。此卦喻人君之於國，應以柔道制中為用，毋過剛烈也。○離二五乃坤入乾中，以坤為用。坤為牛，今取其最馴良者，故云畜牝牛吉。人君處文治之世，宜知所以為君之道矣。

《彖》曰：「《離》，麗也。麗乃蘿之叚借。坿蘿也，隸屬也。《說文》：「麗，旅（俗作侶）行也。鹿之性，見食急則必旅行。《禮》：『麗皮納聘。』蓋鹿皮也。」（鹿皮有文，故以為美麗）「蘿，艸木相坿蘿土而生。……《易》曰：『百穀艸木蘿于地。』呂支切」（「儷，棽儷也。呂支切」「棽，木枝條棽儷皃。」）○離乃陰坿陽中，火無實質，必坿於物，故云蘿也。

日月麗乎天，離為日，伏坎為月（互大坎亦為月），日月遞代。二五自坤入乾，乾為天，故云日月麗乎天。（麗皆解作坿蘿，非美麗也）

百穀草木麗乎土。二三四互巽為木，巽伏震為稼，為蕃鮮，即草也。又震為百（震驚百里），故云百穀草木。二乃坤位，故云麗乎土。（凡以伏卦或倒卦釋之者，蓋正反倚伏，宛轉關生也）

重明以麗乎正，乃化成天下。重明，謂兩離，明之又明之意。又體離伏坎，離為日，坎為月，日月交暉，亦重明也。麗，謂坤之六二坿於乾之九二，六五坿九五。正，即貞也，本乾德。此指離二五乃自坤入乾，謂聖人察日月之經天，將以明德為世用也。○《乾·象》：「乾道變化，各正性命。」《賁·象》：「觀乎天文以察時變，觀乎人文以化成天下。」

《乾・文言》釋九五云：「夫大人者，與天地合其德，與日月合其明。」皆與此同意。（以上釋利貞）

柔麗乎中正，故『亨』。柔，謂二五兩陰爻也。六五得中，六二中而且正，故云柔麗乎中正。五中、二中且正，已亨矣，況中四爻互大坎為通乎？

是以『畜牝牛吉』也。」謂二五用坤，剛而能柔，畜牝牛，取其馴順。剛而能柔且又馴順，其通必矣。（以上釋亨，畜牝牛吉）○《蜀志・龐統傳》統謂吳陸績、顧劭（績之甥，少與齊名）曰：「陸子可謂駑馬，有逸足之力。顧子可謂駑牛，能負重致遠也。」裴松之注引晉張勃《吳錄》云：「或問統曰：『如所目，陸子為勝乎？』統曰：『駑馬雖精，所致一人耳。駑牛一日行三百里，所致豈一人之重哉？』」

《象》曰：「明兩作，《離》，大人以繼明照于四方。」明，謂離日。兩作，謂兩離並見。作，起也。又兩明，亦得謂日月也。離為日，伏坎為月。○乾二五稱大人，聖人也。乾以九五為居中得位，坤以六二為居中得位，離以坤入乾而代乾用，以六二為主爻，此象故亦以大人偁之。○伏坎為月，月乃繼日之光，故云繼明。《中庸》：「如日月之代明。」一代，迭代也，代明即繼明。《孟子・盡心上》：「日月有明，容光必照焉。」《逸周書・謚法》：「照臨四方曰明。」故云大人以繼明照于四方也。四方：離是南方，伏坎是北方，三四五互兑是西方，二三四伏震是東方。

初九：「履錯然，敬之，无咎。」此以初陽居內卦之下，喻初出仕入朝，見文武百官之盛，宜自警肅，敬業樂羣，修其忠信之道也。之，往也。敬之，謂敬行其道，進德修業是也。《乾》九四《文言》云：「君子進德修業，欲及時也。」與此同意。○初九在下，履亦然。其外二三四互巽為進退，蓋百官來往也，故云履逪然。火主禮，其性炎上，禮以敬為主。之，往也。初九震位，為足，為行，故云敬之。君子敬以直內，義以方外，敬義立而德不孤，故云无咎。（伏坎本有咎，然能敬而往，則可不蹈有過之地矣）

《象》曰：「『履錯』之『敬』，以辟『咎』也。」伏坎為多眚，為咎，敬往則可以辟咎矣。又初二三四互家人，君子敬而無失，與人恭而有禮，四海之內皆兄弟，何咎之有哉？○此爻最重敬字，因離處文明之治，安謐之地，易陷於安逸而招禍也。《書‧無逸》：「君子所其無逸。」《孟子‧告子下》：「生於憂患而死於安樂。」《淮南子‧人間訓》：「堯戒曰：『戰戰慄慄，日甚一日。人莫蹪於山而蹪於垤。』」《管子‧小稱》鮑叔牙曰：「使公無忘出如莒時也。……」皆所以戒君子居安思危，毋以逸豫而亡身也。

六二：「黃離元吉。」二，坤位。坤二之乾成離，其色黃，中正之色也。陰爻居陰位，得中得正。離為日，「聖人之道，猶日之中矣」（《法言‧先知篇》），故云黃離，與五對，五雖非正，然得中位。坤五曰：「君子黃中通理，正位居體，美在其中。而暢于四支，發于事業，美之至也。」故云元吉。元吉可有二解。元，大也。元吉，即大吉也。又元，始也。元吉，即吉之始也。《法言‧先知》云：「聖人之道，猶日之中矣，不及則未，過則仄。」一日之中，此爻是也。過則仄，九三是也。○此爻居重剛（上下皆陽爻）之中，是人主能以柔道濟之，外剛內柔之象，故吉也。如於臣道言之，禹、皋陶、伊尹、傅說、周公、召公，即其人也。

《象》曰：「『黃離元吉』，得中道也。」中道，謂六二也，六二自坤來，入於乾二之中位，而居中得正，故云得中道也。侯果曰：「此本坤爻，故云黃離。來得中道，所以元吉也。」

九三：「日昃之離，不鼓缶而歌，則大耋之嗟，凶。」此爻以時日為喻，是斜陽之象。於國言之，則在盛極而衰之時。於人言之，則在桑榆晚景也。荀爽曰：「初為日出，二為日中，三為日昃，喻君道衰也。」日為君象，由日中而至斜陽，乃君道之衰廢也。三四五互兌，兌為西方，故云日昃之離。《說文》：「𠩺，日在西方時側也。从日，仄聲。《易》曰：『日𠩺之離。』」案：𠩺，可寫作昃。今俗作昊，非是。（矢，傾頭也。吳，姓也，亦郡也。一曰：吳，大言也。从矢口）

九三是艮位，為手。離為大腹，乃瓦缶之象，故云鼓缶。然艮伏而不現，故云不。三四五互兌為口舌，二三四互巽為風，為聲，故云歌。《說文》：「耋，年八十曰耋。从老省，从至。」九三處內離之極位，窮高極亢之象，故云大耋。互兌為口舌，互巽為風聲，為呼號，故云嗟。中四爻互大過，死之象，故云凶。

此爻既已處極位，又復為陽爻，以《易》道言之，則宜反進為退。三退為二，長居黃離，守其陰道，樂天知命，不為夸圖，斯吉矣。反之則得悔吝而凶矣。鼓缶而歌者，喻安而忘危，耽於聲色之樂，昔齊桓公、唐玄宗、宋徽宗之末年皆是也。王右軍云：「年在桑榆，自然至此，正賴絲竹陶寫。恆恐兒輩覺，損欣樂之趣。」（《世說新語・言語篇》）正是鼓缶而歌之意也。大耋之嗟者，謂歎來日苦短，不務政事，妄圖長生，若燕昭王、漢武帝、梁武帝之暮年皆妄求神仙之類是也。故士君子如占得此爻者，雖年在耋耄，宜安常自樂，守其恬淡之道，无用嗟咨，妄冀非分也。《上繫》云：「樂天知命故不憂。」《中庸》曰：「君子居易以俟命。」此之謂也。

《象》曰：「『日昃之離』，何可久也！」三處終極，日近黃昏，故云何可久也。李商隱詩：「夕陽無限好，只是近黃昏。」（《登樂遊原》）有其意矣。

九四：「㐬如，其來如，焚如，死如，棄如。」此爻是陽居陰位，本宜柔順而反剛暴。在家庭則是不肖之逆子，在社會則為犯科之暴徒，凶莫甚焉。坎卦以六三為最險，水流下也（三在下卦之上位）。離以九四為特凶，火炎上也。（四在上卦之下位）《說文》：「𠫓，不順忽出也。从到子，《易》曰：『𠫓如，其來如。』不孝子𠫓出不容於內也。」「㐬，古文𠫓。」突本作𠫓，蓋以不孝子喻極惡之人也。《孝經・五刑章》：「五刑之屬三千，而罪莫大於不孝。」《周禮・秋官・掌戮》：「掌斬殺賊諜而縛之，凡殺其親者焚之。」此爻所以取喻於子者，火有養母之法。《白虎通義・五行篇》云：「子養父母何法，法夏養長木，此火養母也。」夏以火旺，其精在天，其溫暖之氣在地，故養生百木也。二三四互巽為進退，火性炎上，故云𠫓如。其來如。來，五謂四也。殺其親者焚之，四在上離之下而居下離之上，兩火交攻，故云焚如。中四爻互大過，棺槨之象，故云死如。三四五互兌為毀折，又伏艮為徑路，謂毀棄其屍於郊野，使不得葬，故云棄如。《說文》：

「梟，不孝鳥也。日至捕梟磔之，从鳥頭在木上。」如淳曰：「焚如、死如、棄如，謂不孝子也，不畜於父母，不容於朋友，故焚殺棄之。」

《象》曰：「『㐬如，其來如』，无所容也。」 處文明之世，而為不孝子，為盜（中四爻互大坎為盜），故必無所容身而至焚死棄折也。

六五：「出涕沱若，戚嗟若，吉。」 坎雖處險，而互大離，有陽光，六四之自牖是也，離雖處治，而互大坎，有陰氣，六五之涕沱是也。○此本君位，而柔爻居之，諸侯之懷柔，休戚與民同者是也。達其至誠之道，吉凶與民同患，恤其陵夷，而出涕沱若，則終得吉矣，又，柔爻坿於君位，在野而有絕大潛力輸誠於其君者亦是也。

離伏坎，為水。又，三四五互兑為澤，中四又為大坎，故云出涕沱若。沱若，猶云滂沱如也。《詩・陳風・澤陂》：「涕泗滂沱。」離伏坎，中又為大坎，為加憂，為心病。三四五互兑為口舌，倒巽為風聲，故云戚嗟若。五動則上卦成乾，全卦為天火同人。《同人》九五云：「先號咷而後笑。」故戚然嗟若而吉也。

《象》曰：「『六五』之『吉』，離王公也。」 離，麗也。五本君位，在天下言之則為王，於諸侯言之則偁公。五以陰爻居君位，諸侯之輔翼於天子，在野勢力之坿麗於諸侯者皆是，故云離王公也。

上九：「王用出征，有嘉折首，獲匪其醜，无咎。」 有文事者必有武備。上九是以陽爻處外離之極位，乃喻在野而有絕大潛力者歸為國用。商湯、周發之師，合天下諸侯地方之力，以誅其君而弔其民者是也。《書‧胤征》：「火炎崐岡，玉石俱焚。天吏逸德（其後桀、紂之臣是），烈于猛火。殲厥渠魁，脅從罔治，舊染汙俗，咸與惟新。」是此爻之義也。

離為甲冑，為戈兵。上九陽居陰位，捨己從人以為國用，故云王用出征。離為科上槁（木中空而上枯），故云折首。折首，除其首惡也。離又為日，照於四方。五君位在兑上為悦，故云有嘉。嘉，善也。有嘉，讚許之也。醜，類也。獲匪其醜，謂但誅首惡，不罪其類也。《漢書‧陳湯傳》劉向上疏曰：「《易》曰：『有嘉折首，獲匪其醜。』言美誅首惡之人，而諸不善者皆來從也。」正釋此爻之義。坎多眚為咎，離反坎，又上九在大坎之外，故云无咎。

《象》曰：「『王用出征』，以正邦也。」謂王用其力出征以正其邦國也，殲厥渠魁，與眾惟新，故云以正邦也。

䷲ 震下震上 震卦

《序卦傳》曰：「主器者莫若長子，故受之以震，震者動也。」此卦二陰居上，壓一陽於下。陽屈欲伸，故動，動而升發則為雷矣。《國語‧周語上》：「伯陽父曰：『陽伏而不能出，陰迫而不能烝（謂陰迫陽，使不能升也），於是有地震。』」地震，故動也。陽能升則為雷。

《震》。亨。雷聲發而物動，君令發而民從。人君有善政教，則嘉會而禮通，故云亨也。

震來虩虩，三四五互坎為加憂，為心病，故云震來虩虩。《說文》：「虩，《易》：『履虎尾虩虩。』恐懼。一曰，蠅虎也。从虎，𡿺聲。」（「𡿺，際見之白也。从白，上下小見。起戟切」「虢，虎所攫畫明文也。古伯切」「寽，五指持也。呂戌切」）虞翻曰：「臨二之四（二陽之卦自臨來），天地交（陽乾爻為天），故通。虩虩，謂四也，來應初，初命四變而來應己，四失位，多懼，故虩虩。之內曰來也。（雷自外聞于內）」

笑言啞啞。《說文》：「啞，笑也。从口亞聲。《易》曰：『笑言啞啞。』於革切」（古稱不能言曰瘖。《說文》：「瘖，不能言也。於音切」《說文》無瘂字，字見《玉篇》。瘖瘂雙聲）○震為善鳴，故云笑言啞啞，虞翻曰：「啞啞，笑且言，謂初也，得正有則，故笑言啞啞後有則也。」

震驚百里，不喪匕鬯。《說文》：「匕，相與比敍也。从反人。匕，亦所以用匕取飯，一名柶。」「匙，匕也。」「鬯，以秬釀鬱艸（秬，黑黍。鬱艸，芳艸也），芬芳攸服以降神也。从凵。凵，器也。中象米。匕，所以扱之。《易》曰：『不喪匕鬯。』」○雷聲聞于百里，故云震驚百里。《逸禮・王度記》：「諸侯度不過百里，象雷震百里。」《白虎通・爵篇》：「《王制》曰：公侯田方百里，……象雷震百里。」孔穎達《周易正義》：「先儒皆云雷之發聲聞乎百里，故古帝王制國，公侯地方百里，故以象焉。」震為蒼筤竹，為蕃鮮。三四五互坎為酒，故云匕鬯。二三四互艮為手，執持之，故云不喪。鄭玄曰：「雷發聲聞于百里，古者諸侯之象。諸侯出教令，能警戒其國內，則守其宗廟社稷，為之祭主，不亡匕與鬯也。」

《象》曰：「《震》，『亨』。『震來虩虩』，恐致福也。李道平曰：「四多懼，又失位，懼而變柔。上承五，下應初，初乾為福，故恐致福也（乾陽為善，故為福）。」能恐懼修省，思患而豫防之，則致福矣。

『笑言啞啞』，後有則也。三四五互坎為水，水以平準萬物，故云有則也。虞翻曰：「則，法也。坎為則也。」

『震驚百里』，驚遠而懼邇也。虞翻曰：「遠謂四，近謂初，震為百，謂四出驚遠，初響懼近也。」李道平曰：「震以二陽爻為主，四在外，故遠謂四。初在內，故近謂初。」四為外雷發而驚遠，初為內雷應而懼近也。《論語·鄉黨》：「迅雷風烈必變。」《蜀志·先主傳》：「曹公從容謂先主曰：『今天下英雄，惟使君與操耳。本初之徒，不足數也。』先主方食，失匕箸。」裴松之注引《華陽國志》云：「于時正當雷震，備因謂操曰：『聖人云：「迅雷風烈必變。」良有以也。一震之威，至於此也。』」

（『不喪匕鬯』），出可以守宗廟社稷，以為祭主也。」程子以為「邇也」下脫「不喪匕鬯」四字，是也。〇二三四互艮為門闕，故云宗廟社稷。帝出乎震，艮為手，故云出可以守。震為長男，主祭器者莫若長子，故云以為祭主也。

《象》曰：「洊雷，《震》。君子以恐懼修省。」《爾雅·釋言》：「荐，再也。」《說文》無洊及荐，當皆再之叚借。〇李道平曰：「《中庸》曰：『恐懼乎其所不聞。』其有聞而益加恐懼可知也。雷震善鳴，聲威並至。君子聞之，故益恐懼而修省。」初與四陽爻為君子，三四五互坎為加憂，故云恐懼。初二三四互大離為目，為視，故云修省。省，視也。

《六祖檀經》：「世人若修道，一切盡不妨，常自見己過，於道即相當。」

初九：「『震來虩虩』，後『笑言啞啞』，吉。」虞翻曰：「虩虩，謂四也（初與四應，三四五互坎為加憂，自外至內為來）。初位在下，故後笑言啞啞。得位，故吉也。」李道平曰：「初應四，故虩虩謂四。爻例：上為前，下為後。初位在下，故後笑言啞啞。初陽得位，故吉。」

《象》曰：「『震來虩虩』，恐致福也。」虞翻曰：「陽稱福。」李道平曰：「初陽為乾稱福，四懼，變而應初，故致福也。」四變，為復之六四「中行獨復」。《象》曰：「中行獨復，以從道也。」

『笑言啞啞』，『後』有則也。」虞翻曰：「得正，故有則也。」李道平曰：「初陽得正，應坎為則，故有則也。」四變，則下四爻已互復。反復其道，故有則也。

六二：「震來厲，億喪貝，躋于九陵，勿逐，七日得。」六二以柔乘剛，故云厲，危也。億，大也。十萬曰億。（本作意。《說文》：「𢡃，滿也。一曰，十萬曰意。」「億，安也。」）二與五應，三四五互坎為盜，故云喪，失也。大離為贏，為蚌，故云貝。震為足，為行，故云躋。二三四互艮為山，四陽為艮之極，陽盡為九，故云九陵。

艮，止也，故云勿逐。艮於八卦自然之生數為七（乾一，兑二，離三，震四，巽五，坎六，艮七，坤八），大離為日，故云七日。艮為手，故云得。又七日來復，干支隔七相剋，古以干支紀日，故云七日得也。

《象》曰：「『震來厲』，乘剛也。」柔承剛則安，乘剛則必被推排，故危厲也。

六三：「震蘇蘇，震行无眚。」上下皆震，震為反生，故云震蘇蘇。今俗作甦，死而更生也。震為行，三四五互坎為多眚。（《説文》：「眚，目病。生翳也。」）三不正，宜變為陽。三變則下四爻互家人，言有物而行有恒，坎壞而險可解矣，故云无眚也。

《象》曰：「『震蘇蘇』，位不當也。」三以陰爻居陽位，故云位不當也。

九四：「震遂泥。」震為行，為大塗，四在坎中，故云遂泥，謂往而不返也。此爻亦不正，宜變之正成復，則為中行獨復，以從道也。

《象》曰：「『震遂泥』，未光也。」宜變陰成復，與初相應，四變則上體成坤，坤為文，則光矣。

六五：「震往來，厲。億无喪有事。」初已往，四又來，故云震往來。五在坎上，險也，故云厲。億，大也。震為長男，故云大。喪，失也。五得中，故无喪。有事，謂有所從事，可補改，指恐懼修省也。能恐懼修省，則无所失矣。

《象》曰：「『震往來厲』，危行也。危行，謂往行危，來行亦危也。然能恐懼修省，則雖危无咎矣。虞翻曰：「乘剛，山頂（五在艮之上），故危行也。」李道平曰：「五乘四剛，四互艮為山，五在山頂，危象也。危从厂，人在厂厓之上，故稱危。震為行，故危行也。」【《說文》：「危，在高而懼也。从产（「产，仰也。从人在厂上。魚毀切」），自卪止之。」】

其事在中，大『无喪』也。」虞翻曰：「動則得正，故无喪。」李道平曰：「五動陽出成隨，居中得正，陽為大，故大无喪也。」（隨之九五：「孚于嘉，吉。」《象》曰：「孚于嘉吉，位正中也。」）

上六：「震索索，視矍矍。震為決躁，為作足，故索索。鄭玄注：「索索，猶縮縮，足不正也。」《說文》：「矍，隹逸欲走也。从又持之瞿瞿也。……一曰視遽皃。」（「瞿，ナ又視也。七遇切」）鄭注：「矍矍，目不正。」虞翻曰：「三已動，應在離，故矍矍者也。」李道平曰：「三失正，動成離為目，上與三應，故矍矍。」

征凶。征謂行動，動則為噬嗑，有何校滅耳之凶。

震不于其躬，于其鄰，謂上六在屯之外，已不在屯難中，故云震不于其躬于其鄰。鄰謂五，在屯及坎上也。

无咎。已脱屯難，故无咎。

婚媾有言。」此爻是兑位，為妾，為口舌，故云婚媾有言。《說文》：「媾，重婚也。」○凡水火相遇，多言婚媾之事。如屯之六四，蒙之九二及六三，隨六二及六三，賁六四，家人六二及九三，睽九四及上九，困六三，鼎初六，漸九三，歸妹初九、

六三、九四、六五，豐初九，既濟六二。

《象》曰：「『震索索』，中未得也。虞翻曰：「四未之五，故中未得也。」李道平曰：「四之五則中得正，四未之五，故中未得，謂中未得正也。」○四之五，則上五爻互比。比，親輔也。又《雜卦傳》：「比樂師憂。」成比則樂，故得。未成，故未得也。**雖『凶』『无咎』，畏鄰戒也。」**虞翻曰：「謂五正位，已乘之逆，畏鄰戒也。」李道平曰：「四之五得正位，上以陰乘陽為逆，畏鄰設戒，故雖凶无咎。」案：設戒，謂謹慎戒懼，自修其身，非設兵備戒衞也。

䷳ 艮下艮上 艮卦

《序卦傳》：「物不可以終動，止之，故受之以艮，艮者止也。」《下繫》：「古者包犧氏之王天下也，……近取諸身，遠取諸物，於是始作八卦。」艮與咸皆取象人身，《繫傳》所謂近取諸身者是也。艮取象於背面，目不見、心不動之至矣。《老子》曰：「不見可欲，使人心不亂。」自《易》啟之。《佛說四十二章經》云：「吾視王侯之位如過隙塵，視金玉之寶如瓦礫，視紈素之服如敝帛，視大千界如一訶子，視阿耨池水如塗足油。」阿耨達池，周八百里，金銀瑠璃頗黎飾其岸，金沙瀰漫，清波皎鏡。○《世說新語》：「竺法深在簡文坐，劉尹問：『道人何以遊朱門？』答曰：『君自見其朱門，貧道如游蓬戶。』」
朱子注：「一陽止於二陰之上，陽自下升，極上而止也。其象為山，取坤地而隆其上之狀，亦止於極而不進之意也。」

《艮》。艮其背，艮為堅多節，如背呂然，故云背。《說文》：「呂（呂），脊骨也。象形。」「膂（膂），篆文呂。」「𠦬（𠦬），背呂也。古懷切」

不獲其身，行其庭，不見其人，无咎。二三四互坎為隱伏，故云不獲其身，不見其人。震為行，艮為門闕，重艮是兩門之間，故云行其庭。互卦為雷水解，赦過宥罪，故云无咎。此士君子遭世亂離，虎狼當道，自甘隱淪，全身遠害之意也。桓譚《新論》：「天下神人五：一曰神仙，二曰隱淪，三曰使鬼物，四曰先知，五曰鑄疑。」《莊子•讓王》：「非其義者，不受其祿。无道之世，不踐其土。」又《繕性》：「古之所謂隱士者，非伏其身而不見也，非閉其言而不出也，非藏其知而不發也，時命大謬也。」○《虞翻》曰：「觀五之三也（兩陽之卦自觀來），艮為多節，故稱背。觀坤為身，觀五之三，折坤為背，故艮其背。坤象不見，故不獲其身。震為行人，艮為庭，坎為隱伏，故行其庭，不見其人。三得正，故无咎。」

《彖》曰：「《艮》，止也。虞翻曰：「位窮于上，故止也。」

時止則止，時行則行，此本一義，側重時止，時行是陪襯義。大離為日，故稱時。三四五互震為行，故稱時行。又，時與是古義通，宜也。

動靜不失其時，其道光明。震動艮靜，動承時行，靜承時止。震為大塗，道也，大離為日，故云其道光明。

艮其止，止其所也。李道平曰：「內外兩艮，各止其所而不遷。」

上下敵應，不相與也。初與四，二與五，三與上，皆陽見陽，陰見陰。

是以『不獲其身、行其庭、不見其人、无咎』也。」上下无應，故背伏不出，是以不獲其身、行其庭、不見其人。止而不動，與人不相往來，息交絕游，尚何咎之有哉？

《象》曰：「兼山，《艮》。君子以思不出其位。」虞翻曰：「君子，謂三也。三，君子位。（艮三索而得男，自乾來，乾九三「君子終日乾乾」）震為出，坎為隱伏，為思（坎為心，心與思同），故以思不出其位也。」《論語・憲問》：「子曰：『不在其位，不謀其政。』」緊接下章云：「曾子曰：『君子思不出其位。』」蓋曾子引《易》以證夫子之言也。《中庸》云：「君子素其位而行，不願乎其外。素富貴行乎富貴；素貧賤行乎貧賤；素夷狄行乎夷狄；素患難行乎患難；君子無入而不自得焉。」即此義。（子思子作《中庸》，蓋離《象》而說《易》也。前人或《易》、《庸》並舉，未嘗無意）

初六：「艮其趾，无咎。利永貞。」《說文》無趾，古但作止。「止，下基也。象艸木出有阯（或體作址），故以止為足。」趾即足也。初六陰居陽位，不正，宜用六（利永貞），意念堅強，不為物動。初陰變陽則為賁之初九：「賁其趾，舍車而徒（徒步也）。」《象》曰：「舍車而徒，義弗乘也。」无咎、利永貞者，謂无咎在於變陽而永貞也。又初變則下四爻成既濟，故无咎矣。

《象》曰：「『艮其趾』，未失正也。」初六本失正，變陽則不失正矣。

六二：「艮其腓，不拯其隨，其心不快。」《說文》：「腓，脛腨也。符飛切」「腨，腓腸也。市沇切」其隨，指初六，謂趾（即足）也。互坎為多心，為加憂，為心病，故云其心不快。蓋徒止其腓而不顧其足，足欲行而不得，故心不快矣。○此爻雖得中，然下四爻互蹇，君子以反身脩德，占者得此，宜知所勉矣。

《象》曰：「『不拯其隨』，未退聽也。」止其腓而不止其足，則腓止而足動，不相得矣，是不拯其隨之意也。坎為耳，故云聽。未退聽，謂不退從其足也。

九三：「艮其限，列其夤，厲，熏心。」《說文》：「夤，敬惕也。《易》曰：『夕惕若夤。』」「胂，夾膂（脊）肉也。失人切」夤乃胂之叚借，俗或作䏰。唐釋玄應《一切經音義》卷二十五：「擘胂，當脊肉曰胂也。擘，分裂也。」《說文》：「𠛱（列），分解也。」「裂（裂），繒餘也。」○限，蓋腰帶部分。然心動而足欲行，故執其革帶而脊肉將為之欲裂也。厲，危也。互坎為心病，故云厲而熏心也。又坎為水，其色黑，二三四伏離為火，故云熏。《說文》：「熏（熏），火煙上出也。从屮从黑。屮黑，熏黑也。」

《象》曰：「『艮其限』，危『熏心』也。」危，釋厲字也。心，古讀如崧。此「心」字與下一爻象辭「躬」字叶韻。《詩·邶風·綠衣》：「絺兮綌兮，淒其以風。我思古人，實獲我心。」亦風心同叶。《說文》卷十三上：「綌，粗葛也。从糸谷聲。綺戟切。」「⿰巾谷，絡或从巾。」

六四：「艮其身，无咎。」身，謂背，猶心也。互卦雷水解，故无咎。身心不動，又何咎乎？

《象》曰：「『艮其身』，止諸躬也。」《説文》：「身，躳也。」「躳，身也。」「躬，躳或从弓。」

六五：「艮其輔，言有序，悔亡。」輔，本作酺。《説文》：「酺，頰也。」「輔，人頰，車也。」人頰二字後人所增。○此爻是非禮勿言，六四是非禮勿動。○震為善鳴，故云言。艮為止，有節制也，故云有序。坎為多眚，為加憂，為心病。本為悔，今五爻已出坎外，故云悔亡。又上四爻互頤，君子以慎言語，節飲食，故云有序也。○《論語·顏淵》：「顏淵問仁，子曰：『克己復禮為仁。……』顏淵曰：『請問其目。』子曰：『非禮勿視，非禮勿聽，非禮勿言，非禮勿動。』」（《左傳》昭公十二年：「仲尼曰：『古者有志，克己復禮，仁也。』」）

《象》曰：「『艮其輔』，以中正也。」五，中而非正。應是正中之譌，叶韻可見。○五居上卦之中，從容中道，故言有序而悔亡也。

上九：「敦艮，吉。」《説文》：「𢿌，怒也，詆也。一曰誰何也。从攴𦎫聲。」「𩏼，厚也。从心𦎫聲。」古籍多叚敦為惇。又：上九應是人身之頂部，敦頂雙聲，敦亦頂之叚借。敦艮，謂從頭止之也。○清徐子苓有《敦艮吉齋詩文存》（子苓字西叔，一字毅甫，號龍泉老牧，道光間舉人。晚歲選和州學正，聞學師爭諸生贄金，曰：「是尚可為耶？」逕走不顧）。○李道平曰：「愚案：《釋山》：『丘一成為敦。』（《爾雅釋丘》：「丘一成為敦丘。」）郭注：『成，猶重也。』疏云：『丘山更有一丘相重累者。』上是艮之重，故曰敦艮。《中庸》：『敦厚以崇禮。』敦有厚義，崇有山象，山艮于上，厚則愈崇。《詩•天保》：『如南山之壽，不騫不崩。』故敦艮吉也。」○案三與上皆為艮主，然三是腰間，止非其所，故雖得正而亦危。上爻則居頂部，從頭止之，故雖失位而亦吉也（艮是時止，以失位之上九為主者，正士君子不得其位之意也）。

《象》曰：「『敦艮』之『吉』，以厚終也。」厚謂重艮，終謂上極也。虞翻曰：「坤為厚，陽上據坤，故以厚終也。」

䷸ 巽下巽上 巽卦

《序卦傳》：「旅而无所容，故受之以巽。巽者入也。」《說卦傳》：「巽，入也。」《說文》：「顨，巽也。从丌。从頭。（頭，選具也。从二頁。士戀切）此《易》顨卦為長女，為風者。」（孔廣森字撝約，號顨軒）「巽，具也。从丌𢀜（𢀜）聲。」（𢀜，二卪也。巽从此。闕。士戀切）

☴坤初入乾，一陰在兩陽之下，柔承兩剛，為風在天下之象。☴亦象牀之形。

孔廣森，山東曲阜人，孔子六十七代孫孔繼涵猶子也。字眾仲，又字撝約，號顨軒。乾隆進士。少受經於戴東原，所學為《公羊春秋》。

《巽》。小亨。利有攸往，利見大人。六畫卦坤初與四入乾為巽，陰爻為小，卑遜以從人（《說文》：「遜，遁也。」「愻，順也。」古籍多叚遜為愻，巽亦通作愻順之愻），人無不悅，故云小亨。其所以利有攸往者，利在見二五之大人也。巽為風，故云往。離為目，故云見。大人，謂二及五也，見《乾卦》。巽為近利市三倍，故云利。

《彖》曰：「重巽以申命。命令之行，如風以動之。重巽，丁寧反復之意。《書·畢命》：「旌別淑慝，表厥宅里。彰善癉惡，樹之風聲。」《書·君陳》：「凡人未見聖，若不克見。既見聖，亦不克由聖。爾其戒哉！爾惟風，下民惟草。」（成王戒君陳之辭）《論語·顏淵》：「君子之德風，小人之德草，草上之風必偃。」《孟子·滕文公上》：「君子之德，風也。小人之德，草也。草上之風必偃。」

《鬼谷子》：「日進前而不御、遙聞聲而相思。」蓋人多貴遠賤今，向聲背實，可發揮《君陳》之意。

剛巽乎中正而志行，巽，具也。二五皆中，五兼正，剛具乎中是二，中正是五。大坎為志，巽為風行，故云志行。

柔皆順乎剛，初與四皆在陽爻下，陰承陽為順。

是以『小亨，卑遜以從命，故小亨。**利有攸往，利見大人』。」**

《象》曰：「隨風，《巽》。君子以申命行事。」巽為風，兩風相隨，故云隨風。兩陰皆承陽，故云申命行事。荀爽曰：「巽為號令（樹之風聲），兩巽相隨，故申命也。法教百端，令行為上，貴其必從，故曰行事也。」

初六：「進退，巽為進退，《觀》之六三：「觀我生，進退。」**利武人之貞。」**巽究為躁卦，故云武人。貞，正也。利武人之正者，謂勿妄卑遜，宜剛而正也。初正則變為小畜初九「復自道，何其咎？吉」矣。【究者極也。震究為蕃鮮，則是反震為巽。】

《象》曰：「『進退』，志疑也。『利武人之貞』，志治也。」大坎為志，為加憂。陰柔居巽卦之初，未知所適從，故云志疑也。變而剛且正，則不疑矣，故云志治也。

九二：「巽在牀下，巽為木，亦牀之象。在牀下，指初，即史巫。二是己在牀中，初是史巫在牀下。巽，遜順也。**用史巫紛若，吉，无咎。」**紛若，猶云紛如也。乾九三「夕惕若」，離六五「出涕沱若，戚嗟若」，豐六二「有孚發若」，皆是也。○二三四互兑為巫，史掌卜筮（太史公《報任少卿書》：「文史星歷，近乎卜祝之間。」），故云史巫。又兑為口舌，為附決。眾口紛紛斷決，故云紛若。二，陽居陰位，又下四爻互大坎為憂疑，故用史巫以決疑，欲堅其志也。二多譽，且謀定後動，堅志而行，故吉而无咎矣。

《象》曰：「『紛若』之『吉』，得中也。」二，堅志處中，羣疑俱亡，故云爾也。

九三：「頻巽，吝。」《説文》：「瀕(瀕)，水厓。人所賓坿，顰蹙不前而止。从頁，从涉。」(大徐曰：「今俗別作濱，非是。」)「顰，涉水顰蹙。从頻，卑聲。」頻巽，蓋卑遜而顰蹙也。虞翻曰：「頻，頞也。」(《説文》：「頞，鼻莖也。」)王弼曰：「頻，頻蹙不樂而窮不得已之謂也。」孔穎達疏：「頻者，頻蹙，憂戚之容也。」○三陽是艮位，艮為多節，鼻之象。互離為目，互大坎為加憂，為心病。憂則頻蹙，頻蹙則目與鼻皺縮。三居極位而无應，故云頻巽吝(悔吝者，憂虞之象也)。虞翻曰：「三體坎艮，坎為憂，艮為鼻，故頻巽。无應在險，故吝也。」王弼曰：「以其剛正而為四所乘，志窮而巽，是以吝也。」

《象》曰：「『頻巽』之『吝』，志窮也。」大坎為志，三處下卦之極位，故云志窮。荀爽曰：「乘陽无據，為陰所乘。號令不行，故志窮也。」

六四：「悔亡，大坎本為加憂，為悔。然下四爻亦互大過，君子以獨立不懼，故云悔亡。**田獲三品。」**田，田獵也。字本作畋(畋)。○巽為木，又入也，伏也，為入於山林田獵之象。古者寓兵於田獵，《詩·鄘風·定之方中》《毛傳》以「田能施命」(巽為命令)謂之有德音。三四五互離為戈兵，二三四互兑為毀折，巽為進退，皆獵時象也。巽為近利市三倍，又離為雉，兑為羊，大坎為豕，故云獲三品。《詩·豳風·七月》：「二之日其同，載纘武功。言私其豵（一歲豕），獻豜（音堅，三歲豕）于公。」田獲三品，喻為上效力也。王弼曰：「乘剛，悔也。然得位承五，卑得所奉。雖以柔乘剛（指三），而依尊（謂五）履正（四，陰爻居陰位，正也），以斯行命，必能獲強暴。遠不仁者也。」（此別一義，亦通）

《象》曰：「『田獲三品』，有功也。」四陰承五陽，申命行事。五多功，而四承命而行，故往有功也。孔穎達曰：「有功者，田獵有獲，以喻行命有功也。」

九五：「貞吉，五居中得正，上四爻互家人，言有物而行有恆，故貞吉。**悔亡，**三四五互離反坎，坎為悔，離為明，離現坎隱，故悔亡。又五已出大坎外，亦悔亡也。**无不利。**巽為近利市三倍，三乃眾多之稱，故云无不利。**无初有終，**巽為躁，故无初。居中得正，故有終。虞翻曰：「得位處中，故貞吉悔亡无不利也。震巽相薄，雷風无形，當變之震矣。巽究為躁卦，故无初有終也。」（震為雷始是躁，而《說卦傳》云「巽，其究為躁卦」者，謂巽之極變成震為躁卦，故虞氏云巽當變之震也）

先庚三日，後庚三日，吉。」虞翻曰：「震，庚也。（李道平曰：「震納庚，故云震庚也。」湛銓案：十天干配卦訣云：「壬甲從乾數，乙癸向坤求。庚來震上立，辛向巽方遊。丙於艮門立，己以離為頭。戊從坎處出，丁向兑家流。」見《河洛理數》），謂變初至二成離，至三成震。震主庚，離為日。震三爻在前，故先庚三日，謂益時也。【謂下三爻變，則為風雷益之時也。李道平曰：「巽之變震從初始，初變成陽，變至二成陰為離，變至三成陽（應作陰）為震。震主庚，故言庚。離為日，故言日。震三爻在前者，對後震為前，故曰先庚三日。前三爻皆變，成益，故謂益時也。】動四至五成離，終上成震。震爻在後，故後庚三日也。【李道平曰：「四動成陽，動至五成陰為離。終動于上，成陽（亦應作陰）為震。前震已成，外震在外（應作後），故曰後庚三日。」】巽初失正，終變成震（震來虩虩，後笑言啞啞），得位，故无初有終吉（謂初爻先失正，後變之正得位也）。震究為蕃鮮，白謂巽白（震究為蕃鮮，是震極又變巽。蕃鮮即潔白，故虞氏云爾）。巽究為躁卦，躁卦謂震也（謂巽終變成震也），與蠱先甲三日、後甲三日同義。五動成蠱，乾成于甲，震成于庚。陰陽天地之終始（先甲三日是辛，巽成于辛。後甲三日是丁，兑成于丁。先庚三日亦是丁。後庚三日是癸，坤成于癸。乾為陽為天，坤為陰為地。八卦始乾終坤，故云陰陽天地之終始。又文王八卦方位，陽卦是由乾至震，陰卦是由巽至兑。皆於蠱先甲三日、後甲三日及巽先庚三日、後庚三日中具之），故經舉甲庚于蠱彖巽五也。」

附䷑蠱，元亨（中藏乾三陽為元，大坎為通，故云元亨）。利涉大川（巽為利，大坎為川）。先甲三日，後甲三日。（見下解）《彖》曰：「蠱，剛上而柔下（指上九與初六），巽而止，蠱（止謂上艮）。蠱元亨，而天下治也（藏乾三陽，乾元用九，天下治也）。利涉大川，往有事也（蠱為事，互震為行為往）。先甲三日，後甲三日，終則有始，天行也（皆見下解）」虞翻曰：「謂初變成乾，乾為甲。至二成離，離為日。謂乾三爻在前，故先甲三日，賁時也（䷕）。變三至四體離，至五成乾，乾三爻在後，故後甲三日，无妄時也（䷘）。易出震，消息歷乾坤象。（蠱變下三爻成震，變初成乾。

變至三，互坤。變至四五，上卦又成乾。故云爾）乾為始，坤為終，故終則有始（有讀作又）。乾為天，震為行，故天行也。」

《象》曰：「『九五』之『吉』，位正中也。」虞翻曰：「居中得正，故吉也。」

上九：「巽在牀下，牀下，謂四。

喪其齊如字，徂奚切。**斧，**《十三經注疏》本《周易本義》本「齊」皆作「資」，《子夏傳》、李鼎祚、李道平眾家皆作「齊」。

貞凶。」《漢書‧王莽傳下》引巽爻之文曰：「此經所謂喪其齊斧者也。」應劭注云：「齊，利也。亡其利斧，言無以復斷斬也。」李軌云：「齊斧，蓋黃鉞斧也。」張晏云：「整齊也」。晉虞喜《志林》云：「齊，當作齋。齋戒入朝而受斧。」湛銓案：齊字當是鈽之叚借。《說文》：「鈽，利也。从金，朿聲。徂奚切」○上九處極隔五，無與決疑者矣。三四五互離為戈兵，斧之象，所以斷決者也。齊斧謂離，上九已出離外，故云喪其齊斧，貞凶。謂堅剛則凶，既無利器為用，何剛為。宜去其剛極不能處巽之性，變而卑遜和柔，則成井之上六「井收勿幕。有孚，元吉」矣。

《象》曰：「『巽在牀下』，『上』窮也。上九處極位，四隔五不能上達，故窮也。

『喪其齊斧』，正乎？『凶』也。」正乎，問詞，謂上九陽居陰位，不正也。朱子曰：「正乎凶，言必凶。」

十天干配卦訣　見《河洛理數》

壬甲從乾數，
乙癸向坤求。
庚來震上立，
辛向巽方遊。
丙於艮門立，
己以離為頭。
戊從坎處出，
丁向兑家流。

✓						✓						✓
辛	壬	癸	甲	乙	丙	丁	戊	己	庚	辛	壬	癸
			乾	坤	艮	兑	坎	離	震	巽	乾	坤

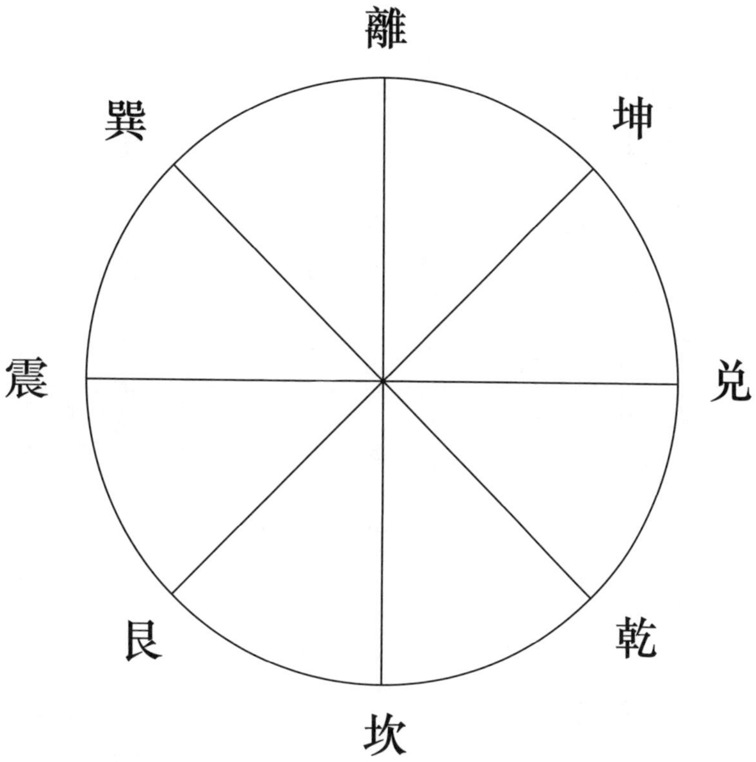

文王八卦方位

䷹ 兑下兑上 兑卦

《序卦傳》：「入而後説之，故受之以兑。兑者説也。」虞翻曰：「兑為講習，故學而時習之不亦説乎？」李道平曰：「兑《象》曰：『君子以朋友講習。』故兑為講習。『學而時習之不亦説乎？』《論語》文。理義説心，必入而後説也，故兑次巽也。」

兑為柔物在天上，觀於沼澤，可見天在其下矣。坎為雲，為雨，為凡水，兑則為停蓄之水也。

☱亦為篆文口象，辭令可以悦人，於聖門則為言語之科也。

兑與艮反，兑上艮下則為咸。悦人與感人同，一以心感，一以言悦耳。艮上兑下則為損，損須懲忿窒欲，與艮之止亦同義。

《兑》。亨。利貞。陰柔為卦之主動，故勉以利於貞正，與巽卦之勉以利見大人同意。○能以言悦人，亦亨通也。然「詖辭知其所蔽，淫辭知其所陷，邪辭知其所離，遁辭知其所窮」（《孟子·公孫丑上》），又「惡利口之覆邦家者」（《論語·陽貨》），故勉之以利於正也。

坤三入乾為少女，故曰陰柔為卦之主動。

《彖》曰：「《兑》，説也。《説文》：「兑，説也。」兑為巫，為口舌。巫以歌舞送迎神鬼，故悦也。《文心雕龍·論説篇》云：「説者悦也。兑為口舌，故言咨悦懌。過悦必偽，故舜驚讒說。」【《書•舜典》：「帝曰：『龍，朕聖讒說殄行（《說文》：「垐，以土增大道上。」「堲（聖），古文垐，从土卽。《虞書》曰：『龍，朕堲讒說殄行。』堲，疾惡也」聖，音資），震驚朕師。』（眾也）」】《禮記•學記》引《書•說命》為兑命，古兑字即今之悦字。《說文》無悦字，止作說。又兑亦為論說之說，下文「說以利貞」，作悦懌或論說兩解均可。

剛中而柔外，剛中謂二五（二為下卦之中，五為上卦之中），柔外謂三上（三在二外，上在五外）。剛中則自正，柔外則人悦。

說以『利貞』，虞翻曰：「剛中謂二五，柔外謂三上。二三四利之正，故說以利貞也。」二三四皆不正，利在變而之正，之正則成既濟矣。說以利貞，即《孟子》所謂「非堯舜之道，不敢陳於王前」者也。

是以順乎天而應乎人。謂說以利貞也。虞翻曰：「大壯乾為天（四陰四陽之卦自大壯及觀來），謂五也，人謂三矣。二變，順五承三（二變，則與五成正應，三亦變陽，二變陰承之也），故順乎天而應乎人，坤為順也。」（二是坤位）李道平曰：「大壯內乾為天，五于三才為天位，故五謂天也。五下之三，三為人位，故人謂三矣，三正則乾三君子也。二變正，上順五，近承三，動正，故曰順乎天應乎人。二四變互坤（二陰應是坤位，三不應不變），故為順。」

說以先去聲**民，民忘其勞。說以犯難，民忘其死。**兑為悦，二變則下體成震為笑言。三為民，故云說以先民，上四大坎為勞，然震為笑言，故云民忘其勞。坎為險難，大坎亦互大過，有死之象焉，故云說以犯難，民忘其死。《詩•豳風•東山序》：「君子之於人，序其情而閔其勞，所以說也。說以使民，民忘其死，其唯東山乎？」《孟子·盡心上》：「以佚道使民，雖勞不怨。以生道殺民，雖死不怨殺者。」○虞翻曰：「二四失位，變成屯體。（屯《象》：「剛柔始交而難生，動乎險中。」）坎為勞，震喜兑悦。坤為民（為眾，即民），坎為心，民心喜悦，有順比象，故忘其勞也。」

說之大，民勸矣哉！」大壯乾為大，震為笑言，談笑而導之，故云說之大，民勸矣哉！虞翻曰：「體比順象，故勞而不怨。震為喜笑，故人勸也。」（二四變則上五爻互比，下坤為順）

《象》曰：「麗澤，《兑》。君子以朋友講習。」麗澤，兩澤也。麗，平聲，音離，乃儷之叚借。《說文》：「儷，棽儷也。呂支切」（「棽，木枝條棽儷皃。丑林切」）棽儷，相對而生之意）○兑為澤。《說卦傳》：「山澤通氣。」朋友聲應氣求，故兑艮皆為朋友。（虞翻曰：「伏艮為友。」艮為手。《說文》：「又，手也。」「㕛，同志為友。从二又，相交友也。」）二三四互離為文明，兑為口舌，故云以朋友講習。《論語》首篇首章：「子曰：『學而時習之（離為時，大坎為習），不亦說乎？有朋自遠方來，不亦樂乎？』」朋友講習，以仁義道藝名節相引導，則悦樂無極，無絲毫之害。故兑象悦懌，以朋友講習闡揚之，夫子之垂教深且遠矣。揚雄《法言·先知篇》云：「或人敢問日新，曰：『使之利其仁，樂其義，厲之以名，引之以美，使之陶陶然，之謂日新。』」

初九：「和兑，吉。」虞翻曰：「得位，四變應己（以應為和），故和兑吉矣。」四變成柔，則下四爻互歸妹。《雜卦傳》：「歸妹，女之終也。」女得歸止，剛柔相濟，陰陽和調，故云和兑吉也。

《象》曰：「『和兑』之『吉』，行未疑也。」初九震位，震為行，堅剛得正，故無所疑矣。又上四大坎為疑，離伏坎又為疑，初九未與相涉，故云行未疑也。

九二：「孚兑，吉，悔亡。」下五爻中孚，故云孚兑。二多譽，故吉。上四大坎為悔，二不在其中，故云悔亡。

《象》曰：「『孚兑』之『吉』，信志也。」中孚之中是心，即志。孚，信也。故云信志也。

六三：「來兑，凶。」自上至下為來，上兑來悦己。六三以陰居陽，不正。若妄與相悦，是聚徒成羣，飾邪熒眾耳，故云來兑凶也。《家語•始誅篇》：「孔子為魯司寇，攝行相事。……七日而誅亂政大夫少正卯。……子貢進曰：『夫少正卯，魯之聞人也。夫子為政而始誅之，或者為失乎？』孔子曰：『居，吾語汝以其故。天下有大惡者五，而竊盜不與焉：一曰心逆而險，二曰行僻而堅，三曰言偽而辯，四曰記醜而博，五曰順非而澤。此五者，有一於人，則不免君子之誅，而少正卯皆兼有之。其居處足以撮（《荀子•宥坐篇》作聚）徒成黨（《荀子》作羣），其談說足以飾褒（《荀子》作邪）瑩（《荀子》作營，應作熒，惑也）眾，其強禦足以反是獨立。此乃人之姦雄者也，不可以不除。……』」

○三至上互大過，有死象，宜知所戒懼矣。

《象》曰：「『來兑』之『凶』，位不當也。」六三以陰居陽，不正。又乘剛，故云位不當也。

九四：「商兑未寧，介疾有喜。」三四五互巽為進退，兑為口舌。大坎為加憂，為心病，故云商兑未寧。云介疾。介，大也。雖紛紛然商度論議未寧，而所憂疑疾患甚大，然四變為柔，則得位承五，故云有喜矣。《孟子·盡心上》：「人之有德慧術知者，恒存乎疢疾，獨孤臣孽子，其操心也危，其慮患也深，故達。」遠臣庶子皆不得於君親，而常疢疾在懷者也。然惟其能操心危而慮患深，故達於事理而通於變化之道，即介疾有喜之意。如晉重耳之十九年在外，險阻艱難備嘗之，民之情偽盡知之者是也。

孤臣，放逐之臣也。孽子，妾侍子，無地位者也。

「險阻艱難，備嘗之矣。民之情偽，盡知之矣。」（《左傳》僖公二十八年楚成王讚晉文公語）

《象》曰：「『九四』之『喜』，有慶也。」四變則二三四五互大離為大腹，本卦中四互家人，故云有喜有慶也。

九五：「孚于剝，有厲。」虞翻曰：「孚謂五也（五，坎位。行險而不失其信，故虞云孚謂五），二四變，體剝象（二四不正，故變，變則二三四五互剝）。在坎未光（變而互剝，則五在坎中。坎北方水暗，故虞云在坎未光），有厲也。」（坎又為險陷，故有厲。厲，危也。）

光緒辛卯三餘艸堂板《周易集解纂疏》此爻虞注云：

「孚謂五也，二四變，體剝象，故孚于剝，在坎未光，有厲也。」

《象》曰：「『孚于剝』，位正當也。」雖剝而厲，然五中而且正，誠信在中，亦無傷也。

上六：「引兌。」陰柔處兌之極，是徒以口舌媚悅於人為事者也。引兌者，引下以媚悅其上也。上六之下互巽為繩，兌伏艮為手，兌為悅，故云引兌。〇《論語‧公冶篇》：「或曰：『雍也仁而不佞。』子曰：『焉用佞？禦人以口給，屢憎於人。不知其仁，焉用佞？』」《詩‧小雅‧巧言篇》：「巧言如簧，顏之厚矣。」《孟子‧盡心上》：「有事君人者，事是君則為容悅者也；有安社稷臣者，以安社稷為悅者也。有天民者，達可行於天下而後行之者也；有大人者，正己而物正者也。」引兌，是《孟子》所謂以事是君則為容悅之行其婢妾道之小人也。

《象》曰：「『上六引兌』，未光也。」未光者，離為光，若能引初來居上則成離。然徒以媚悅為事，行妾婦之道，其身不正，雖令不從，況欲引之乎？故云未光也。

周易繫辭傳講疏

前言

《易緯・乾鑿度》：「孔子曰：『《易》者，易讀去聲也，變易也，不易也。』」孔穎達《周易正義》引《易緯・乾鑿度》云：「《易》一名而含三義：易也，變易也，不易也。」又謂：「鄭玄依此義，作《易贊》及《易論》云：『《易》一名而含三義：易簡，一也；變易，二也；不易，三也。』」（在「乾以易知，坤以簡能」下）

《列子・楊朱篇》：「太古至於今日，年數固不可勝紀，但伏羲以來，三十餘萬歲。」《易緯・辨終備》：「自伏羲以來，漢永和元年（順帝，鄭君時方十歲），凡四十萬九千三百八十九歲。」吾華文化，遠矣尚矣，豈但五千年而已哉。

《繫辭傳》是孔子治《易》之心得，猶後人之讀書札記，與《乾文言》、《坤文言》同是治《易》之鑰也，學者幸究心焉。

《繫辭》本是文王卦辭及周公爻辭，著辭繫之於卦爻之謂也。孔子此作，本是闡發文、周卦爻辭之微言奥旨，是傳而非經。後人並三聖之作皆稱經，故直名此篇為《繫辭》耳。

凡篇中稱《繫辭》者，是指卦爻辭。蓋羲皇時但設卦爻，未立文字也。

繫辭上傳

第一章

天尊地卑，乾坤定矣。卑高以陳，貴賤位矣。卑高以陳，畫卦自下而上也。

動靜有常，剛柔斷矣。劉孝標《世說新語・文學篇》注：「《繫辭》曰：『天尊地卑，乾坤定矣。卑高以陳，貴賤位矣。動靜有常，剛柔斷矣。』此則言張卦布列不易也。」

方以類聚，方，道也。四方，謂人。

物以羣分，邊讓《章華賦》：「金石類聚，絲竹羣分。」

吉凶生矣。善則生吉，惡則生凶。

在天成象，在地成形，變化見矣。《禮記・樂記》：「天尊地卑，君臣定矣。卑高以陳，貴賤位矣。動靜有常，小大殊矣。方以類聚，物以羣分，則性命不同矣。在天成象，在地成形，如此，則禮者，天地之別也。地氣上齊（同躋），天氣下降，陰陽相摩（陽平），天地相蕩，鼓之以雷霆，奮之以風雨，動之以四時，煖之以日月，而百化興焉。如此，則樂者，天地之和也。化不時則不生，男女無別則亂升，天地之情也。」《莊子・田子方》：「至陰肅肅，至陽赫赫。肅肅出乎天，赫赫發乎地，兩者交通成和而物生焉。」）《莊子・天道篇》：「君先而臣從，父先而子從，兄先而弟從，長先而少從，男先而女從，夫先而婦從。夫尊卑先後，天地之行也，故聖人取象焉。天尊地卑，神明之位也。春夏先，秋冬後，四時之序也。萬物化作，萌區有狀（區，音鉤。曲生曰區）。盛衰之殺（去聲），變化之流也。夫天地至神，而有尊卑先後之序，而況人道乎！」《漢書・杜鄴傳》：「（鄴對哀帝曰：）『臣聞陽尊陰卑，卑者隨尊，尊者兼卑，天之道也。』」又《師丹傳》：「丹議獨曰：『聖王制禮，取法於天地。故尊卑之禮明，則人倫之序正。人倫之序正，則乾坤得其位，而陰陽順其節。人主與萬民，俱蒙祐福。尊卑者，所以正天地之位，不可亂也。』」又《律曆志》：「『立人之道，曰仁與義。』（《說卦傳》）『在天成象，在地成形。』『后以裁成天地之道，輔相天地之宜，以左右民。』（《泰卦・象辭》，今「裁」作「財」）此三律之謂矣，是為三統。」（蓋以黃鐘屬子為天統，林鐘屬丑為地統，太蔟屬寅為人統也）

是故剛柔相摩，成八卦。○《說文》：「摩，擘也。（莫鄱切）」「礳，石磑也。（模臥切）」「研，礳也。」「擘，摩也。」「硯，石滑也。」（擘，見小徐《說文繫傳》。）

八卦相盪。動也，成六十四卦。

鼓之以雷霆，雷，謂震；霆，謂艮也。艮本是山，雷鳴則反應，山鳴谷響。《說文》：「霆，雷餘聲也。鈴鈴，所以挺出萬物。」

潤之以風雨。風，巽也。雨，兑也。

日月運行，日，離也。月，坎也。

一寒一暑。乾道成男，坤道成女。此數句用韻語，乾適坤成三男，坤適乾成三女。○《説卦傳》：「天地定位（乾坤），山澤通氣（艮兑），雷風相薄（震巽。薄，音博，入也），水火不相射【射，借為斁，讀如鐸。猒也。《説文》：「斁，解（讀作懈）也。《詩》云：『服之無斁。』斁，猒也。」】，八卦相錯。數（上聲，下同）往者順，知來者逆，是故《易》，逆數也。」○《漢書•律曆志》：「人者，繼天順地，序氣成物，統八卦。……以終天地之功。故八八六十四，其義極天地之變。」

乾知大始，生之機。

坤作成物。成之體。○《漢書•律曆志》：「六者（坤之數），所以含陽之施（受乾之施，如母受父之施而成男女），林之於六合之內，令剛柔有體也。『立地之道，曰柔與剛。』『乾知大始，坤作成物。』」

乾以易知，坤以簡能。易簡同意，易知簡能，即孟子所謂良知良能也。乾坤皆云「元、亨、利、貞」，即仁、義、禮、智。四者甚易識知，故曰易知。四者又甚簡而能行，故曰簡能。《易緯》引孔子謂：「《易》者，易也。」鄭君以為「易簡」即是之謂。○《中庸》：「天地之道，可一言而盡也。其為物不貳，則其生物不測。」（不貳，專純之謂。不測，神明之意。《莊子•達生篇》：「用志不分，乃疑於神。」）《孟子•盡心上》：「人之所不學而能者，其良能也。所不慮而知者，其良知也。孩提之童，無不知愛其親也。及其長也，無不知敬其兄也。親親，仁也。敬長，義也。無他，達之於天下也。（通天下無不同）」揚雄《法言•吾子篇》：「君子之道有四易：簡而易用也，要而易守也，炳而易見也，法而易行也。」又《中庸》：「君子之道，費而隱。（費，陸德明《經典釋文》音弗，朱子讀符味反，鄭君解為「佹也」，朱子以為「用之廣也」。案：費應是暉之聲轉，「光也」，猶顯也，與隱對，下文即從顯隱二義說之）夫婦之愚，可以與知焉，及其至也，雖聖人亦有所不知焉。夫婦之不肖，可以能行焉，及其至也，雖聖人亦有所不能焉。」

易則易知，人易知之。

簡則易從。人易從之。○易則易知，謂乾，指人法天，蓋性氣陽剛者。簡則易從，謂坤，指人法地，蓋性氣陰柔者。《漢書·百官公卿表序》：「明簡易，隨時宜也。」

易知則有親，易從則有功。有親，謂乾之德，天下歸往之。有功，謂坤之業，天下推功焉。

有親則可久，有功則可大。乾德健而不息，故可久。坤業厚德載物，故可大。潘岳《西征賦》：「乾坤以有親可久，君子以厚德載物。」

可久則賢人之德，可大則賢人之業。聖人生而不有，為而不恃，功成而弗居。夫子意在勉勵後學，故不稱聖人而云賢人。馬融《長笛賦》：「蓋亦易簡之義，賢人之業也。」○王守仁《答顧東橋書》：「夫聖人之道，以天地萬物為一體。其視天下之人，無內外遠近，凡有血氣，皆其昆弟赤子之親，莫不欲安全而教養之，以遂其萬物一體之念。天下之人心，其始亦非有異於聖人也。特其間於有我之私，隔於物欲之蔽。大者以小，通者以塞。人各有心，至有視其父子兄弟如仇讐者。聖人有憂之，是以推其天地萬物一體之仁，以教天下，使皆有以克其私，去其蔽，以復其心體之同然。其教之大端，則堯禹之相授受，所謂『道心惟微，惟精惟一，允執厥中』（《書·大禹謨》）。而其節目，則舜之命契，所謂『父子有親，君臣有義，夫婦有別，長幼有序，朋友有信』（《孟子·滕文公上》），五者而已。唐虞三代之世，教者唯以此為教，而學者唯以此為學。此聖人之學，所以至易至簡，易知易從，學易能而才易成者，正以大端惟在復其心體之同然。而知識技能，非所與論也。」

易簡而天下之理得矣。天下之理得，而成位乎其中矣。「聖人之大寶曰位」，乾之九五，坤之六二是也。○《韓詩外傳》卷三：「……法下易申，事寡易為功，而民不以政獲罪。故大道多容，大德多下。聖人寡為，故用物常壯也，傳曰：『易簡而天下之理得矣。』」《法言‧五百篇》：「或問：『天地簡易，而聖人法之，何《五經》之支離？』曰：『支離蓋其所以為簡易也。已簡已易，焉支焉離？』」《後漢書‧郎顗傳》：「王者之法，譬猶江河，當使易避而難犯也，故《易》曰：『易則易知，簡則易從。易簡而天下之理得矣。』」錢大昕《十駕齋養新錄》卷一易簡：「『易簡而天下之理得矣。』『四時行，百物生』（《論語‧陽貨》），天地之易簡也。『無欲速，無見小利』（《論語‧子路》），帝王之易簡也。『皋陶作歌，戒元首叢脞』（《書‧益稷》）。叢脞者，細碎無大略，吳季札所謂『其細已甚。民弗堪也』（《左傳》襄公二十九年聞歌《鄭風》評語）。易簡之道失，其弊必至於叢脞。」

第二章

聖人設卦，羲皇。

觀象繫辭焉而明吉凶，文王觀卦象繫卦辭，周公觀爻象繫爻辭。○《漢書‧敍傳》：「先王觀象，爰制禮樂。」

剛柔相推，而生變化。上云：「動靜有常，剛柔斷矣。」相推，即摩盪。變化，謂陰變陽，陽變陰。

是故吉凶者，失得之象也。悔吝者，憂虞之象也。《說文》：「悔，悔恨也。」「吝，恨惜也。从口，文聲。《易》曰：『以往，吝。』」（徐鉉曰：「今俗別作悋，非是。」）《廣雅・釋言》：「虞，驚也。」《太玄經・玄瑩》：「古者不⿺辶雩不虞，慢（易也）其思慮，匪筮匪卜，吉凶交瀆，於是聖人乃作蓍龜。」晉范望注：「⿺辶雩，怒也。虞，憂也。」⿺辶雩，字書無。

變化者，進退之象也。陰變而進，陽變而退。

剛柔者，即陰陽，陽剛陰柔。**晝夜之象也。**晝動夜靜，晝明夜暗，晝顯夜隱。

六爻之動，動，謂變化。**三極之道也。**三極即三材（今作才）。天地人三才，變化之道也。王肅曰：「陰陽、剛柔、仁義為三極。」亦通。○《說文》：「極，棟也。」「棟，極也。」「材，木挺也。」「挺，一枚也。」「枚，榦也。」「才，艸木之初也。」「纔，帛雀頭色。」極即材矣。

是故君子所居而安者，平居無事時。

《易》之序也。序，《易》爻象之次序。安，謂依而行之，如《乾》《坤》各六位所示人者是也。○虞翻「易」作「象」。

所樂而玩者，爻之辭也。「樂」，虞氏作「變」。「玩」，鄭氏作「翫」。《說文》：「玩，弄也。」「貦，玩或从貝。」「翫，習猒也。」「猒，飽也。足也。」○樂玩，謂優游饜飫，尋味不窮。○《禮記・學記》：「故君子之於學也，藏焉，修焉，息焉，游焉。夫然，故安其學而親其師，樂其友而信其道，是以雖離師輔而不反也。」《論語・雍也篇》：「知之者，不如好之者；好之者，不如樂之者。」又《述而篇》：「志於道，據於德，依於仁，游於藝。」《孟子・離婁下》：「君子深造之以道，欲其自得之也。自得之則居之安，居之安則資之深，資之深則取之左右逢其原，故君子欲其自得之也。」

是故君子居則觀其象而玩其辭，動則觀其變而玩其占。動，謂所為。占，謂數。「極數知來之謂占」，此謂筮也。

是以自天祐之，吉无不利。大有上九：「自天祐之，吉无不利。」第十二章云：「《易》曰：『自天祐之，吉无不利。』子曰：『祐者助也，天之所助者順也，人之所助者信也。履信思乎順，又以尚賢也。是以自天祐之，吉无不利也。』」《說文》：「祐，助也。」無佑字。本止作「右，手口相助也。」今之左右字，《說文》作𠂇又。

第三章

彖者，言乎象者也。象，文王彖辭（即卦辭）。象，謂卦象。

爻者，言乎變者也。爻，周公之爻辭。

附說彖字

《說文》：「彖，豕走也。从彑，从豕省。」梁顧野王《玉篇》云：「彖，才也。豕走捝也。」齊劉瓛、梁褚仲都並云：「彖，斷也。」彖之本義是豕走，而文王繫之於卦下之辭及夫子釋卦辭之語皆謂之彖者，自漢以來，已不解其云何如此矣。《玉篇》增「才也」一義及劉瓛等訓為斷，皆就《易》義說之，非其本字之義也。惠棟《讀說文記》云：「彖訓豕走，則非《易》傳之彖明矣。」段玉裁曰：「《周易》卦辭謂之彖，爻辭謂之象。……古人用彖字，必系叚借，而今失其說。」案：《下繫》三章云：「是故《易》者象也；象也者像也。彖者材也；爻也者，效天下之動者也。」象、像，爻、效，皆以同韻為訓。疑彖字本作豸，形近而譌為彖耳。揚雄《方言》云：「豸，解也。」《左傳》宣公十七年：「庶有豸乎。」杜預注：「豸，解也。」豸材為韻。又《說文》豸部以下是𤉡（古文作兕），是易，是象。易、象與豸相連屬。豸，應是彖之本字矣。《說文》豸下云：「獸長脊，行豸豸然，欲有所司（去聲，今俗作伺）殺形。」則豸者，伺察也。蓋獸之將攫，欲先伺察審度，欲其發而必中。《易》之用彖字，亦察而中之之意乎。又《說文》：「廌，解廌，獸也。……象形，从豸省。」古籍每借豸為廌，兩字互通。則豸（廌）者，又所以解羲皇卦中之含義也。

吉凶者，言乎其失得也。悔吝者，言乎其小疵也。《法言·修身》：「君子微慎厥德，悔吝不至，何元憞之有？」士君子有小疵，能悔吝憂虞而改之，自可无咎，否則轉凶矣。

无咎者，善補過也。《下繫》云：「《易》之興也，其當殷之末世，周之盛德邪？當文王與紂之事邪？是故其辭危。危者使平，易者使傾。其道甚大，百物不廢。懼以終始，其要无咎，此之謂《易》之道也。」○《孝經·事君章》：「子曰：『君子之事上也，進思盡忠，退思補過，將順其美，匡救其惡，故上下能相親也。』」《左傳》宣公十二年：「林父之事君也，進思盡忠，退思補過，社稷之衞也。……夫其敗也，如日月之食焉，何損於明。」

是故列貴賤者存乎位，存，是省察，非存留之存。《爾雅・釋詁》：「在、存、省、士，察也。」貴賤：如乾之上卦，坤之內卦，皆在朝，為貴。乾之下卦，坤之外卦，皆在野，為賤。位：指爻位，如乾之九五陽爻居陽位，坤之六二陰爻居陰位，為得中得位，極貴。乾之二四上，坤之初三五，為陽居陰位或陰居陽位，是失位之類。

齊小大者存乎卦，齊，亦列也。齊列而平之、分之、辯之也。小，是陰，是小人。大，是陽，是大人（君子）。如泰卦之「小往大來」，否卦之「大往小來」是。泰彖云：「內陽而外陰，內健而外順，內君子而外小人，君子道長，小人道消也。」否彖：「內陰而外陽，內柔而外剛，內小人而外君子，小人道長，君子道消也。」

辯吉凶者存乎辭，此謂爻辭有時而不明云吉凶，但察其辭義，則吉凶在其中也。如乾之九三：「君子終日乾乾，夕惕若。厲，无咎。」若不終日乾乾而夕惕如也，則有咎而凶。上九：「亢龍有悔。」若非悔吝憂虞而知所以改，則亦凶也。《易》中此例極多，可推而得。《下繫》云：「繫辭焉而命之，動在其中矣。吉凶悔吝者，生乎動者也。」（第一章）

憂悔吝者存乎介，《說文》：「介，畫也。从八从人，人各有介。」介是痕紋，纖微之意，謂疵釁初形，宜及其未大而改之，則不至於凶矣。《尚書・五子之歌》：「一人三失，怨豈在明（謂不待彰著而知也），不見是圖（謂應防患於未見之時也）。」

震无咎者存乎悔。震，懼也。謂懼而知悔則可以无咎矣。震象：「君子以恐懼修省。」

是故卦有小大，如泰、否等。

辭有險易。「危者使平，易者使傾。」

辭也者，各指其所之。之，往也。謂變，如離四為險，之賁四為易。巽上為險，之井上

為易。（易言之，賁四為易，之離四為險。井上為易，之巽上為險）

䷝《離卦》九四：「突如，其來如。焚如，死如，棄如。」

䷕《賁卦》六四：「賁如皤如。白馬翰如（飛也），匪寇婚媾。」

離為戈兵。四，以陽居陰，是在野之暴力。離為火，火性炎上。又二三四互巽為進退，故云㐬如（《説文》：「𠫓，不順忽出也。从到子。《易》曰：『𠫓如，其來如。』不孝子𠫓出，不容於內也。」「㐬，或从到古文子。即《易》㐬字。」），其來如。來，五謂四也，四在外離之下，內離之上，兩火相攻，故云焚如。二三四五互大過，為棺槨，死之象，故云死如。三四五互兑為毀折，故云棄如，謂棄其屍，使不得葬也。（已見離卦）〇離四變則成賁。賁，飾也。三四五互震，其究為蕃鮮，故云賁如皤如（皤，謂鮮明絜白）《説文》：「皤，老人白也。《易》曰：『賁如皤如。』」震之究極反而成巽，為白。震於馬為作足，為龍。故云「白馬翰如」。翰，飛也，謂其行如飛。離四為寇，今離已壞，故云匪寇。匪，非也。四與初應，初陽來求四陰。又初二三四互既濟。坎為中男，離為中女。離為日，坎為月。昏時日落月出親迎之象，故云婚媾。【《説文》：「媾，重婚也。（如妻以外之妾是。古者之制：卿一妻三妾，大夫一妻二妾，士一妻一妾，庶人無妾）《易》曰：『匪寇婚媾。』」】

䷸《巽卦》上九：「巽在牀下，喪其資斧，貞凶。」

䷯《井卦》上六：「井收（收繘）勿幕，有孚元吉。」

巽本以陰承陽，卑謙遜順之意。又巽為木，牀之象。今上九處極隔五，無與決疑者。（巽為進退，志疑也。九二亦云巽在牀下，然近初無隔。故云用史巫紛若吉）三四五互離為戈兵，斧之象。資乃鉟之叚借，讀若齊。《說文》：「鉟，利也。」利斧斷物，所以決羣疑也。而上九出離，不相連屬。故云：「巽在牀下，喪其資斧，貞凶。」貞，堅剛也。宜去其堅剛不能處巽之性，變而謙遜和柔。則成井之上六「井收勿幕。有孚元吉」矣。（已見巽卦）

井，木上有水。水已上井欄之象。幕，蓋也。收，謂以轆轤收繘也。坎為輪，鹿盧之象。巽為繩直，上與三相應，不窮，故云「井收勿幕」。又坎「有孚，維心亨，行有尚」（坎之卦辭），故云「有孚元吉」也。

第四章

《易》與天地準，故能彌綸天地之道。虞翻曰：「準，同。彌，大。綸，絡。」《說文》弓部無彌。水部：「瀰，滿也。奴礼切」彌本作瀰。「準，平也。」

仰以觀於天文，俯以察於地理，是故知幽明之故。幽，是地，是夜。明，是天，是晝。

原始反終，故知死生之說。氣聚則始生，氣散則終死。《史記·五帝本紀》：「黃帝迎日

推策（著也），舉風后、力牧、常先、大鴻以治民。順天地之紀，幽明之占，死生之難。」（難，去聲，猶説也，如答客難）

精氣為物，謂神。氣精之至，如有實質。

游魂為變，謂鬼。依艸附木，隨風飄蕩。

是故知鬼神之情狀。《禮記·檀弓下》：「延陵季子適齊，於其反也，其長子死，葬於嬴、博（齊之二邑）之間。……且號者三，曰：『骨肉歸復于土，命也。若魂氣則無不之也，無不之也。』而遂行。」《禮記·祭義》：「宰我曰：『吾聞鬼神之名，不知其所謂。』子曰：『氣也者，魂之盛也。魄也者，鬼之盛也。合鬼與神，教之至也。眾生必死，死必歸土，此之謂鬼。骨肉斃於下，陰（去聲，蔽也）為野土。其氣發揚于上，為昭明，焄蒿悽愴（焄，讀如薰。焄蒿，是氣之感觸人者），此百物之精也，神之著也。因物之精，制為之極，明命鬼神，以為黔首則，百眾以畏，萬民以服。』」（觀彖：「觀天之神道而四時不忒，聖人以神道設教，而天下服矣。」）《左傳》昭公七年：「鄭人相驚以伯有（鄭卿良霄），曰：『伯有至矣。』則皆走，不知所往。（襄公三十年子上助子皙殺伯有）……子產曰：『鬼有所歸，乃不為厲。……人生始化曰魄（形也），既生魄，陽生魂（陽，神氣）。用物精多，則魂魄強（物，權勢），是以有精爽，至於神明。（爽，明也。精爽，即靈魂。）匹夫匹婦強死，其魂魄猶能馮依於人，以為淫厲，況良霄，我先君穆公之胄，子良之孫，子耳之子，敝邑之卿，從政三世矣。鄭雖無腆（厚也），抑諺曰「蕞爾國」（蕞，小貌），而三世執其政柄，其用物也弘矣，其取精也多矣，其族又大，所馮厚矣，而強死，能為鬼，不亦宜乎。』」又昭公二十五年：「心之精爽，是謂魂魄。魂魄去之，何以能久。」王夫之《俟解》：「發生之氣，條達循理，可順而不可逆。神之所好者義也，君蒿悽愴，悲死而依生。鬼之所惡者不仁也，所好者仁也。於此可驗鬼神之情。如謂兩間之無鬼神，則亦可謂天地之無理氣。」

與天地相似，故不違。知周乎萬物，而道濟天下，故不過。旁行而不流，樂天知命，故不憂。《法言・修身》：「或曰：『孔子之事多矣，不用，則亦勤（勞苦）且憂乎？』曰：『聖人樂天知命，樂天則不勤，知命則不憂。』」

安土敦乎仁，故能愛。安土，安於靜止也。《禮記・哀公問》：「孔子遂言曰：『古之為政，愛人為大，不能愛人，不能有其身；不能有其身，不能安土；不能安土，不能樂天；不能樂天，不能成其身。』」《漢書・食貨志》：「用吏多選賢良，百姓安土，居其所居，無入而不自得焉。」

範圍天地之化而不過，曲成萬物而不遺，通乎晝夜之道而知，晝夜，括陰陽、幽明、死生、邪正、善惡、吉凶等。

故神无方而《易》无體。无方，是无定方，是多方。无體，是无定體，是多體。

第五章

一陰一陽之謂道，《説卦傳》：「立天之道，曰陰與陽。立地之道，曰柔與剛。立人之道，曰仁與義。」《穀梁傳》莊公三年：「獨陰不生，獨陽不生，獨天不生。」班固《答賓戲》：「壹陰壹陽，天地之方。」晉范甯《穀梁集解》、晉徐邈（東晉人，非曹魏時之徐邈）《穀梁傳注》：「古人稱：『萬物負陰而抱陽，沖氣以為和。』（《老子》：「一生二，二生三，三生萬物。萬物負陰而抱陽，沖氣以為和。」明焦竑《老子翼》：「凡動物背止於後，陰靜也。耳目口鼻居前，陽動也。植物背寒向暖亦然，故曰萬物負陰而抱陽，而沖氣則運於其間也。」）然則傳所謂天，蓋名其沖和之功，而神理所由也。會二氣之和，極發揮之美者，不可以剛柔滯其用，不可以陰陽分其名，故歸於冥極，而謂之天。凡生類稟靈知於天，資形於二氣，故又曰獨天不生。」

繼之者善也，繼之，猶行也。善，四德之用。

成之者性也。性，是四德之體。○獨陰獨陽不生，若以陰繼陽，或以陽繼陰，以補其不足者，謂之善。而能成其沖和之美，四德純全者，謂之得天地之正性也。

仁者見之謂之仁，仁者是陰，是靜，是四德之仁、禮。

知者見之謂之知，知者是陽，是動，是四德之義、智。

百姓日用而不知，故君子之道鮮矣。《易》之體大用大，士君子學焉而皆得其性之所近，故曰見仁見智。○道本兼陰陽剛柔，四德純備，但仁多者見此道只以為仁，智多者見此道只以為智。不知損有餘以補不足，故曰日用而不知，君子之道鮮矣。○《論語·雍也》：「知者樂水，仁者樂山。知者動，仁者靜。知者樂，仁者壽。」《中庸》：「子曰：『中庸其至矣乎，民鮮能久矣。』」（中是變易，庸是不易）又云：「天下國家可均也，爵祿可辭也，白刃可蹈也，中庸不可能也。」又曰：「君子之道，費而隱。（費，如字，猶顯也）夫婦之愚，可以與知焉；及其至也，雖聖人亦有所不知焉。夫婦之不肖，可以能行焉；及其至也，雖聖人亦有所不能焉。」《孟子・盡心上》：「孟子曰：『行之而不著焉，習矣而不察焉，終身由之而不知其道者眾也。』」（朱注：「著者，知之明。察者，識之精。」）

顯諸仁，藏諸用，此互文見義，以二字括四義。上文舉仁智，此處見仁不見智，則智在用中。下句言用，則體在仁中矣。猶六爻之稱初上而兼下終，餘義曲包。《易》中多有。○仁（體）本靜而藏，然不動則不能生物，故須顯之。智（用）本動而顯，然不靜則不能成物，故須藏之。猶天本在上而氣須下行，地本在下而氣須上升，然後成交泰之用。水性潤下，火性炎上，須水在上而火在下，然後成既濟之功也。○《史記・司馬相如傳贊》：「《春秋》推見至隱，《易》本隱以之顯。」

鼓萬物而不與聖人同憂，盛德大業至矣哉！聖人有心以濟物，天地無心而化成。《易》與天地準。故云「不與聖人同憂」。无心而應，盛大至哉。○潘岳《藉田賦》：「能本（勸農）而孝，盛德大業至矣哉。」

富有之謂大業，日新之謂盛德。大業是地，孕育萬物。盛德是天，輝光日新。○《大畜彖辭》：「剛健篤實，輝光日新。」漢張竦為陳崇草奏云：「亹亹翼翼，日新其德。」（此《大畜彖辭》之又一句讀）《後漢書・郎顗傳》：「顗又上書曰：『豈可不剛健篤實，矜矜慄慄，以守天功盛德大業乎。』」

生生之謂易，生生、謂新之又新，變而不已，即「日新」之補足義。○《漢書・王莽傳》：「《易》不云乎『日新之謂盛德，生生之謂易。』」魏李奇注：「易道生諸當生者也。」顏師古注：「《下（應作上）繫》之辭，體化合變，故曰日新。」師古說是，李說非也。

成象之謂乾，顯示，「在天成象」，「見乃謂之象」。

效法之謂坤，實行，「在地成形」，「形乃謂之器」。

極數知來之謂占，窮極其數，能知未來。

通變之謂事，行事，謂通變以應物事，「以動者尚其變」。

陰陽不測之謂神。謂忽而陽變陰，忽而陰變陽，至精至變，无方无體，雖聖人亦有所不能知者也。《下繫》第八章云：「為道也屢遷。變動不居，周流六虛，上下无常，剛柔相易，不可為典要，唯變所適。」是其義矣。○《孟子·盡心下》：「大而化之之謂聖，聖而不可知之之謂神。」

第六章

夫《易》廣矣，謂地。**大矣**。謂天。

以言乎遠則不禦，禦，阻也。動而之遠則通而無阻，放之則彌六合也。

以言乎邇則靜而正，《說文》：「正，是也。从止，一以止。」靜而在近則止於至善，卷之則退藏於密也。

以言乎天地之間則備矣。《說文》：「備，慎也。」「葡，具也。」備本作葡，謂彌綸天地之道，無所不葡。

夫乾，其靜也專，純一不雜。

其動也直，直放不曲。

是以大生焉。高，縱，遠大。

夫坤，其靜也翕，翕是內向，今字用「吸」，本作𢨋。《說文》：「𢨋，閉也，从戶，劫省聲。口盍切」「翕，起也。許及切」

其動也闢，法乾，故亦動。然如開門狀，作半圓形散開，與直放異。

是以廣生焉。闊，橫，開張。

廣是地**大**是天**配天地，變通配四時，**與四時合其序，冷暖寒暑適宜。

陰陽之義配日月，易易知，天德。**簡**簡能，地德。**之善配至德。**至德，聖人也。大人者，與天地合其德。

第七章

子曰：「《易》其至矣乎！夫《易》，聖人所以崇德而廣業也。崇德，天之體。廣業，地之用。《書‧周官》：「功崇惟志，業廣惟勤。」

知崇禮卑，知兼義，是陽，禮兼仁，是陰。虞翻及蜀才本「禮」作「體」，禮亦體也。唐徐堅《初學記》引蜀譙周《法訓》曰：「好學以崇智，故得廣業。力行而體卑，故能崇德。是以君子居謙而弘道，然後德能象天地。」

崇效天，卑法地。《易》之乾卦所以效天之崇，《易》之坤卦所以法地之卑。

天地設位，而《易》行乎其中矣。天崇地卑。《易》以乾坤取象，而乾坤為《易》之門，為《易》之縕，故云「天地設位，而《易》行乎其中」。

成性存存，道義之門。」存，察也。存存，察之又察，精審無失也。君子察乾坤之理，以成其正性，此道義之門也。

第八章

聖人有以見天下之賾，此聖人是羲皇。《説文》無賾字，賾者乃蹟之譌，蹟者迹之或體。此謂物之紛陳，微顯鉅細之迹也。〇徐鉉校本《説文解字》後附「二十八字俗書譌謬不合六書之體」云：「賾，《周易疏義》云深也。案此亦叚借之字，當通用嘖。」湛銓案：《説文》：「嘖，大呼也。」非《易》義。大徐説未是。〇陸機《演連珠》：「天地之賾，該於六位。」

而擬諸其形容，象其物宜，是故謂之象。象，是卦象，指三畫之八純卦言。形容，是物之外貌，宜，謂其內含。八純卦比擬萬物，無所不包。今《說卦傳》中之為某為某某，亦顯示其大略耳，餘尚可類推也。○《下繫》第一章：「象也者，像此者也。」

聖人有以見天下之動，而觀其會通，以行其典禮，繫辭焉以斷其吉凶，是故謂之爻。此聖人是指文王、周公。會，是會合，通，是變通。典，是典則。禮，是禮制。繫辭，謂附繫之以文辭，指文王之卦辭及周公之爻辭。（孔子所作本稱《繫辭傳》也）《下繫》第一章：「爻也者，效此者也。」義兼卦爻辭，蓋爻在卦內也。

言天下之至賾而不可惡也，至賾，謂卦象。惡，荀爽作亞，次也，是。謂羲皇所作卦象，後人不得以意次第之也。《說文》：「亞，醜也。象人局背之形。賈侍中說以為次弟也。」姚配中《周易姚氏學》：「亞即醜惡字，與訓次者實一字。」

言天下之至動而不可亂也。至動，指爻，謂文、周所作卦爻辭，後人不得變亂之也。

擬之而後言，議之而後動，擬議以成其變化。擬，是擬度，指卦辭。議，是議論，指爻辭。韓康伯注：「擬議以動，則盡變化之道。」孔穎達疏：「聖人欲言之時，必擬度之而後言也。……欲動之時，必議論之而後動也。」

「鳴鶴在陰，其子和之。我有好爵，吾與爾靡之。」䷼中孚九二：「鳴鶴在陰，其子和之。」《象》曰：「其子和之，中心願也。」○二三四五互大離為雉，故云鶴。二三四互震為善鳴，兑為口舌，故云鳴鶴。兑為澤為陰，《詩・小雅・鶴鳴篇》：「鶴鳴于九皋，聲聞于天。」皋，澤也。二動成坤為母，二五相應，五爻艮體，為少男，故云其子和之。離為大腹，中四是大離，爵之象，故云好爵。（《禮記・明堂位》：「爵，夏后氏以醆，般以斝，周以爵。」《說文》：「爵，禮器也。爵，象雀之形，中有鬯酒，又持之也。所以飲器象雀者，取其鳴，節節足足也。」「斝，玉爵也。夏曰琖，殷曰斝，周曰爵。」）互體是頤，飲食之象，故云吾與爾靡之。靡，分也。〇陸機《七徵》：「吾子豈不欲靡好爵於天宇，顯列業乎帝臣歟？」

子曰：「君子居其室，出其言善，則千里之外應之，況其邇者乎？居其室，出其言不善，則千里之外違之，況其邇者乎？言出乎身，加乎民；行發乎邇，見乎遠。言行，君子之樞機。樞機之發，榮辱之主也。言行，君子之所以動天地也，可不慎乎？」

《文子·微明篇》：「言出於口，不可禁于人。行發乎近，不可禁于遠。」

《荀子·樂論》：「凡姦聲感人，而逆氣應之。逆氣成象而亂生焉，正聲感人，而順氣應之，順氣成象而治生焉。唱和有應，善惡有象，故君子慎其所去就也。」

《荀子·不苟篇》：「君子絜其辯，而同焉者合矣。善其言，而類焉者應矣。故馬鳴而馬應之，非知也。其埶然也。」

陸賈《新語·明誡篇》：「謬語出於口，則亂及萬里之外。」

《淮南子·泰族訓》：「寒暑燥溼，以類相從。聲響疾徐，以音相應也。故《易》曰：『鳴鶴在陰。其子和之。』」

董仲舒《賢良對策下》：「言行，治之大者，君子之所以動天地也。」

劉向《說苑·談叢》：「言出於己，不可止於人。行發於邇，不可止於遠。夫言行者，君子之樞機；樞機之發，榮辱之本也，可不慎乎？」

《漢書・王吉傳》：「聖主獨行於深宮。得，則天下稱誦之；失，則天下咸言之。行發於近，必見於遠。」

《漢書・敍傳》：「榮如辱如，有機有樞。」

東漢崔寔《政論》（《羣書治要》引）：「《易》曰：『言行，君子所以動天地也。』仲尼曰：『人而無信。不知其可。』」

魏文帝《答王朗詔》：「朕求賢於君而未得，君乃翻然稱疾，非徒不得賢，更開失賢之路，增玉鉉之傾。（《說文》：「鉉，舉鼎也。《易》謂之鉉，《禮》謂之鼏。」）無乃居其室，出其言不善，見違於君子乎？」

晉傅玄《傅子口銘》：「口與心謀，安危之源。樞機之發，榮辱隨焉。」

「同人，先號咷而後笑。」《說文》：「咷，楚謂兒泣不止曰噭咷。」（噭，吼也。古弔切）

䷌同人九五：「同人，先號咷而後笑。大師克相遇。」象曰：「同人之先，以中直也。大師相遇，言相克也。」○與二相應，二三四互巽為風聲，又為不果，故先號咷。巽伏震，笑言啞啞。又乾為果，故後笑。同人之全卦相錯則為師，互卦為姤。姤，遇也。故云大師克相遇，蓋有大援在後也。

子曰：「君子之道，或出或處，或默或語。二人同心，其利斷金。同心之言，其臭如蘭。」出，是出仕，處，是處家。默承處而言，語承出而言。或出而語政，或處家默然。時止則止，時行則行，待時而動，有明君則出也。二人同心，謂君臣相得，其利斷金，謂如干莫之拂鐘無聲，應機立斷也，臭，气味也。《左傳》襄公八年：「今譬於草木，寡君在君（謂魯襄公之於晉悼公），君之臭味也。」【魯執政季武子（季孫宿）對晉大夫范宣子（士匄）語】郭璞《贈溫嶠詩》：「人亦有言，松竹有林。及爾臭味，異苔同岑。」《說文》：「臭，禽走，齅而知其迹者，犬也。从犬自。」（自，鼻也）「殠，腐气也。」

陸賈《新語·辨惑篇》：「《易》曰：『二人同心，其利斷金。』羣黨合意，以傾一君，孰不移哉？」

《韓詩外傳》卷五：「朝廷之士為祿，故入而不出。山林之士為名，故往而不返。入而亦能出，往而亦能返，通移有常，聖人也。」

劉向《說苑·敬慎篇》：「是故四馬不和，取道不長；父子不和，其世破亡；兄弟不和，不能久同；夫妻不和，家室大凶。《易》曰：『二人同心。其利斷金。』」

《漢書·王吉貢禹傳贊》：「《易》稱：『君子之道，或出或處，或默或語。』言其各得道之一節，譬諸草木，區以別矣。故曰：山林之士，往而不能反；朝廷之士，入而不能出，二者各有所短。」

《漢書·師丹傳》：「哀帝遂策免丹曰：『言事者以為大臣不忠，辜陷重辟。獲虛采名，謗譏匈匈，流于四方。腹心如此，謂疏者何？殆謬於二人同心之利焉。』」

張竦為陳崇草奏（見《漢書·王莽傳》）：「董賢擄重，加以傅氏有女之援（傅喜女，哀帝后），皆自知得罪天下，結讎中山（中山馮太后），則必同憂。斷金相翼。」

前漢末崔篆（崔駰之祖父）《慰志賦》：「協準矱（方尺）之貞度兮，同斷金之玄策。」

班昭《女誡·叔妹》：「是故室人和則謗掩，外內離則惡揚，此必然之勢也。《易》曰：『二人同心，其利斷金。同心之言，其臭如蘭。』此之謂也。」《後漢書·周燮等傳序》：「《易》曰：『君子之道，或出或處，或默或語。』孔子稱『蘧伯玉，邦有道則仕，邦無道則可卷而懷』也。」《後漢書·蔡邕傳贊》：「匡導既申，狂僭屢革。資同人之先號，得北叟之後福。」陸機《策問秀才紀瞻等》：「《書》稱明良之歌（《書·益稷》：『元首明哉！股肱良哉！庶事康哉！』），《易》貴金蘭之美。此長世所以廢興，有邦所以隆替。」《世說·賢媛篇》：「山公與嵇阮一面，契若金蘭。」

「初六：藉用白茅，无咎。」䷛大過初六：「藉用白茅，无咎。」象曰：「藉用白茅，柔在下也。」○初在下為藉，薦也。巽為白，為寡髮，故云白茅（古籍上草木每稱毛髮，『不毛之地』，『窮髮之北』是也）。大過為大坎，為多眚。初六不正，變而之正則坎壞矣，故云无咎。

子曰：「苟錯諸地而可矣，置於地面，已甚穩妥。**藉之用茅，**復以柔草薦之，謹慎之甚。**何咎之有？慎之至也。夫茅之為物薄，而用可重也。慎斯術也以往，其无所失矣。」**

賈誼《陳政事疏》：「夫天下，大器也。今人之置器，置之安處則安，置之危處則危。

天下之情，與器亡以異，在天子之所置之。」

《大戴禮·禮察篇》：「天下，器也。今人之置器，置之安處則安，置諸危處則危。而天下之情，與器無以異，在天子所置爾。」

《漢書·淮陽憲王欽傳》元帝諭憲王（欽，元帝異母弟。宣帝初欲立之，及元帝立，憲王舅張博、博壻京房，交相扇動，欲擁立憲王，事敗）曰：「春秋之義，大能變改。《易》曰：『藉用白茅，无咎。』言臣子之道，改過自新，絜已以承上，然後免於咎也。」

《魏志·李通傳》裴松之注引晉王隱《晉書》載李秉（通孫）《家誡》曰：「清慎之道，相須而成，必不得已，慎乃為大。夫清者不必慎，慎者必自清，亦由（與猶通）仁者必有勇，勇者不必有仁。是以《易》稱『括囊无咎』，『藉用白茅』，皆慎之至也。」

「勞謙，君子有終，吉。」䷎《謙卦》九三：「勞謙，君子有終，吉。」象曰。「勞謙君子，萬民服也。」〇二三四成坎，為勞（《說卦傳》：「坎，正北方之卦也，勞卦也。」），故云勞謙。三居下卦之終，陽為君子，故云君子有終。吉者，人道惡盈而好謙，況屈己而任勞者乎！

子曰：「勞而不伐，有功而不德，厚之至也。語以其功下人者也。德言盛，禮言恭。王引之《經傳釋詞》：「言，云也。語詞也。……《易·繫傳》之『德言盛，禮言恭』，謂君子勞謙，德盛禮恭也。言，語詞」。

謙也者，致極也恭以存其位者也。」存其位，指有終也。

《荀子・正名篇》：「有兼聽之明，而無奮矜之容；有兼覆之厚，而無伐德之色。」

《禮記・表記》：「是故君子不自大其事，不自尚其功，以求處情；過行弗率（不敢循行過高之行），以求處厚；彰人之善而美人之功，以求下賢。是故君子雖自卑而民敬尊之。」

班固《典引》：「虔鞏（亦勞也）勞謙，兢兢業業。」（《書・皋陶謨》：「兢兢業業，一日二日萬幾。」）

「亢龍有悔。」子曰：「貴而无位，高而无民，賢人在下位而无輔，是以動而有悔也。」已見《乾文言》。

「不出户庭，无咎。」䷻《節卦》初九：「不出戶庭，无咎。」象曰：「不出戶庭，知通塞也。」〇下往上為出，三四五互艮為門闕，為戶庭。二三四互震為足，為行。初九在艮震下，故云不出戶庭。坎為多眚，為咎。初九不動則不成坎，故云无咎。又中四爻互頤「君子以慎言語，節飲食」，故下文釋之云云。

子曰：「亂之所生也，與四相應。四五上為坎，為多眚，故云亂生。**則言語以為階。**兌為口舌，伏艮為徑路，故云言語，云階。**君不密則失臣，臣不密則失身，幾事不密則害成。是以君子慎密而不出也。」**《漢書・師丹傳》：「上以問將軍、中朝臣，皆對曰：『忠臣不顯諫，（《曲禮下》：「為人臣之禮：不顯諫。三諫而不聽，則逃之。」）大臣奏事不宜漏泄，令吏民傳寫，流聞四方。臣不密則失身，宜下廷尉治。』事下廷尉，廷尉劾丹大不敬。」又《劉向傳》：「遂上封事極諫曰：『……不可不深圖，不可不蚤慮。《易》曰：「君不密則失臣，臣不密則失身，幾事不密則害成。」唯陛下深留聖思，審固機密，覽往事之戒，以抑中取信，居萬安之實，用保宗廟。』」又《眭弘等傳贊》曰：「京房區區，不量淺深，危言刺譏，構怨彊臣（石顯），罪辜不旋踵，亦不密以失身。悲夫！」又《王莽傳》：「泄漏省中及尚書事者，幾事不密則害成也。」《後漢書・蔡邕傳》：「夫君臣不密，上有漏言之戒，下有失身之禍。」（邕對靈帝封事）

《詩・小雅・小弁篇》：「莫高匪山，莫浚匪泉。君子無易由言，耳屬于垣。」

《管子・君臣篇》：「古者有二言：牆有耳，伏寇在側。」

《文子・微明篇》：「附耳之語，流聞千里。言者禍也，舌者機也，出言不當，駟馬不追。」

《鄧析書》（《文選・任昉齊竟陵文宣王行狀》李善注引）曰：「一言而非，駟馬不能追；一言而急，駟馬不能及。」

《鬼谷子・權篇》：「故口者機關也，所以開閉情意也。」

劉向《説苑・談叢篇》：「口者關也，舌者機也，出言不當，四馬不能追也。口者關也，舌者兵也，出言不當，反自傷也。」

又《説苑・敬慎篇》：「孔子之周，觀於太廟，右陛之前，有金人焉，三緘其口，而銘其背曰：『古之慎言人也。戒之哉！戒之哉！無多言，多言多敗；無多事，多事多患。安樂必戒，無行所悔。勿謂何傷，其禍將長；勿謂何殘，其禍將然；勿謂莫聞，天妖伺人。熒熒不滅，炎炎奈何；涓涓不壅，將成江河；緜緜不絕，將成網羅；青青不伐，將尋斧柯。誠不能慎之，禍之根也；曰是何傷，禍之門也。強梁者不得其死，好勝者必遇其敵，盜怨主人，民害其貴。（強梁二句，《老子》所本。《左傳》成公十五年：「盜憎主人，民惡其上。」）君子知天下之不可蓋也，故後之下之，使人慕之，執雌持下，莫能與之爭者。（《老子》：「知其雄，守其雌，為天下谿。為天下谿，常德不離，復歸於嬰兒。」）人皆趨彼，我獨守此；眾人惑惑，我獨不從。內藏我智，不與人論技。我雖尊高，人莫害我。夫江海長百谷者，以其卑下也。（《老子》：「江海所以能為百谷王者，以其善下之，故能為百谷王。」）天道無親，常與善人。（亦見《老子》）戒之哉！戒之哉！』孔子顧謂弟子曰：『記之，此言雖鄙，而中事情。《詩》曰：「戰戰兢兢，如臨深淵，如履薄冰。」（《小雅・小旻篇》。下一篇《小宛篇》少「如臨深淵」句）行身如此，豈以口遇禍哉！』」

《傅子》：「擬金人銘作口銘曰：『神以感通，心由口宣。福生有兆，禍來有端。情莫多妄，口莫多言。蟻孔潰河，淄川傾山。病從口入，禍從口出。存亡之機，開闔之術。口與心謀，安危之源。樞機之發，榮辱隨焉。』」

子曰：「作《易》者其知盜乎？《易》曰：『負且乘，致寇至。』」䷧解之六三：「負且乘，致寇至，貞吝。」象曰：「負且乘，亦可醜也。自我致戎，又誰咎也？」○坎為車，三在下坎之上，故云乘。又在上坎之下，為下首，故云負且乘。坎為多眚，為盜，故云致寇至。貞吝者，雖正亦吝也。蓋三變而之正則成《恆》之九三：「不恆其德，或承之羞，貞吝。」象曰：「不恆其德，无所容也。」〇《孟子·離婁上》：「不仁而在高位，是播其惡於眾也。」

負也者，小人之事也。乘也者，君子之器也。小人而乘君子之器，盜思奪之矣；上慢下暴，盜思伐之矣。慢藏誨盜，冶容誨淫。慢乃嫚之叚借。《說文》：「嫚，侮，易也。」（慢，惰也）嫚藏，謂嫚易不慎而藏之。「冶」本是「銷也」，此叚借為「野」。凡不正者謂之野，鄭玄、陸績、姚信、虞翻、王肅等本皆作「野」。陸德明《經典釋文》謂：「言妖野容儀，教誨淫泆也。」段玉裁《說文解字注》謂皆蠱之叚借，不然。

《易》曰：『負且乘，致寇至。』盜之招也。」

董仲舒《賢良對策下》：「《易》曰：『負且乘，致寇至。』乘車者，君子之位也。負擔者，小人之事也。」

東漢初杜篤《論都賦》：「天畀更始，不能引維。慢藏招寇，復致赤眉。」（更始將軍劉玄為赤眉賊所破）

東漢初鮮于冀《自理表》（《水經注》淇水注引）：「高（清河太守趙高也）貴不尚節，畮壟之夫。而箕踞遺類，研繁失機，婢妾其性，媚世求顯，偷竊很鄙，有辱天官，易譏負乘，誠高之謂。」

班固《為第五倫薦謝夷吾疏》：「臣以頑駑，器非其疇。尸祿負乘，夕惕若厲。」

《漢書·敘傳》：「上慢下暴，惟盜是伐。勝、廣熛起，梁、籍扇烈。」（述陳勝項籍傳）

《後漢書·東平憲王蒼傳》：「舉負薪之才（《曲禮下》：「問庶人之子，長曰能負薪矣，幼曰未能負薪也。」），升君子之器。凡匹夫一介，尚不忘簞食之惠，況臣居宰相之位，同器之親哉？……誠羞負乘，辱污輔將之位，將被詩人『三百赤紱』之刺。」（《詩・曹風・候人》：「彼其之子，三百赤芾。」芾借為紱。本作市，或體作韍，俗作紱。大夫以上赤紱，此刺在高位者多也。）《後漢書・謝弼傳》：「弼上封事曰：『今之四公（太尉劉矩、司徒許訓、太傅胡廣、司空劉寵，皆靈帝時），唯司空劉寵，斷斷守義（《書・秦誓》「如有一介臣，斷斷猗，無他技。」《大學》：「若有一个臣，斷斷兮，無他技。」斷斷，誠一之貌），餘皆素餐致寇之人，必有折足覆餗之凶。』」（詳《下繫》）《後漢書・文苑傳上・崔琦傳外戚箴》：「荷爵負乘，采食名都。」《蜀志・二牧傳評》（劉焉、劉璋）：「璋才非人雄，而據土亂世，負乘致寇，自然之理。其見奪取，非不幸也。」

第九章

此章是釋《易》之筮法。凡不依此章所示之法者，皆非正道。

天一，地二；天三，地四；天五，地六；天七，地八；天九，地十。朱子《本義》云：「此簡本在第十章之首，程子曰『宜在此』，今從之。」天地之數，即是陰陽奇偶之數。一三五七九是天數，陽數，奇數。二四六八十是地數，陰數，偶數。

天數五，地數五，五位相得而各有合。天地之數自一至十，然前五個是生數，後五個是成數，即一二三四五是天地之生數，六七八九十是天地之成數。生數由一起，成數由六起。天一生數與地六成數相合而生水，地二生數與天七成數相合而生火，天三生數與地八成數相合而生木，地四生數與天九成數相合而生金，天五生數與地十成數相合而生土。（《書‧洪範》：「五行：一曰水，二曰火，三曰木，四曰金，五曰土。」）○王闓運注本《尚書大傳‧鴻范‧五行傳》：「天一生水，地二生火，天三生木，地四生金，地六成水，天七成火，地八成木，天九成金，天五生土。」注云：「《御覽》引。」（今《太平御覽》卷十七時序部二，五行無此條，不知王氏何據）《漢書‧律曆志》第一上：「天以一生水，地以二生火，天以三生木，地以四生金，天以五生土。」

天數二十有五，地數三十，凡天地之數五十有五，此所以成變化而行鬼神也。天數一三五七九相加為二十五，地數二四六八十相加為三十，二十五加三十為五十五，此陰陽奇偶始一終十之總數。○荀爽曰：「在天為變，在地為化。在地為鬼，在天為神。」案此五十五之數，凡一與六合變化為水至五與十合變化為土等五行之數皆在其中，故云成變化。天地所有，不外乎五行爾。行鬼神，非徒行於鬼神也，行於人道不待言而可知也。《乾文言》曰：「而況於人乎？況於鬼神乎？」聖人之道，人道為重，無離人道而徒指行於鬼神之理也。

大衍之數五十，其用四十有九。《説文》：「衍，水韓（朝）宗於海也。」「演，長流也。」衍演通。鄭玄曰：「衍，演也。」○上云：凡天地之數五十有五，此云大衍之數五十者，減五以寓五行之生機。有氣機而無形質，散布於天地之間，故稱五十。又減一以寓天地未判時之太極，故云其用四十有九。

分而為二以象兩，掛一以象三，象，似也。今云象徵。兩，是兩儀，即天地。三，是三才，天地兼人也。○諸君演《易》，以後可依此章之次第為之。

（一）以右手取五十策中之一策反藏之櫝中而勿露，是其用四十有九也。

（二）以左右手隨意中分四十九策，分置於桌上左右兩旁，是分而為二以象兩也。

（三）以右手取右旁中之一策掛於左手小指間，屈小指鉤固之，是掛一以象三也。（朱子《筮儀》云：「……次以左手取左大刻之策執之，而以右手取右大刻之一策，掛于左手之小指間。」先執後掛，不符此章之序，所云四營更不然。詳下）

揲之以四以象四時，歸奇於扐以象閏；五歲再閏，故再扐而後掛。《說文》：「揲，閱，持也。」音舌。《經典釋文》：「揲，猶數也。」四時，春夏秋冬也。奇，零餘之策數也，指最後所餘者言，或一或二或三或四。閏，是閏月。扐，馬融云：「指間也。」《說文》：「扐，《易》筮，再扐而後卦。」（《京氏易》同作卦）○《淮南子·天文訓》：「紫宮（帝座北極星也）執斗（北斗）而左旋，日行一度，以周於天。……反覆三百六十五度四分度之一而成一歲。……二十九日九百四十分日之四百九十九而為月，而以十二月為歲。歲有餘十日九百四十分之八百二十七，故十九歲而七閏。」三歲一閏，五歲再閏者，其約數也。

（四）以左手取左旁之策執之，以右手四揲左手之策，是揲之以四以象四時也。

（五）歸其所餘之策或一或二或三或四於左手小指與無名指間，是歸奇於扐以象閏也。

（六）以右手將曾過揲左手之策還置於左旁，復以右手執右面之策而以左手四揲之，歸所餘之策置於無名指與中指間，是五歲再閏故再扐也。而後掛者，已成一變。取一掛二扐之策置之於桌之最前方，而後再分而為二以象兩，掛一以象三，依次為之也，二變完成。又將一掛二扐之策置之前一變之次，三變完成。又將一掛二扐之策置之於二變之次，凡三變而成一爻，通三變一掛二扐之策數之，或十三策，或十七策，或二十一策，或二十五策。若十三策，應以四十九策減此十三策，得過揲之策為三十六。三十六是九個四，真數是九。九為老陽，應於最下一爻畫作▭。如是十七策，則以四十九策減十七，得過揲之策為三十二。三十二是八個四，真數是八。八為少陰，應畫作⚋。如是二十一策，則以四十九減二十一，得過揲之策為二十八。二十八是七個四，真數是七。七為少陽，應畫作⚊。如是二十五，則以四十九減二十五，得過揲之策為二十四。二十四是六個四，真數是六。六為老陰，應畫作▭▭。以後凡三變成一爻，十八變而後完成六畫之卦，依所得真數或六或七或八或九順序向上畫之，則筮法完成矣。

○凡數有十（自一至十），而取六七八九者，以最初之一至五象徵五行之生機，有氣機而無形質，潛伏散布於天地之間，故棄而不用。十乃數之終，應進成一，因又棄而不用，只餘六七八九。奇數為陽，偶數為陰。陽主進，陰主退。陽數由七進於九，七為少陽，窮盡於九，九為老陽，《易》窮則變。如所得本卦某爻是老陽，則之卦（變卦）此爻變為少陰。（九，陽之窮。陽窮則反進為退，只退一步，不走極端。故九退一則為八也）如所得本卦某爻是老陰，則之卦此爻變為少陽。（六，陰之窮。陰窮則反退為進，只進一步，不走極端。故六進一則為七也）《易》窮然後變，不窮不變，故七八少陽少陰不變。〇凡占所本卦，是自今以往之事，變卦是未來之事。凡本卦不變，只察本卦之卦辭、彖辭、大象，不必觀爻辭。六爻不動，主吉凶應驗俱遲。凡本卦有變，主要是看變卦。單看爻辭及小象，一爻變是未來之事一次變化如爻辭所云。如兩爻動、三爻動、四爻動、五爻動，主未來之事如爻辭之依次變動（由下至上），最後一變為事之結果。凡六爻俱動，只察變卦之卦辭、彖辭及大象，不必復看爻辭。六爻俱動，主吉凶應驗俱速。大旨如是矣。至於判斷吉凶，則神而明之，存乎其人矣。下章云：「《易》有聖人之道四焉：以言者尚其辭，以動者尚其變，以制器者尚其象，以卜筮者尚其占。」卜筮是聖道四者之末事耳。荀卿曰：「善為《易》者不占。」（《荀子·大略》）若人非正人，事非正事，尤不可妄用占筮也。

《乾》之策，二百一十有六；《坤》之策，百四十有四。凡三百有六十，當期之日。乾之策，取真數之九代之；坤之策，取真數之六代之。取其能變，非謂必窮也。今全《易》六十四卦，三百八十四爻，陽爻稱九，陰爻稱六，皆此意。〇真數九，是過揲三十六策，乾卦有六爻，每爻過揲三十六策，六乘三十六，得二百一十六策，故云乾之策二百一十有六。坤之真數六，六是過揲二十四策。坤卦有六爻，每爻過揲二十四策，六乘二十四，得一百四十四策，故云坤之策百四十有四。乾坤之策合之，二百一十六加一百四十四，得三百六十，故云凡三百有六十。當期之日者，相當於一整年之日數也。期是稘之叚借字，《說文》：「稘，復其時也。」「期，會也。」

二篇之策，萬有一千五百二十，當萬物之數也。全《易》上下經二篇，合計六十四卦。每卦六爻，共三百八十四爻。陰陽爻各半，即各為一百九十二爻。陽爻真數九，過揲九個四，是三十六。三十六乘一百九十二，得六千九百一十二策。陰爻真數六，過揲六個四，是二十四。二十四乘一百九十二，得四千六百零八策。合算之，六千九百一十二策加四千六百零八策，為一萬一千五百二十策。故云二篇之策，萬有一千五百二十。當萬物之數者，相當萬物之數，舉整數，十計餘零。

是故四營而成《易》，十有八變而成卦，營，求也。易，變也。四營而成易者，四求而成一變也。分而為二以象兩，是第一營。掛一以象三，是第二營。揲之以四以象四時，是第三營。歸奇於扐以象閏及五歲再閏再扐，為第四營。四營而成一變，三變成一爻。每卦六爻，凡十八變而成，故云。

八卦而小成。八卦，是指先成三畫在下之八純卦。凡占筮之道，已成三畫在下之卦，當攝心凝神，默禱羲皇、文、周、孔子諸先聖先師，然後再完成上卦。○云八卦而小成者，則六畫卦為大成，不待言而可知矣。提示小成，當復禱祝，乞再啟示上卦。

引而伸之，觸類而長之，天下之能事畢矣。長，去聲，讀作今俗之「漲」字。《說文》無「漲」，凡《易》云消長，皆卽消漲。讀長幼之長者非。畢，古籍多已叚借為斁。《說文》：「斁，盡也。」「畢，田网也。」能事，善事也。亦即精擅之事。○引而伸之二句，謂將所筮得之本卦及之卦（卽變卦），細察其爻辭及小象（或卦辭彖辭大象），依其所顯示之物類，與己所求欲得之事，冥契神會。引伸之，推漲之，則吉凶可知矣。此是判斷之事，占筮之法易為，判斷之驗難準。原夫正人正事，心誠求之，本萬發萬靈。而後人揲蓍有驗有不驗者，最主要是在其學《易》所得之深淺，其次則在乎占者之聰明才智矣。學《易》勤則所得深，聰明才智，似關稟賦。然深於《易》學者，其本然之聰明才智雖凡庸，可高度增長，所謂變化氣質者是，無自餒也。○天下之能事盡之者，策中藏先天之太極，生兩儀（天地），兼三才（掛一象人），含春夏秋冬四時，具一年之日數及一再閏月，包羅萬物，運之以天生神物（蓍）。引伸觸類，故天下之善事無逾於此矣。○《魏志‧王昶傳》：「戒兄子默沈子渾深書：『若引而伸之，觸類而長之，汝其庶幾舉一隅耳。』」

顯道神德行，是故可與酬酢，可與祐神矣。《說文》：「醻，主人進客也。」「酬，醻或从州。」『醋，客酌主人也。在各切』『酢，醶也。倉故切』（醶，酢漿也。今俗作釅）醋酢今字互易矣。凡古籍（尤其羣經）應以《說文》所具為正。今羣經之字，自漢至唐，疊經俗儒變改，非其本來如是也。許君《說文解字》一書，本於壁中書真古文。其自敘云：「羣經所載，略存之矣。」治古學者，許書必宜深究也。（「羣經所載」各本均作「羣書所載」）○韓康伯注曰：「顯，明也。神德行，由神以成其用。」孔穎達疏云：「言《易》理備盡天下之能事，故可以顯明无為之道，而神靈其德行之事，言太虛以養萬物為德行。今《易》道以其神靈助太虛而養物，是神其德行也。」○可與酬酢，猶夫子贊《詩》，謂「可以羣」也。宗族戚友有疑難待決之事，求助於己，可為之決疑，敦篤情好，故云可與酬酢。《說文》：「祐，助也。」孔穎達曰：「可與祐神矣者，祐，助也。《易》道弘大，可與助成神化之功也。」

子曰：「知變化之道者，其知神之所為乎！」姚配中曰：「變化所以行鬼神，故知變化之道，則知神之所為。神者陰陽不測變化見，而所為可知矣。」又曰：「此言大衍成變化，行鬼神，畢天下之能事，廣大悉備也。」

第十章

《易》有聖人之道四焉：以言者尚其辭，立言。「以通天下之志。」辭，是卦爻辭。

以動者尚其變，立功。「以定天下之業。」變，是爻變（卦隨而變）。

以制器者尚其象，刱制器物，利用厚生。象，是卦象，説見《下繫》第二章。（二次世界大戰時，余嘗讀報章，載某外國天文學家發現天上某恆星，是據中國《易經》卦象而得。《易》道誠神矣）下章云：「備物致用，立成器以為天下利，莫大乎聖人。」然則發明器用，造福生民，亦兼有立德之意也。

以卜筮者尚其占。○「以斷天下之疑。」《書·洪範》：「七曰明用稽疑。」《周禮·春官》有太卜，云：「掌三《易》之法：一曰《連山》，二曰《歸藏》，三曰《周易》。（鄭玄注引杜子春云：「《連山》宓戲，《歸藏》黃帝。」唐賈公彥疏引鄭志答趙商云：「非無明文，改之無據，且從子春。近師皆以為夏殷也。」）其經卦（三畫卦）皆八，其別（重卦）皆六十有四。」則重卦亦自羲皇，不始於文王。觀《下繫》第二章益可知矣。又有筮人，云：「凡國之大事，先筮而後卜。」鄭玄注：「當用卜者，先筮之，即事有漸也。於筮之凶，則止不卜。」灼龜之卜法失傳已久，今僅存此筮法，益足寶矣。

是以君子將有為也，將有行也，問焉而以言，其受命也如嚮。无有遠近幽深，遂知來物。非天下之至精，其孰能與於此？有為，是施為，有行，是行往。問以言，是將筮時先祝禱，語默均可。聖神焉有不察我心之誠者乎？嚮，應是響之誤字，此謂回聲，喻速也。與去聲，今俗用預。○孔穎達曰：「君子將欲有所施為，將欲有所行往，占問其吉凶而以言，命蓍也。『其受命也如響』者：謂蓍受人命，報人吉凶，如響之應聲也。『无有遠近幽深』者：言《易》之告人吉凶，无問遠之與近及幽邃深遠之處，悉皆告之也。『遂知來物』者：物，事也。然《易》以萬事告人，人因此遂知將來之事也。『非天下之至精其孰能與於此』者：言《易》之功深如此，若非天下萬事之內至精至妙，誰能參與於此，與《易》道同也。此已上論《易》道功深，告人吉凶，使豫知來事，故以此結之也。」

參伍以變，錯綜其數。參伍即三五，此指由三爻至五爻之三畫互卦也。舉三五而括二至四，則六畫卦之中四爻互體不待言也已。○數，理也。錯是反卦，綜是倒卦。（《說文》：「逪，迹逪也。」「綜，機縷也。」）迹逪則陰爻變陽，陽爻變陰。機縷攪圓相纏，則六爻顛倒矣。○《荀子‧成相篇》：「參伍明謹施賞刑。」楊倞注：「參伍，猶錯雜也。」非《易》義。又《漢書‧律曆志》：「參五以變，錯綜其數。稽之於古今，效之於氣物。」又云：「天有三辰，地有五行。然則三統五星可知也。《易》曰：『參五以變，錯綜其數。通其變，遂成天地之文；極其數，遂定天下之象。』」此亦非《易》之真義，特引《易經》為證耳。

通其變，遂成天地之文；通其互卦之變化，識其含藏之內蘊。「物相雜，故曰文。」成，猶下文之定也。

極其數，窮極其理。

遂定天下之象。吉凶失得之情形也。

非天下之至變，其孰能與於此。孔穎達曰：「言此《易》之理，若非天下萬事至極之變化，誰能與於此者。言皆不能也。」

《易》无思也，无為也，寂然不動，感而遂通天下之故。「鼓萬物而不與聖人同憂」，故无思无為，寂然不動。極數知來，陰陽不測，故通天下之故。虞翻曰：「天下何思何慮，同歸而殊塗，一致而百慮。故无所為，謂其靜也專。」〇《大學》：「知止而后有定，定而后能靜，靜而后能安，安而后能慮，慮而后能得。」亦此意。朱子《大學章句》云：「至於用力之久，而一旦豁然貫通焉，則眾物之表裏精粗無不到，而吾心之全體大用無不明矣。」

非天下之至神，其孰能與於此。孔穎達曰：「言《易》理神功不測，非天下萬事之中，至極神妙，其孰能與於此也。」

《禮記·孔子閒居》：「清明在躬，氣志如神，耆欲將至，有開必先，天降時雨，山川出雲。」（陳澔《禮記集説》：「『清明在躬，氣志如神』，即至誠前知之謂也。」）

《荀子·解蔽篇》：「故治之要，在於知道。人何以知道？曰心。心何以知？曰虛壹而靜。……虛壹而靜，謂之大清明。萬物莫形而不見（去聲，下同），莫見而不論（平聲，知其理也），莫論而失位（各適其宜，咸得其分也）。……故人心譬如槃水，正錯（去聲）而勿動，則湛（平聲音沉）濁在下，而清明在上，則足以見鬚眉而察理矣。微風過之，湛濁動乎下，清明亂於上，則不可以得大形之正也。心亦如是矣。故導之以理，養之以清，物莫之傾，則足以定是非，決嫌疑矣。小物引之，則其正外易，其心內傾，則不足以決庶理矣。……耳目之欲接，則敗其思；

蚊蝱之聲聞，則挫其精。是以闢耳目之欲，而遠蚊蝱之聲，閑居靜思則通。」《莊子·德充符》：「仲尼曰：『人莫鑑於流水，而鑑於止水，唯止，能止眾止。』」（人皆止而就鑒照也）《莊子·天道篇》：「聖人之靜也，非曰靜也。善，故靜也。萬物无足以鐃心者，故靜也。水靜則明燭鬚眉，平中準，大匠取法焉。水靜猶明，而況精神！聖人之心靜乎，天地之鑑也，萬物之鏡也。夫虛靜恬淡，寂寞无為者，天地之平而道德之至，故帝王聖人休焉。」

夫《易》，聖人之所以極深而研幾也。幾（平聲，音機），微也。極深是至精，研幾是至變。《漢書·敍傳》：「壹彼壹此，庶研其幾。」**唯深也，**至精。**故能通天下之志；唯幾也，**至變。**故能成天下之務；唯神也，**至神。**故不疾促之意而速，不行而至。子曰：**二字衍文，見《陔餘叢考》。**「《易》有聖人之道四焉」者，此之謂也。**

第十一章

子曰：「夫《易》何為者也？夫《易》，開物成務，冒天下之道。如斯而已者

也。」開，先也。開物成務，是首出庶物。《說文》：「冒，冢而前也。」（「冢，覆蓋也。」音蒙）冒天下之道，是覆蓋萬物而為天下先。

是故聖人以通天下之志，志不達者達之。**以定**成也**天下之業，以斷天下之疑**。破除斷決其疑也。《禮‧祭義》：「昔者聖人建陰陽天地之情，立以為《易》。《易》抱龜南面，天子卷（讀作袞）冕北面。雖有明知之心，必進斷其志焉，示不敢專，以尊天也。」

是故蓍之德圓而神，卦之德方以知，圓，蓍之狀，以象天。方，卦之狀，以效地。揲蓍成卦，法天法地，神而且知。（《老子》：「人法地，地法天，天法道，道法自然。」）《白虎通‧蓍龜》：「天子蓍長九尺，諸侯七尺，大夫五尺，士三尺。……乾艸枯骨，眾多非一，獨以蓍龜何？此天地之間壽考之物，故問之也。龜之為言久也，蓍之為言耆也，久長意也。」

六爻之義，易以貢。易，變易也。貢，功之借字，成也。王引之《經義述聞》卷二：「韓（晉韓康伯）注曰：『貢，告也，六爻變易以告人吉凶。』《釋文》：『貢，京（房）、陸（績）、虞（翻）作工，荀（爽）作功。』引之謹案：《爾雅》曰：『功，成也。』（見《釋詁》）……六爻之義，剛柔相易，乃得成爻。所謂道有變動，故曰爻也（《下繫》十章），故曰六爻之義易以功，作工、作貢，皆借字耳。韓以貢為告，徧考書傳，無訓貢為告者，殆失之矣。」

聖人以此洗心，退藏於密，洗，洒之借字。《說文》：「洒，滌也。」（洗，洒足也，先之上聲）《逸周書‧芮良夫篇》：「其惟洗爾心，改爾行。」晉楊泉《物理論》：「人皆知滌其器，莫知洗其心。」又云：「君子內洗其心，以虛受人（《咸卦象辭》）。外設法度，立不易方（《恆卦象辭》）。」又王引之《經義述聞》：「聖人以此洗心。韓康伯注曰：『洗濯萬物之心。』《釋文》：『洗，王、韓悉禮反；京、荀、虞、董（魏董遇）、張（晉張璠）、蜀才作先。石經同。』《集解》載虞注以先心為知來。引之謹案：作先之義為長，蓋先猶導也，此謂蓍卦六爻也。聖人以此先心者，心所欲至，而卜筮先知，若為之導然，猶言是興神物以前民用也。先或作洗，乃字之叚借，猶先馬之通作洗矣。」此引之別一說也，亦通。〇朱子《中庸章句》：「放之則彌六合，卷之則退藏於密。」本此。

《咸·象》曰：「山上有澤，咸。君子以虛受人。」

《恆·象》曰：「雷風，恆。君子以立不易方。」

吉凶與民同患。與民同患，故感應無窮。

神以知來，承蓍之德，無遠弗屆。

知以藏往，承卦之德，無所不包。

其孰能與於此哉？古之聰明叡知，神武而不殺者夫！《漢書·敍傳》：「占往知來，幽贊神明。」〇《說文》：「叡，深明也，通也。」「睿，古文叡。」《書·洪範》：「思曰睿。……睿作聖。」《逸周書·諡法》：「民無能名曰神，剛彊直理曰武。」殺，衰也，減也。不讀為爭殺之殺。《法言·先知》：「先知、其幾於神乎？」

是以明於天之道，而察於民之故，是興神物，指蓍。**以前民用。**前於民而為之用。**聖人以此齋戒，以神明其德夫。**《禮記·祭統》：「是以君子非有大事也，非有恭敬也，則不齊（即齋字，下同）。不齊則於物無防也。耆欲無止也。及其將齊也，防其邪物（事也），訖（止也）其耆欲，耳不聽樂。……齊者，精明之至也，然後可以交於神明也。」《中庸》：「齊明盛服，非禮不動，所以修身也。」《莊子•知北遊》：「孔子問於老聃曰：『今日晏閒，敢問至道。』老聃曰：『汝齊戒，疏瀹（猶洗）而心，澡雪而精神，掊（音剖）擊而知。夫道，窅然難言哉！』」

是故闔戶謂之坤，闢戶謂之乾。韓康伯曰：「神道包物，乾道施生。」孔穎達曰：「凡物先藏而後出，故先言坤而後言乾。闔戶，謂閉藏萬物，若室之閉闔其戶。闢戶，謂吐生萬物也，若室之開闢其戶。」案：乾坤為《易》之門，故言戶。坤靜而閉，故曰闔。乾動而開，故曰闢。

一闔一闢謂之變，虞翻曰：「陽變闔陰，陰變闢陽，剛柔相推而生變化也。」

往來不窮謂之通。謂陰變陽，陽變陰。已變為往，現成為來。○陰極陽生，寒暑相推而歲成。無有不通而往來成古今，故云往來不窮謂之通也。

見乃謂之象，形乃謂之器。韓康伯曰：「兆見曰象，成形曰器。」荀爽曰：「謂日月星辰，光見在天而成象也。萬物生長，在地成形，可以為器用者也。」案：荀說是，二句亦承乾坤來，即在天成象，在地成形，非兆見也。

制而用之謂之法，荀爽曰：「謂觀象于天，觀形于地，制而用之，可以為法。」案：謂聖人法天效地，取天之星象與地之物形，制成器用以為後世法也。

利用出入，民咸用之謂之神。陸績曰：「聖人制器以周民用，用之不遺，故曰利用出入也。民皆用之而不知所由來，故謂之神也。」案：利用出入，謂聖人利此器用損益而精善之也。

是故《易》有太極，是生兩儀。兩儀生四象。四象生八卦。來知德曰：「太極者，至極之理也。……生者，加一倍之法也。兩儀者，畫一奇以象陽（⚊），畫一偶以象陰（⚋），為陰陽之儀也。四象者：一陰之上加一陰，為太陰（⚏），加一陽為少陽（⚎）；一陽之上加一陽為太陽（⚌），加一陰為少陰（⚍）。陰陽各有老少，有此四者之象也。八卦者，四象倍之，各加一陰一陽為八卦也。」其孔子太極生兩儀四象八卦圖如下：

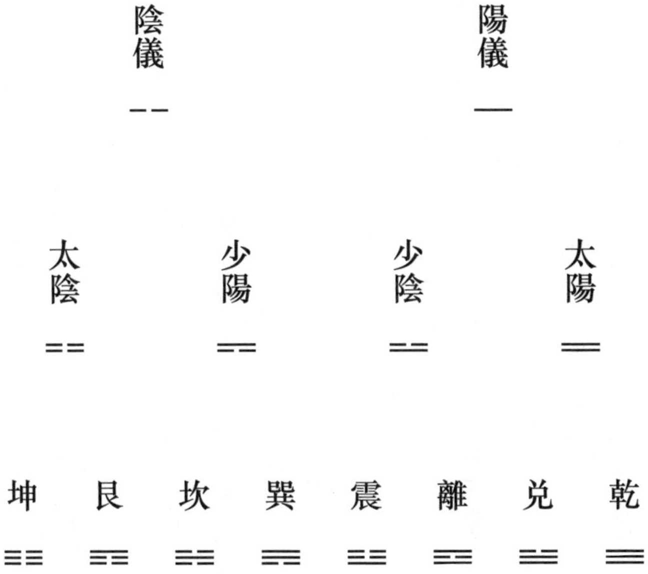

八卦定吉凶。吉凶生大業。韓康伯注：「八卦既立，則吉凶可定；既定吉凶，則廣大悉備。」○《漢書・律曆志》：「象事成敗，《易》吉凶之效也；朝聘會盟，《易》大業之本也。故《易》與《春秋》，天人之道也。」

是故法象莫大乎天地，法，指地；象，指天。大，尊也，盛也。

變通莫大乎四時，縣象著明莫大乎日月，《漢書・敘傳》：「炫炫（光曜之貌）上天，縣（懸）象著明。日月周輝，星辰垂精。」（述《天文志》）

崇高莫大乎富貴。謂聖人居大位，德配天地，富有四海，貴為天子也。韓康伯曰：「位，所以一天下之動，而濟萬物。」

備物致用，具備萬物，達成其用。

立成器刱立完成之器**以為天下利，莫大乎聖人。**虞翻曰：「神農、黃帝、堯、舜也。」（見《下繫》第二章）《國語・周語上》：「祭公謀父曰：『先王之於民也，懋正其德而厚其性（生也），阜其財求而利其器用。』」（《史記・周本紀》略同）陸機《策問秀文紀瞻等》：「備物致用，功之極目。」備物三語，亦見《漢書・貨殖傳序》引。

探賾索隱，賾，應作嘖。見前。微細之嘖也。《説文》：「索，入家搜也。所責切」

鉤深致遠，《漢書・律曆志》：「探賾索隱，鉤深致遠，莫不用焉。」《世説新語・方正篇》溫太真曰：「鉤深致遠，蓋非淺識所測。」

以定天下之吉凶，成天下之亹亹者，莫大乎蓍龜。徐鉉《説文・新坿・左文二十八俗書譌謬不合六書之體》云：「亹，字書所無，不知所從，無以下筆。《易》云『定天下之亹亹』，當作娓。」（娓，順也）《國語・周語上》「亹亹怵惕，保任戒懼，猶曰未也。」韋昭

注：「亹亹，勉勉也。」《詩・大雅・文王》：「亹亹文王，令聞不已。」《毛傳》：「亹亹，勉勉也。」《禮記・禮器》：「是故天時雨澤，君子達亹亹焉。」鄭玄注：「亹亹，勉勉也。」宋玉《九辯》：「時亹亹而過中兮，蹇淹留而無成。」王逸注：「亹亹，進貌。」王褒《九懷・蓄英》：「乘雲兮回回，亹亹兮自強。」王逸注：「稍稍陞進，遂自力也。」《漢書・張敞傳》：「今陛下（宣帝）遊意於太平，勞精於政事，亹亹不舍晝夜。」顏師古注：「亹亹，言勉強也。……亹音尾。」又《藝文志》：「蓍龜者，聖人之所用也。……《易》曰：『定天下之吉凶，成天下之亹亹者，莫善於蓍龜。』」師古注：「亹亹，深致也。」又《王莽傳》：「亹亹翼翼，日新其德。」師古曰：「亹亹，勉也。」又《敘傳》：「兒生（寬）亹亹，束髮修學。」師古注：「亹亹，勉也。」後漢初杜篤《論都賦》：「濟蒸人於塗炭，成兆庶之亹亹。」章懷太子李賢注：「《爾雅》曰：『亹亹，勉也。』（今《爾雅》無此）《易》曰：『成天下之亹亹。』」《世說・賞譽篇》：「向客亹亹，為來逼人。」（王濛謂謝安）又《品藻篇》：「亹亹論辯。」

是故天生神物，聖人則之；神物、蓍也。聖人，羲皇也。下同。孔穎達曰：「謂天生蓍龜，聖人法則之以為卜筮也。」

天地變化，聖人效之；陸績曰：「天有晝夜四時變化之道，聖人設三百八十四爻以效之矣。」

天垂象，見吉凶，聖人象之；《後漢書・郎顗傳》：「《易》曰：『天垂象，見吉凶。』其意昭然可見矣。」《說文》：「示，天𠂹象，見吉凶，所以示人也。」

河出圖，洛出書，聖人則之。《書・顧命》：「河圖在東序。」《孔安國傳》：「河圖、八卦，伏羲王天下，龍馬出河，遂則其文，以畫八卦，謂之河圖。」《漢書・五行志上》：「《易》曰：『天垂象，見吉凶，聖人象之。河出圖，雒出書，聖人則之。』劉歆以為虙羲氏繼天而王，受河圖，則而畫之，八卦是也。禹治洪水，賜雒書，法而陳之，《洪範》是也。」陸賈《新語・慎微篇》：「齊天地，致鬼神，河出圖，洛出書。」《漢書・敍傳》「河圖命庖，洛書賜禹。」

《易》有四象，所以示也；四象，六七八九陰陽老少之象。

繫辭焉，所以告也；繫辭，文王繫以卦辭，周公繫以爻辭。

定之以吉凶，所以斷也。卦爻辭定其吉凶，後人賴之以斷行事得失。

第十二章

《易》曰：「自天祐之，吉无不利。」《說文》：「祐，助也。」○此《大有卦》上九爻辭，應是脫簡，宜在第八章後。䷍……《象》曰：「大有上吉，自天祐也。」大有是日在天上，上九處離之極，離為日，文治光明之象。又離代乾用，故云自天祐之，吉无不利也。

子曰：二字後人增益。「**祐者助也。天之所助者順也，人之所助者信也。**《大有》全體伏比（比，輔也。此陰助之），比之下卦為坤，故曰順。（《說卦傳》：「坤，順也。」）比之上卦為坎，坎「水流而不盈，行險而不失其信」，故云信。

履信思乎順，又以尚賢也。乾在下為賢人在野，賢人在下位而無輔則國亡。故必須尊尚之。○《禮記‧禮運》：「故天不愛其道，地不愛其寶，人不愛其情。故天降膏露，地出醴泉，山出器車，河出馬圖。……則是無故，先王能修禮以達義，體信以達順故。此順之實也。」《呂氏春秋‧季冬紀‧序意》：「天曰順，順維生。地曰固，固維事。人曰信，信維聽（聽，從也）。三者咸當，無為而行。」

是以自天祐之，吉无不利也。」能信順而尊尚仁賢，故自天祐之，吉无不利矣。

子曰：二字亦後人所增，以下本應起段。**「書不盡言，言不盡意。」**《漢書‧張敞傳》：「敞上封事曰：『夫心之精微，口不能言也；言之微眇（妙之本字），書不能文也。』」意本此。《左傳》襄公二十五年嘗引孔子語云：「《志》有之：『言以足志，文以足言。』不言，誰知其志？言之無文，行而不遠。」是就言語文字之功用言之耳。究其極，實不足以盡之也。《儀禮‧聘禮》：「辭苟足以達，義之至也。」《法言‧問神篇》：「言不能達其心，書不能達其言，難矣哉！惟聖人得言之解（理也），得書之體，白日以照之，江河以滌之，灝灝乎其莫之禦也！面相之，辭相適，捈（音塗，引也）中心之所欲，通諸人之嚍嚍（即忍切，憤也）者，莫如言。彌綸天下之事，記久明遠，著古昔之㖧㖧，傳千里之忞忞者，莫如書。（曹魏張揖《廣雅‧釋訓》：『惛惛忞忞，亂也。』）故言，心聲也；書，心畫也。聲畫形，君子小人見矣。聲畫者，君子小人之所以動情乎？」子雲亦就言語文字之功用言之耳。

然則聖人之意，其不可見乎？子曰：子字後人所加。**「聖人立象以盡意，設卦以盡情偽，**情，實也，真也，**繫辭焉以盡其言，**立象設卦之聖人是羲皇，坿係文辭於卦下之聖人是文王，繫辭於爻下之聖人是周公。凡孔子《繫辭傳》中所稱之繫辭是卦爻辭，孔作本稱傳也。

變而通之以盡利，韓康伯曰：「極變通之數，則盡利也。」

鼓之動之舞之行之**以盡神**。」《說卦傳》：「神也者，妙萬物而為言者也。」

《魏志·荀彧傳》裴松之注：「《晉陽秋》（晉孫盛撰，亡。晉簡文帝鄭后小字阿春，故諱春為陽）曰：『荀顗（彧孫）嘗難鍾會《易》無互體，見稱於世。』弟粲，字奉倩。何劭為粲傳曰：『粲字奉倩。諸兄並以儒術論議，而粲獨好言道，常以為子貢稱夫子之言性與天道，不可得而聞（見《論語·公冶篇》）。然則六籍雖存，固聖人之糠粃。粲兄俁（音語）難曰：「《易》亦云聖人立象以盡意，繫辭焉以盡言。則微言胡為不可得而聞見哉？」粲答曰：「蓋理之微者，非物象之所舉也。案：須廣推其象，冥契神會，然後理之微者得盡舉。今稱立象以盡意，此非通於意外者也。案：廣超象外，則通於意外矣。繫辭焉以盡言，此非言乎繫表者也。案：舍心辭外，則達之矣。斯則象外之意，繫表之言，固蘊而不出矣。」及當時能言者不能屈也。』」案：奉倩之言，亦《繫傳》所謂「神而明之，存乎其人（下文）」，「苟非其人，道不虛行」（《下繫》第八章）者耳，非與《易》義相背也。

乾坤其《易》之縕邪？《說文》：「縕，紼也。」「紼，亂系也。」即被內之緜絮，謂內所藏之物也。《下繫》第六章云：「乾坤其《易》之門邪？」則《易》之入門是乾坤，內縕亦是乾坤，治《易》之道，不精識乾坤之義縕，為無所得矣。

乾坤成列，而《易》立乎其中矣。上第七章云：「天地設位，而《易》行乎其中矣。」○此即兩儀生四象，四象生八卦也，八卦自然生化之序是始乾終坤。

乾坤毀，二卦不明**則无以見《易》。《易》**義不見**《易》不可見，則乾坤或幾乎息矣。**此《易》是指本書，乾坤是天地也。顏師古引魏蘇林曰：「不能見《易》意，則乾坤近於滅息也。」《漢書‧藝文志‧六藝略後序》：「六藝之文，《樂》以和神，仁之表也；《詩》以正言，義之用也；《禮》以明體，明者著見，故無訓也；《書》以廣聽，知之術也；《春秋》以斷事，信之符也。五者，蓋五常之道，相須而備。而《易》為之原，故曰：『《易》不可見，則乾坤或幾乎息矣。』言與天地為終始也。」

是故形而上者謂之道，形而上，謂無形可見，即精神作用也，凡哲學文學等主心靈者屬之。

形而下者謂之器，形而下，謂不特有形象可見，且有實物可觸摸而得，即物質建設，今之科學是也。

化而裁之謂之變，變化而裁奪之，以達精善無疵。

推而行之謂之通，精神教育與物質建設並行，達之天下，由天子以至於庶人皆賴之。

舉而措之天下之民，謂之事業。此事業之原本定義也。韓康伯曰：「事業所以濟物，故舉而措之於民。」陸績曰：「變通盡利，觀象制器，舉而措之於天下，民咸用之以為事業。」

是故夫象，聖人有以見天下之賾，廣大幽深**而擬諸其形容，象其物宜，是故謂之象。**羲皇卦象。○《下繫》三章：「象也者，像此者也。」

聖人有以見天下之動，而觀其會通，會合變通**以行其典禮**。典則禮制**繫辭焉以斷其吉凶，是故謂之爻**。文、周卦爻辭。《下繫》三章：「爻也者，效此者也。」《繫辭傳》是孔子讀《易》之心得，非一時之作，故間有重疊相見者，義益發明，非煩亂也。（「聖人有以見天下之賾，……是故謂之爻。」此段已見第八章）歐公（陽修）《易童子問》卷三：「《繫辭》曰……其餘。辭雖小異而大旨則同者，不可以勝舉也。謂其說出於諸家，而昔之人雜取以釋經，故擇之不精，則不足怪也。謂其說出於一人，則是繁衍叢脞之言也，其遂以為聖人之作，則又大謬矣。」宋人無解於《易》，歐公之言，何足徵信哉？

極天下之賾者存乎卦，在卦爻象**鼓天下之動者存乎辭**，卦爻辭**化而裁之存乎變，推而行之存乎通，神而明之，存乎其人**。荀爽曰：「苟（音擊，誠也）非其人，道不虛行也。」（見《下繫》第八章）岳武穆用兵之論陣法曰：「運用之妙，存乎一心。」與此同意。神而明之在其人，尤以斷卦為然。〇陸機《演連珠》：「問道存乎其人，觀物必造其質。」

默而成之，不言而信，存乎德行。韓康伯曰：「德行，賢人之德行也。順足於內，故默而成之也。體與理會，故不言而信也。」〇《論語・述而》「默而識（音志）之，誨人不倦，何有於我哉？」

周易繫辭上傳講疏完

繫辭下傳

第一章

八卦成列，象在其中矣。八卦，謂三畫之八純卦。象，卦象也。《漢書·敍傳》：「八卦成列，九疇通敍。」

因而重之，爻在其中矣。重，謂重三畫之八卦而成六畫之六十四卦。爻，謂三百八十四爻也。

《淮南子·要略》「今《易》之乾坤，足以窮道通意也。八卦，足以識吉凶，知禍福矣。然而伏犧為之六十四變（高誘注：「八八變為六十四卦，伏犧示其象」），周室增以六爻（謂文王周公演羲皇六十四卦之象，而作卦爻辭也）。所以原測淑清之道（《說文》：「淑，清湛也。」淑清，謂天），而捃逐萬物之祖也。」【捃，本字作攈。《說文》：「攈，拾也。从手麇聲。」（「麇，麞也。居筠切」）今俗作攟，或作捃）。】

剛柔相推，變在其中矣。凡吉凶悔吝者，必須變以從時。推，移也，謂陰爻變陽，或陽爻變陰也。下一章云：「《易》，窮則變，變則通，通則久，是以自天祐之。吉无不利。」即其義。

繫辭焉而命之，動在其中矣。此繫辭是單指爻辭。謂觀爻辭而知其應否變化，不必明云吉凶而吉凶在其中。如爻辭本凶，變動之則可轉吉或无咎也。此二語殊精要，治《易》者必不可忽。如《巽》之初六䷸：「進退，利武人之貞。」象曰：「進退，志疑也。利武人之貞（堅強貞正），志治（平正）也。」（巽為進退，其究為躁卦，故云武人。大坎為心病，故云志疑。變而為陽爻則坎壞而成小畜初九「復自道，何其咎，吉」，故云志治也。）巽本進退無主，六陰柔而居卑巽之初，未知所適從，故示之以堅強貞正，化柔為剛。而後心君泰然也。〇又如《兑》之上六䷹：「引兑。」象曰：「上六引兑，未光也。」（引兑者，上六處兑之極，逞口舌以誘民來悦其上也。巽為繩直，處上觀兑則成巽，故云引也。）夫陰柔處兑之極，是必以利口辯辭以誘悦下人。引以從上者，君子之在上位，豈以甘言誘民哉？故亦宜變柔為剛，則成《履》之上九「視履考祥，其旋元吉」矣。（旋，轉也。謂《兑》之上六轉為陽爻則上體成《乾》。為君為父，為玉為金，堅剛貞介，君父豈以口舌悦子民哉？以上略舉二例，以見其概耳，餘可類推也。）

吉凶悔吝者，生乎動者也。善動則吉，凶悔吝亦從而免，否則不善處動（不應動而動），雖吉亦凶也。如《坤》之六五：「黃裳元吉。」黃，中之色也。裳，下之飾也。士君子以忠信處下位，得之為大吉矣。若南蒯之將叛（魯卿季平子之費邑宰，見《左傳》昭公十二年），得之以為大吉。子服景伯以為「忠信之事則可，不然必敗」是也。（費人叛南氏，南蒯奔齊，齊景公以為叛夫）

剛柔者，立本者也。一陰一陽之謂道。《易》道不外陽剛與陰柔，故云。〇《論語·學而》：「有子曰：『君子務本，本立而道生。』」

變通者，趣時者也。《說文》：「趨、走也。」「趣，疾也。」《詩・大雅・緜篇》：「古公亶父，來朝走馬。」《玉篇》引作「趣馬」，趣趨通叚。《爾雅・釋詁》：「時，寔，是也。」是猶宜也。《易・艮象》：「動靜不失其時，其道光明。」《豫象》：「天地以順動，故日月不過而四時不忒。聖人以順動，則刑罰清而民服，豫之時義（適宜之是）大矣哉！」《坎象》：「天險（守之以德），不可升也。地險，山川丘陵也。王公設險以守其國，險之時用（適宜之用）大矣哉！」《遯象》：「……遯之時義大矣哉！」《睽象》：「……睽之時用大矣哉！」《蹇象》：「……蹇之時用大矣哉！」《解象》：「……解之時大矣哉！」《姤象》：「……姤之時義大矣哉！」《革象》：「……革之時大矣哉！」《旅象》：「……旅之時義大矣哉！」○《逸周書・周祝篇》：「凡彼濟者必不怠（不怠乃濟），觀彼聖人必趣時。」按：趨時，是趨向於是正，非隨俗浮沈也。《文中子・問易篇》曰：「適足推波助瀾，縱風止燎爾。」士君子之處世，時或舉世非之，力行而不惑，惡可以效鄉愿之「為斯世，善斯世」哉？《論語・子罕篇》孔子曰：「雖違眾，吾從下。」程子曰：「君子處世，事之無害於義者，從俗可也。害於義，則不可從也。」

吉凶者，貞勝者也。謂正者常勝也，吉固然矣。雖值凶殃，而正道直行，亦能勝也。

天地之道，貞觀者也。謂以正為天下觀也，此即「思無邪」之義。（「思無邪」出《詩・魯頌・駉篇》，《論語・為政篇》孔子舉之以杜治《詩》者之邪心耳）○班固《幽通賦》：「朝貞觀而夕化兮，猶諠（忘也）己而遺形。」應劭注曰。「貞，正也。觀，見也。諠，忘也。《易》曰：『天地之道。貞觀者也。』」陸機《演連珠》：「大人貞觀，探心昭忒。」陸雲《歲暮賦》：「天廟既底，日月貞觀。」

日月之道，貞明者也。謂日月正而行，故能常明也。日固常明矣，月本亦常明。但有時而為地球陰影所蔽，故見其虧損闕晦耳。觀此，前聖真知天體者也。

天下之動，貞夫一者也。一，是至專、至精、至純、惟精惟一。《中庸》：「天地之道，可一言而盡也。其為物不貳（即一），則其生物不測。」《老子》：「昔之得一者，天得一以清，地得一以寧，神得一以靈，谷得一以盈，萬物得一以生，侯王得一以為天下貞。」一亦即道也。（《世說新語‧言語篇》載晉武帝始登祚，探策得一，裴楷以此對）《漢書‧律曆志》：「貞天下於一，同海內之歸。」

夫乾，確然示人易矣。確，俗字，《說文》作隺：「高至也，从隹，上欲出冂。《易》曰：『夫乾隺然。』」【《說文》：「塙，堅不可拔也。从土，高聲。苦角切」「确，磬石也。」（「磬，堅也。楷革切」徐鉉校注云：「今俗作確，非是。」】此確本應作隺，至《乾‧文言》「確乎其不可拔」之確則應作塙也。○確然，謂健而高也。

夫坤，隤然示人簡矣。此隤是正字，今俗作頹矣。《說文》：「隤，下隊也。」（「隊，从高隊也。」「磙，陊也。」今俗隊作墜，陊作墮）○隤然。謂順而卑也。至易簡之義。已見前矣。

爻也者，效此者也。象也者，像此者也。爻，指全《易》三百八十四爻。此謂乾確然坤隤然也。象，指其餘六十二卦卦象，謂其皆自乾坤二卦變化而出也。○《說文》：「效，像也。」「像，象也。」（此以段借字釋本字。段玉裁《說文解字注》改作「像，佀也。」）

爻象動乎內，吉凶見乎外。謂觀爻象陽動變陰，或陰動變陽，而由吉變凶，或由凶變吉，皆可得而知矣。

功業見乎變，此與《上繫》十章「以動者尚其變」同意，亦承上爻動而來，不可妄動而招凶也。

聖人之情見乎辭。此聖人是指文王、周公。辭，是卦爻辭。「无有師保，如臨父母」（下第八章），即聖人情見乎辭意。吾人於孔子，更覺其然。

天地之大德曰生，此下數句，推明聖人之情。〇此天地之仁也。吾人之生，近因是父母，遠因是天地，非天地有空氣水份以養人，人類何得生存於世間哉？太史公《屈原列傳》曰：「夫天者，人之始也。父母者，人之本也。人窮則反本，故勞苦倦極（病也），未嘗不呼天也；疾痛慘怛，未嘗不呼父母也。」信然。《文中子．王道篇》：「天地生我而不能鞠我，父母鞠我而不能成我，成我者夫子（孔子）也。道不啻天地父母，通於夫子，受罔極之恩。」

聖人之大寶曰位。此位是天子至尊之位，如非聖人，不可居也。老子曰：「天下，神器，不可為也，為者敗之。」信然。

何以守位曰仁。《中庸》：「仁者人也。」故下句變仁為人。陸德明所用《易》本作「人」，其《經典釋文》云：「曰人，王肅、卜伯玉、桓玄、明僧紹作仁。」〇《論語．衞靈公篇》：「知及之，仁不能守之，雖得之，必失之。」

何以聚人曰財。《書．大禹謨》：「眾非元后（君也）何戴，后非眾，罔與守邦。」《孟子．滕文公上》：「分人以財謂之惠，教人以善謂之忠，為天下得人者謂之仁。是故以天下與人易，為天下得人難。」（兩條可分釋上句）蔡邕《釋誨》：「蓋聞聖人之大寶曰位，故以仁守位，以財聚人。」

理財正辭、禁民為非曰義。正辭，謂正其言論。《禮記·經解篇》：「發號施令而民說謂之和，上下相親謂之仁，民不求其所欲而得之謂之信，除去天地之害謂之義。」《漢書·食貨志》：「劉歆言周有泉府之官，收不讎（讀為售），與（給予）欲得。即《易》所謂『理財正辭、禁民為非』者也。」顏師古注：「言財貨辭訟正。乃得人不為非。合事宜。」

第二章

此章是舉聖人備物致用，立成器以為天下利者。

古者包犧氏之王天下也，司馬貞《補史記·三皇本紀》：「太皞庖犧氏，風姓。……結網罟以教佃漁，故曰宓犧氏。（自注「宓，音伏。」）養犧牲以庖廚，故曰庖犧。」陸氏《釋文》：「包，本又作庖。孟、京作伏。」《列子·楊朱篇》：「太古之事滅矣，孰誌之哉？……但伏羲以來，三十餘萬歲。」

仰則觀象於天，日月星辰風雲雷雨之屬。

俯則觀法於地，法亦象也，指地上之所有。

觀鳥獸之文，與地之宜，天象簡而地上物繁，故二句特就地言之。上句是動物，下句是植物。《說文》：「宜，所安也。」安亦置也，著也。此指地上所著生之植物也。《詩·小雅·裳裳者華》：「左之左之，君子宜之。右之右之，君子有之。」宜與有相對，義亦略同。

近取諸身，如《咸卦》及《艮卦》，皆以身為喻。

遠取諸物，《說卦傳》中所載皆是。

於是始作八卦，先成三畫之八純卦，後重之為六十四卦。○《淮南子‧要略》：「八卦可以識吉凶知禍福矣，然而伏羲為之六十四變。」高誘注：「八八變為六十四卦，伏羲示其象。」

以通神明之德，以類萬物之情。類，似也。《漢書‧律曆志》：「律長八寸，象八卦，宓戲氏所以順天地，通神明。類萬物之情也。」《說文》：「𨻰，宛丘，舜後嬀滿之所封。从自从木，申聲。」徐鉉校注：「陳者，太昊之虛（虗），畫八卦之所。木德之始，故从木。」

作結繩而為網罟，《說文》：「网，庖犧所結繩以漁。」「㒺，或从亡。」（今寫作罔）「䋞，网或从糸。」（今寫作網）

以佃以漁，陸氏《釋文》：「佃，音田，本亦作田。漁，音魚，本亦作魚。馬云：『取獸曰佃，取魚曰漁。』」《說文》：「佃，中也……《春秋傳》（哀公十七年）曰：『乘中佃。』中佃，一轅車也。」（中佃，今《左傳》作衷甸）段玉裁注：「《廣韻》曰『營田』，《玉篇》曰，『作田』，今義，非古義也。許攴部自有畋字，不必用佃為之。許所說者，相傳古義。」《說文》攴部：「畋，平田也……《周書》曰：『畋尔田。』」（《多方篇》）朱駿聲《說文通訓定聲》云：「畋，當訓獵也。……《韓詩內傳》：『春曰畋。』《文選》畋獵題、注引《禮記‧王制》馬注：『取獸曰畋。』《呂覽‧直諫》：『以畋于雲夢。』注：『獵也。』《子虛賦》：『與使者出畋。』注：『獵也。』」又《說文》：「𤅩，捕魚也。」「漁，篆文𤅩（𤅩）

从魚。」田獵亦以網取鳥或獸。

葢取諸《離》。此離是六十四卦中之六畫卦，觀下文諸卦可見。䷝本體離為目（網多眼），二三四互巽為繩，三四五互兑為附決（鳥獸魚類附著其中），中四爻大坎為水。网以繩為之而多眼，故取諸離。○《呂氏春秋·離俗覽·用民篇》：「用民有紀有綱，壹引其紀，萬目皆張。」陸機《五等論》：「譬猶眾目營方，則天網自昶。」

包犧氏沒，神農氏作，《補史記·三皇本紀》：「炎帝神農氏，姜姓。……始教耕，故號神農氏。」

斲木為耜，揉木為耒，《說文》：「梠，臿也。」大徐曰：「今俗作耜。」又《說文》：「耒（耒），手耕曲木也，从木推丰（艸也）。」「煣，屈申木也。」今俗从手。

耒耨之利，以教天下，《說文》：「槈，薅器也。奴豆切」今俗从耒。《說文》蓐部「薅，拔去田艸也。从蓐，好省聲。呼毛切」）

葢取諸《益》。䷩巽為木，為入，互坤為地，互艮為手。震為稼，為蕃鮮。手持木器入地耕稼及除去田艸意也。

日中為市，致天下之民，聚天下之貨，交易而退，各得其所，葢取諸《噬嗑》。此亦神農時事也。䷔離在上為日中。互艮為門闕，為闤闠。【《說文》：「巿（市字），買賣所之也。市有垣，从冂。从乀。乀，古文及，象物相及也。㞢省聲。」「闤，市外門也。」《說文》無闠。大徐《說文》新坿：「闠，市垣也。」】故云日中為市。震為大塗，互艮為徑路。震又為足，為行，為動。上五爻互旅為眾（《說文》：「軍之五百人為旅。」古者師或旅皆訓眾也），故云致天下之民。互體坎水艮山，羣珍貨財之所自出，故云聚天下之貨。離上坎下，震起艮止，上下往來行止之象。（《雜卦傳》：「震，起也。艮，止也……離上而坎下也。」）故云交易而退，各得其所。○又《噬嗑》上日下動，市場紛擾之象。《雜卦傳》：「噬嗑，食也。」市中交易，飲食之事為多，故取諸此。

神農氏沒，黃帝、堯、舜氏作，《漢書・百官公卿表序》：「《易》稱宓羲、神農、黃帝作教化民。」又《律曆志》：「自伏羲畫八卦，由數起，至黃帝、堯、舜而大備。三代稽古，法度至焉。」

通其變，使民不倦，倦，困也。「變而通之以盡利」，作舟楫，服牛乘馬之類。

神而化之，神明而變化之。

使民宜之。宜、安也。

《易》，窮則變，變則通，通則久。陰窮則變為陽，陽窮則變為陰，此天之道也。庖犧作网罟，教漁佃以裕民食，故天下歸心焉。及生民日眾，佃漁之用已窮，於是神農變而通之以教耕稼，然後民食復裕，而天下又歸心焉。夫生民之初，惟食而已。及其久也，則衣服、舟車、屋廬、防害備患、養生送死、文字教育諸事，以次待興焉。而黃帝、堯、舜能於時備物致用，變而通之以盡利。此所以大造生民，自天祐之也。○《漢書・武帝紀》：「朕聞天地不變，不能施化，陰陽不變，物不暢茂。《易》曰：『通其變，使民不倦。』《詩》云：『九變復貫（通也），知言之選。』」（詩已逸不傳）

是以「自天祐之，吉无不利」。《大有》上九爻辭，已見《上繫》第十二章。凡造福生民者皆然。

黃帝、堯、舜垂衣裳而天下治，蓋取諸《乾》《坤》。衣取象乾，居上覆物也（冠亦然）。裳取象坤，在下含物也（履亦然）。○《荀子·王霸篇》：「垂衣裳，不下簟席之上，而海內之人，莫不願得以為帝王。」又云：「垂衣裳而天下定。」《法言·問道篇》：「在昔虞夏，襲堯之爵，行堯之道，法度彰，禮樂著，垂拱而視天下，民之阜也，無為矣。」《後漢書·馮衍傳》：「寧國存身，賢智之慮也。故《易》曰：『窮則變，變則通，通則久。是以自天祐之，吉无不利。』」左思《魏都賦》：「覲所恒，通其變。上垂拱而司契，下緣督而自勸。」（緣督，順中也。《老子》：「有德司契，無德司徹。」）

刳木為舟，剡木為楫，以下皆黃帝、堯、舜之事。○《說文》：「刳，判也。」「剡，銳，利也。」「楫，舟櫂也。」（大徐新坿補櫂：「所以進船也。」《史記》通用濯）楫，今俗謂之槳也。

舟楫之利，以濟不通，坎為通**致遠以利天下，**《後漢書·郎顗傳》：「臣聞刳舟剡楫，將欲濟江海也。」

蓋取諸《渙》。䷺巽為木為風，坎為水。木在水上，風以送之，舟行之象也。又互震為木，巽又為木，二木相連，亦舟之象。又互艮為手，於木為堅多節，與坎相連。震又為行，持楫擊水前行之象。【《說文》：「歬（今俗之「前」字），不行而進謂之歬。从止在舟上。」】

服牛乘馬，引重致遠，以利天下，蓋取諸《隨》。服，《說文》作犕。引《易》曰：「犕牛乘馬」。《玉篇》云：「犕，服也。」則以今字釋古義。按：服古讀如白，犕之入聲同。二字古音義皆不異，故互通也。○䷐震下兌上，下動上悅，服牛乘馬意也。又上四大坎為輿，為輪。下四大離為大腹，亦車廂之象。又互巽為繩，艮為手，震坎皆為馬，大離為牛，故云服牛乘馬。艮為止，重也，震為動，艮以震行，坎為通，故云引重致遠。五陽乾位為天，二陰坤位為眾，下五成益，兑為悦，巽為利，故云以利天下。

重門擊柝，以待暴客，蓋取諸《豫》。柝，《説文》兩見。蓋古文並有二字也。一、「柝（柝），判也。从木，㡿（斥）聲。《易》曰：『重門擊㯔（柝）。』」二、「欜（欜），夜行所擊者。从木，橐聲。《易》曰：『重門擊欜。』」○ ䷏ 萬物出乎震，倒艮為門闕，二三四互艮又為門闕。互坎為萬物之所歸，出入之門戶也，故云重門。震為木（東方），為蒼筤竹（柝中空之象），艮為手，又於木為堅多節（擊柝之小木，猶鼓槌），故云擊柝。坎為盜，本卦為備豫，為行師，艮以止盜，故云以待暴客。○《漢書‧王莽傳》：「命説符侯崔發曰：『重門擊柝，以待暴客。』女作五威中城將軍。」

斷木為杵，掘地為臼，臼杵之利，萬民以濟，蓋取諸《小過》。《説文》：「杵，春杵也。」（「柱，楹也。」）「臼，春也。古者掘地為臼，其後穿木石。象形。中，米也。」○ ䷽ 上震下艮，上動下止，春木之象。震巽木，互兑為毀折，斷木為杵之象。艮為石，中四伏大離為腹，兑為口，臼之象。艮止於下，震動於上，震出巽入，春之象也。兑為悦，二陰坤位，為眾，巽為利，大坎為通，故云「臼杵之利，萬民以濟」。○桓譚《新論》：「宓犧之制杵舂（應是神農或黃帝），萬民以濟。及後人加功，因延力借身，重以踐碓，而利十倍。春杵又復設機關，用驢臝牛馬，及役水而舂，其利乃且百倍。」

弦木為弧，剡木為矢，弧矢之利，以威天下，蓋取諸《睽》。《説文》：「弦，弓弦也。象絲軫之形。」「弧（弧），木弓也。」○睽卦 ䷥ 睽，外也。先乖隔而後威服之，用兵之象也。互坎於木為堅多心，為弓輪。為矯輮，為月，弦木為弧之象也。又坎木堅，可以為矢，互離為戈兵，兑為毀折，是剡木為矢威天下之象也（毀折，除為矢外，兼以折毀人也）。○《國語·周語上》：「祭公謀父曰：『……先王之於民也，懋正其德而厚其性（生也），阜其財求而利其器用，明利害之鄉，以文修之，使務利而避害，懷德而畏威。』《漢書·藝文志·兵書略》：「孔子曰為國者『足食足兵』（《論語·顏淵》：「子貢問為政。子曰：『足食，足兵，民信之矣。』」），『以不教民戰，是謂棄之』（《論語·子路篇》），明兵之重也。《易》曰：『古者弦木為弧，剡木為矢，弧矢之利，以威天下。』其用上矣。」《漢書·王莽傳》：「黃帝定天下，將兵為上將軍。……應協於《易》『弧矢之利，以威天下』。」《禮記·內則篇》：「子生，男子設弧於門左，女子設帨於門右。國君世子生，……射人以桑弧蓬矢六（射人，官名），射天地四方。」陳暄《與兄子秀書》：「江諮議（名總）有言，酒猶兵也。兵可千日而不用，不可一日而不備；酒可千日而不飲，不可一飲而不醉。」《吳越春秋》卷六陳音答越王曰：「古者人民朴質，飢食鳥獸之肉，渴飲霧露。死則裹以白茅，投於中野，孝子不忍父母為禽獸所食，故作彈以守之，絕鳥獸之害。故歌曰『斷竹，續竹，飛土逐害』之謂也。（害，六朝每書作宫，行草作宍，後誤作宍。讀為肉，非也。害入聲讀如斛，與竹為韻。）於是神農黃帝弦木為弧，剡木為矢，弧矢之利，以威四方。」

上古穴居而野處，後世聖人易之以宮室，上棟下宇，以待風雨，蓋取諸《大壯》。《說文》：「宇，屋邊也。《易》曰：『上棟下宇。』」☳大壯倒遯。未有宮室前，遯為穴居野處，倒易之則為居宮室矣。震木在上，故云上棟。宇，屋檐也。象乾之覆而居下體，故云下宇。兑為澤，倒卦巽為風。乾為天。震為起。風雨將起，故云以待風雨。

○班固《難莊論》：「太古之世，不車不舟，陸走以游；不棟不宇，巢穴而處。」（夏居巢，冬處穴）《風俗通義》（今無此條，見顏師古《匡謬正俗》引）：「無恙。俗説恙，病也，凡人相見及通書問，皆曰無恙。謹案：《易傳》：『上古之世，艸居露宿。』恙，噬人蟲也，善食人心，故俗相勞問者云無恙，非為病也。」《爾雅・釋宮》：「宮謂之室，室謂之宮。」邢昺疏：「士庶人皆有宮室，秦漢以來乃定為至尊所居之稱。」唐徐堅《初學記》卷二十四引《白虎通》：「黃帝作宮室，以避寒溫。」《孟子・滕文公上》：「且許子何不為陶冶，舍（止也）皆取諸其宮中而用之？何為紛紛然與百工交易？何許子之不憚煩？」

古之葬者，厚衣之以薪，葬之中野，不封不樹，喪期无數，《廣雅・釋丘》：「封，冢也。」《禮記・檀弓上》：「孔子既得合葬於防，曰：『吾聞之，古也墓而不墳。今丘也，東西南北之人也，不可以弗識也。』於是封之，崇四尺。」鄭玄注：「聚土曰封。」《白虎通・崩薨篇》：「所以有棺槨何？所以掩藏形惡也，不欲孝子見其毀壞也。……太古之時，穴居野處，衣皮帶革，故死，衣之以薪。」又云：「封樹者，所以為識。……天子墳高三仞，樹以松。諸侯半之，樹以柏。大夫八尺，樹以栗。士四尺，樹以槐。庶人無墳，樹以楊柳。」《漢書・楊王孫傳》：「先令其子曰：『吾欲贏葬，以反吾真，必亡易吾意。死則為布囊盛尸，入地七尺，既下，從足引脱其囊，以身親土。』……祁侯（王孫友）與王孫書曰：『……竊聞王孫先欲贏葬，令死者無知則已，若其有知，是戮尸地下，將贏見先人。竊為王孫不取也。……』王孫報曰：『蓋聞古之聖王，緣人情不忍其親，故爲制禮。今則越之，吾是以贏葬，將以矯世也。……』祁侯曰：『善。』遂贏葬。」《魏志・常林傳》裴松之注載沐並：「豫作終制，戒其子以儉葬，曰：『……昔莊周闊達，無所適莫；又楊王孫裸體，貴不久容耳。至夫末世，緣生怨死之徒。……謂莊子為放蕩，以王孫為戮屍。豈復識古有衣薪之鬼，而野有狐狸之齒乎哉？』」（齒，音疵。漬，骨有肉也）《說文》：「弔，問終也。古之葬者，厚衣之以薪。从人持弓，會毆禽。」

「冢，高墳也。从勹豖聲。知隴切」

「豖，豕絆足行豖豖。从豕繫二足。丑六切」

「骴，鳥獸殘骨曰骴。骴，可惡也。从骨此聲。《明堂月令》曰：『掩骼薶骴。』骴或从肉。資四切」

後世聖人易之以棺槨，蓋取諸《大過》。送死大事而過於厚也。䷛（未有棺槨之前）大過之錯為頤，頤之互體成坤為均，下體震為木，為蕃鮮（艸），上體艮為薪（堅多節），故云厚衣之以薪。又坤為地，為中，艮為山，震為大塗，故云葬之中野。中四爻皆陰虛不實，故云不封不樹。喪期无數。大過之互體成乾為圜，巽為木，大坎又為堅木，內外皆木，兑為坿，葬以棺槨之象也。《孝經·喪親章》：「為之棺槨衣衾而舉之（舉其尸於內也）；陳其簠（盛黍稷之圜器）簋（方器）而哀慼之；擗踊哭泣，哀以送之（男踊女擗。擗，擊心也）；卜其宅（墓穴）兆（塋域），而安措之。」

上古結繩而治，夬之倒為姤，巽為繩，為進退（命令之象），乾為君，故云結繩而治。

後世聖人易之以書契，《說文》大部：「契，大約也。从大从㓞。（㓞，巧㓞也。从刀丰聲。恪八切）《易》曰：『後世聖人易之以書契。』」《周禮·天官·小宰》：「聽取予以書契」。鄭眾注：「書契，符書也。」鄭玄注：「書契，謂出予受入之凡要。凡簿書之最目，獄訟之要辭，皆曰契。」

又：「段玉裁注《說文》曰：「《易》曰後世聖人易之以書契。『世』字各本作『代』，避唐諱也。今正。《易·繫辭傳》文。」

百官以治，萬民以察，蓋取諸《夬》。䷪夬，決也，斷事之象。乾為駁，文之象。（駁，雜也。「物相雜，故曰文。」）伏卦互體成坤，又為文，表裏皆文，故云易之以書契。兌為決，為悅，君在內，悅在外，故云百官以治，萬民以察。○《淮南子·泰族訓》：「蒼頡之初作書，以辯治百官，領理萬事，愚者得以不忘，智者得以志遠。」《慎子》：「書契，所以立公信也。」《荀子·君道篇》：「合符節，別契券者，所以為信也。」《漢書·藝文志·六藝略·小學類》：「《易》曰：『上古結繩而治，後世聖人易之以書契，百官以治，萬民以察，蓋取諸夬。』『夬，揚於王庭』，言其宣揚於王者朝廷，其用最大也。」《說文解字》序：「及神農氏結繩為治而統其事，庶業其繁，飾偽萌生。黃帝之史倉頡（《春秋演孔圖》：「倉頡四目，是謂並明。」《論衡·骨相篇》：「蒼頡四目，為黃帝史。」）見鳥獸蹏迒（獸迹也，胡郎切）之迹，知分理之可相別異也，初造書契。百工以乂，萬品以察，蓋取諸夬。夬，揚於王庭。言文者，宣教明化於王者朝廷，君子所以施祿及下，居德則忌也。」（居德則忌，謂不宜以德自居，自伐者無功也）

第三章

是故《易》者象也。象，本謂卦象，然六爻已在其中，故可兼爻也。

象也者像也。《說文》：「像，象也。」段注依元黃公紹《韻會》改作「似也」（說見前）。又《說文》：「象，長鼻牙，南越大獸，三年一乳。象耳牙四足之形。」（象）象是物形之大者，故用之。

彖者材也；材才通，謂是天地人三才之判斷也。【《說文》：「材，木梃也。」（『梃，一枚也。』）『枚，榦也。』）「才，艸木之初也。」】《說文》：「彖，豕走也。从彑，从豕省。」魏張揖《廣雅·釋詁》：「彖，材也。」梁顧野王《玉篇》：「彖，才也。豕走挩也。」齊劉瓛（音桓）、梁褚仲都注《易》並云：「彖，斷也。」彖之本義是豕走，而文王卦辭及夫子釋卦辭之語皆謂之彖者，自漢以來已失其解矣。《玉篇》增「才也」一義及劉、褚諸人訓為「斷」者，皆就《易》義說之耳，非其本字之義然也。惠棟《讀說文記》云：「彖訓豕走，則非《易·傳》之彖明矣。」段玉裁《說文解字注》云：「《周易》卦辭謂之彖。……古人用彖字，必系叚借。而今失其說。」湛銓案：此章象像、爻效，皆以疊韻為訓，疑彖字本作豸，豸材疊韻。豸，後形譌為彖耳。揚雄《方言》：「豸，解也。」《左傳》宣公十七年：「庶有豸乎？」杜預注：「豸，解也。」（陸氏《釋文》云：「此訓見《方言》。」孔穎達疏：「豸，解也。《方言》文。」今《方言》無，蓋逸脫矣。）《說文》：「豸，獸長脊行豸豸然，欲有所司殺形。」則豸者，伺察也。蓋獸之將攫，必先伺察審度，欲其發而必中。《易》之用豸，亦察而中之之意耶。又《說文》：「廌、解廌，獸也，似山牛，一角。古者決訟，令觸不直。象形，从豸省。」（廌）《論衡‧是應篇》：「觟𧣾（即解廌）者，一角之羊也，性知有罪。皋陶治獄，令羊觸之，有罪則觸，無罪則不觸，斯葢天生一角聖獸，助獄為驗。」**廌**，亦通作豸。《廣韻‧上聲十二蟹》謂**廌**豸同。宋李**廌**（東坡後輩，字方叔）亦作李豸。**廌**善察有罪無罪，故《易》用之以喻究極吉凶禍福。後字形譌誤作象耳，豸材疊韻也。

《說文》四下角部：「觟，牝牂羊生角者也。从角圭聲。」「𧣾，角傾也。从角虒聲。」

爻也者，效天下之動者也。葢發揮剛柔而生變化之道也。《說文》：「爻，交也（謂陰陽爻交相變也）。象《易》六爻頭交也。」（頭，疑是相字之譌。後人筮卦，畫老陽為□，老陰為×。少陰為**- -**，少陽為**—**。則頭交但象老陰耳，非全義）

是故吉凶生而悔吝著也。《上繫》第二章：「是故吉凶者，失得之象也。悔吝者，憂虞之象也。」第三章云：「吉凶者，言乎其失得也。悔吝者，言乎其小疵也。」

第四章

陽卦多陰，陰卦多陽，其故何也？此謂三畫卦之卦德。震、坎、艮是陽卦，皆二陰；巽、離、兑皆陰卦，二陽爻。

陽卦奇，陰卦偶。陽卦皆一陽爻，陰卦皆二陽爻。

其德行何也？德行，謂實情也，陽善陰惡也。**陽一君而二民，**陽爻為君，陰爻為民，陽卦皆一陽爻二陰爻。**君子之道也；**一君二民，君為主而民從之，亦猶小人之從服於君子也。**陰二君而一民，**一民兼事二君，是懷二志者，其心術尚可問哉？**小人之道也。**此章偶釋羲皇畫卦之初意耳。以後拆卦，非三陽卦之必為君子，而三陰卦之必皆小人也。

第五章

《易》曰：「憧憧往來。朋從爾思。」☱☶《咸》之九四：「貞吉，悔亡。憧憧往來，朋從爾思。」象曰：「貞吉悔亡，未感害也。憧憧往來，未光大也。」〇《說文》：「憧，意不定也。尺容切」〇貞吉者，謂正而後吉也。四，陽居陰位，不正，變陰則虛靜而正（陽實陰虛，陽動陰靜），故吉。四變則上卦成坎，本為悔，然上四已互成既濟，故云悔亡。〇上五爻互大過，下五爻互遯，上過下遯，首尾兩端，往來無定之象。又四欲感上陰則隔五陽，欲下感初與二則隔三陽，阻而不通，往來不定，故曰憧憧往來。朋從爾思者，是問辭，謂朋羣豈從爾思哉？（大坎為心，為思）必也虛壹而靜，無妄思妄為，始可以感其朋羣，應萬變而不失其正也。

子曰：「天下何思何慮？虞翻曰：「《易》无思也（四變陰則寂然不動矣），既濟定，六位得正，故何思何慮？」

天下同歸而殊塗，前三爻艮為徑路，是初行不同也。四變則既濟定，坎為萬物之所歸，故云天下同歸而殊塗。

一致而百慮。坎為意致（致，意也，理也），為一（天一生水），故云一致。離為百（四變則三四五成離。《離彖》：『百穀艸木麗乎土。』），故云百慮。

天下何思何慮？此重言感歎，欲世人之不必妄思妄慮也。《老子》：「少則得，多則惑，是以聖人抱一為天下式。」《管子・形勢篇》：「疑今者察之古，不知來者視之往，萬事之生，異趣而同歸，古今一也。」《漢志・諸子略》：「《易》曰：『天下同歸而殊塗，一致而百慮。』今異家者，各推所長，窮知究慮，以明其指，合其要歸，亦六經之支與流裔。」又《司馬遷傳》載其父談論六家之要指曰：「《易》大傳曰：『天下一致而百慮，同歸而殊塗。』」班固《幽通賦》：「道混成而自然兮，術同原而分流。……三仁殊而一致兮，夷惠舛而齊聲。」陸機《七徵》：「塗有殊而一致。業有殊而名約。各因資以效績，期寄響於天人也。」又《演連珠》：「性之所期，貴賤同量。理之所極，卑高一歸。」慧遠《沙門不敬王者論》：「如來之與周孔，發致（理也）雖殊，潛相影響，出處咸異，終期必同。故雖曰道殊，所歸一也。」

日往則月來，虞翻曰：「謂咸初往之四，與五成離，故日往；與二成坎，故月來。之外日往，在內月來，此就爻之正者也。」

月往則日來，虞翻曰：「初變之四，與上成坎，故月往，四變之初，與三成離，故日來者也。」

日月相推而明生焉；虞翻曰：「既濟體兩離坎象，故明生也。」

寒往則暑來；暑往則寒來，坎為月，為水，為寒。離為日，為火，為暑。咸初四交變成既濟，具兩離坎，故兩云日月寒暑。

寒暑相推而歲成焉。梁崔憬曰：「言日月寒暑，往來雖多，而明生歲成，相推則一，何思何慮於其間哉？」

往者詘也，來者信也，《說文》：「詘，詰詘。一曰屈襞。」「屈，無尾也。」古用詘，今用屈。信，古讀如伸，故通叚。「伸，屈伸。」（『信，誠也。』）〇荀爽曰：「陰氣往，則萬物詘者也。陽氣來，則萬物伸者也。」

詘信相感而利生焉。虞翻曰：「感，咸象，故相感也。（咸，感也。其象是少男居卑下而尊少女在上以感之）天地感而萬物化生，聖人感人心而天下和平，故利生。」

尺蠖之詘，以求信也；荀爽曰：「以喻陰陽氣屈以求信也。」

龍蛇之蟄，以存身也。侯果曰：「不詘則不信，不蟄則無存。則屈蟄相感而後利生矣，以況（比也）无思得一，則萬物歸思矣。」李道平曰：「以比无思則心得其一，得一則萬物歸思之。」〇《孟子·告子下》：「舜發於畎畝之中（耕於歷山）。傅說舉於版築之間，膠鬲舉於魚鹽之中（文王舉之），孫叔敖舉於海（隱於海濱，楚莊王妃樊姬激令尹沈尹巫舉以代之），管夷吾舉於士（囚於士官），百里奚舉於市。故天將降大任於是人也，必先苦其心志，勞其筋骨，餓其體膚，空乏其身，行拂亂（拂，戾也）其所為，所以動心忍性，曾益其所不能。人恆過然後能改，困於心衡於慮而後作，徵於色發於聲而後喻。入則無法家（守法者）拂（同弼）士，出則無敵國外患者，國恆亡。然後知生於憂患，而死於安樂也。」（《孫子‧九地篇》：『投之亡地然後存，陷之死地然後生。』）《淮南子‧泰族訓》：「夫聖人之屈者，以求伸也；枉者，以求直也。故雖出（往也）邪辟之道，行幽昧之塗，將欲以直大道，成大功，猶出林之中，不得直道；拯溺之人，不得不濡足也。」《漢書‧敍傳》：「季氏（季布）之詘，辱身毀節，信于上將，議臣震栗。」（上將指樊噲，欲以十萬兵橫行匈奴，布曰：「噲可斬也。」見《匈奴傳》。布嘗為項羽將，數窘漢王，高祖後購求布千金。敢有舍匿，罪三族。布乃先匿周氏家，髠鉗，衣褐。賣為俠士朱家田舍奴。朱家藉灌嬰說高祖，赦之）《法言‧五百》：「或問『聖人有詘乎？』曰：『有。』曰：『焉詘乎？』曰：『仲尼詘於南子，所不欲見也；陽虎，所不欲敬也。見所不見，敬所不敬，不詘如何？』曰：『衞靈公問陳，則何以不詘？』曰：『詘身，將以信道也。如詘道而信身，雖天下不為也。』」《後漢書‧郎顗傳》：「夫寒往則暑來，暑往則寒來。此言日月相推，寒暑相避，以成物也。」晉楊泉《化清經》（唐馬總《意林》卷五引）：「將飛者翼伏，將奮者足跼，將噬者爪縮，將言者口默，將文者且朴。」《漢書‧揚雄傳》：「……又怪屈原文過相如，至不容，作《離騷》，自投江而死。悲其文，讀之未嘗不流涕也。以為君子得時則大行，不得時則龍蛇（謂蟄以存身）。遇不遇命也，何必湛（沒也）身哉？」

精義入神，以致用也。《說文》：「致，送。詣也。」達也。韓康伯曰：「精義，物理之微者也。神，寂然不動，感而遂通者也。理入寂一，則精義斯得，乃用无極也。」湛銓案：此承上屈蟄來，士君子當於此際精研義理，入於神明，以為未來之大用也。《上繫》第五章：「陰陽不測之謂神。」《說卦傳》：「神也者，妙萬物而為言者也。」《孟子‧盡心下》：「聖而不可知之之謂神。」《左傳》莊公三十二年：「神，聰明正直而壹者也。」《逸周書‧謚法》：「民無能名曰神。」又，入神謂入密，以成其精義。晉孫毓《成敗志》：「密者，天地之際會，成敗之機要。故陰陽不密，則寒暑不能以成歲；棟宇不密，則九層不可以庇身。」○《中庸》：「故君子之道，闇然而日章；小人之道，的然而日亡。」又：「子曰：『聲色之於以化民，末也。』《詩》曰：『德輶（輕也）如毛。』（《大雅‧烝民篇》：『人亦有言，德輶如毛。』）毛猶有倫。『上天之載，無聲無臭』，至矣。」朱子《大學章句》：「至於用力之久，而一旦豁然貫通焉，則眾物之表裏精粗無不到，而吾心之全體大用無不明矣。」《老子》：「明道若昧，進道若退。」班固《幽通賦》：「非精誠其焉通兮，苟無實其孰信。操末技猶必然兮，矧湛躬於道真。」又《答賓戲》：「壹陰壹陽，天墜（籀文地字）之方；迺文迺質，王道之綱；有同有異，聖喆之常。故曰：『慎修所志，守爾天符，委命共己，味道之腴，神之聽之，名其舍諸？』……故夫泥蟠而天飛者，應龍之神也；先賤而後貴者，龢、隋之珍也；時闇而久章者，君子之真也。」

利用安身，以崇德也。謂利此精義之用以安其身，又以尊崇其德性也。《中庸》：「君子尊德性而道問學，致廣大而盡精微。」《孟子‧盡心上》：「其君用之，則安富尊榮；其子弟從之，則孝弟忠信。」《文中子‧事君篇》：「美哉公旦之為周也。……深乎！深乎！安家者，所以寧天下也；存我者。所以厚蒼生也。」《漢書‧敘傳》：「高武（傅喜）守正（不阿附太后），因用濟身。」

過此以往，未之或知也；孔穎達曰：「言精義入神以致用、利用安身以崇德，此二者皆人理之極。過此二者以往，則微妙不可知，故云未之或知也。」

窮神知化，德之盛也。」窮極神明而知變化之道，則非盛德之大聖不能與於此也。此二句承過此以往來，謂大聖則不止精義入神以致用，及利用安身以崇德。但窮極神明而知變化之道，所不可得而言耳。○陸機《策問秀才紀瞻等文》：「夫窮神知化，才之盡稱；備物致用，功之極目。以之為政，則黃羲之規可踵；以之革亂，則玄古之風可紹。」

《易》曰：「困于石，據于蒺藜，入于其宮，不見其妻，凶。」䷮《困》之六三爻辭也。兑為剛鹵，似石，其伏為艮，為山石。三進被阻，為困于石之象。坎為叢棘，為蒺藜（見《九家易》），三陰不正而乘二剛，故云據于蒺藜。三四五互巽為入，其上伏艮為門闕，為宮，故云入于其宮。二三四互離為目，為見，中女為妻（坎中男為夫，文王後天八卦坎離代乾坤之用），三不正當變，變則離毀矣，故云不見其妻。下四爻互未濟，男之窮也，上四爻互大過，死之象，故云凶。

子曰：「非所困而困焉，名必辱；石喻堅固，猶之忠信禮義，所以衞身，本非以困人者。然小人自暴自棄，反以為枷鎖，故云非所困而困焉，名必辱也。反忠信禮義，名不辱而何。【《禮記‧儒行篇》：「儒有忠信以為甲冑，禮義以為干櫓。戴仁而行，抱義而處。雖有暴政，不更其所。其自立有如此者。」《孟子‧離婁上》：「自暴者，不可與有言也；自棄者，不可與有為也。言非禮義，謂之自暴也；吾身不能居仁由義，謂之自棄也。」《左傳》襄公二十五年：「文子曰：『夫從風，風隕。妻不可娶也。（附：陳武子見齊大夫棠公孀美欲娶之。史巫媚武子，筮得此爻，妄以為吉。杜預

注：「坎為中男，故曰夫，變而為巽，故曰從風。風能隕落物者，變而隕落，故曰妻不可娶也。」）且其繇曰：「困于石，據于蒺藜，入于其宮，不見其妻，凶。」困于石，往不濟也；據于蒺藜，所恃傷也；入于其宮，不見其妻，凶，無所歸也。』」杜預注：「六三失位無應，則喪其妻，失其所歸也。」】

非所據而據焉，身必危。六三以柔乘剛，危而不安之象。蒺藜多刺，以喻羣邪之暴虐足以傷人。狎匿惡少，必受其累，故云非所據而據焉身必危。夏桀之於于莘，商紂之於崇侯，皆非所據而據也。又：互巽為命，坎為險，故云身必危。

既辱且危，死期將至，妻、其可得見邪？」互大過為死，離為日，故云死期將至。期，陸績作其。注云：「六三從困辱之家變之大過（三變則全卦成大過），為棺椁死喪之象，故云死其將至，妻不可得見。」

《易》曰：「公用射隼于高墉之上，獲之无不利。」䷧《解》之上六爻辭。象曰：「公用射隼，以解悖也。」〇上六居震之上為長子，可以守宗廟社稷，故稱公，與下三為不正之應。二三四互離為戈兵，初二三坎為弓輪，震之倒是艮，為手，離為隼（指六三），惡鳥也。震伏巽為高，震倒成艮為門闕。（馬融曰：「高墉，城也。」）是公于高墉之上，下射飛隼之象，故云公用射隼于高墉之上。中四爻互既濟，在上六之下，是中之有成之象（濟，成也），故云獲之无不利（震伏巽為利）。揚子《法言·修身篇》云：「修身以為弓，矯思以為矢，立義以為的，奠而後發，必中矣。」

子曰：「隼者禽也；虞翻曰：「離為隼，故稱禽，言其行野容如禽獸焉。」李道平曰：「三有鳥獸行，故言其行野容如禽獸焉。」隼，鷹屬。《禮記·王制篇》：「鳩化為鷹，然後設罻羅。」《周禮・天官・司農》鄭眾注：「中秋，鳩化為鷹。」（《禮記・月令篇》：「仲春之月。……鷹化為鳩。」）

弓矢者器也；射之者人也。君子藏器于身，待時而動，何不利之有？唐徐堅《初學記》卷二十二引蜀譙周《法訓》云：「善耕者謹地，待時而動。善射者調弓定準，見可而發。君子善養，其人足用。」

動而不括，虞翻曰：「括，作也。」不括，謂不造作，依守天理，因其固然也。震為動，上六得正，不變，故云動而不作。

是以出而有獲。震為出，獲，謂既濟也。

語成器而動者也。」成弓矢而後動，即《禮記・經解》所謂「有治民之意而無其器則不成」之意。

䷔ 下條是《噬嗑》初九。《大象》云：「雷電，噬嗑，先王以明罰勑法。」（勑，應作敕。《說文》：「敕，誡也。」「勑，勞也。洛代切」）〇初九：「屨校滅趾，无咎。」象曰：「屨校滅趾，不行也。」

子曰：「小人不恥不仁，不畏不義，不見利不勸虞翻作動，**不威不懲。**《說文》：「懲，㣻也。」「㣻，懲也。」猶誡也。《管子・正世篇》：「民者。服於威殺然後從，見利然後用，被治然後正，得所安然後靜者也。」《書・大禹謨》：「戒之用休，董之用威。」〇虞翻曰：「謂否也（噬嗑自否來，凡三陰三陽之卦皆自否或泰來，故虞云），以坤滅乾為不仁不義（否卦內小人而外君子）。」李道平曰：「乾為嚴君，故為威。乾以美利利天下，故為利。巽近利市三倍，故為近利。日中為市，取諸噬嗑，故否五之初成噬嗑市。噬嗑離為日，相見乎離，乾變成離，故離日見乾為見利。《説卦》：『震，動也。動萬物者莫疾乎雷。』《樂緯・動聲儀》曰：『風雨動魚龍，仁義動君子，財色動小人。』故不見利不動（依虞注）。乾五之坤初，是以乾威坤也。五不之初，則離不成日，震不成動，乾不威坤，震不成徵，故不見利不動不威不徵。徵，古文懲。震恐懼虩虩，故為徵也。」

小懲而大誡，此小人之福也。小懲，謂屨校滅趾之薄懲也；大誡，謂使小人知過而改。勉而為善，則是造福於小人也。○初變則全卦成晉。《晉》之初六云：「晉如摧如，貞吉。罔孚，裕（人不信己亦裕如也），无咎。」是動而晉善也。

《易》曰：『屨校滅趾，无咎。』此之謂也。《説文》：「校，木囚也。」蓋以木夾足止行也。屨本履也，屨校，謂以校為屨。趾，足也。《説文》無趾，古只作止。《説文》：「止，下基也。象艸木出有址，故以止為足。」○震為足，為木，為行。初外互艮為止，初與四應。四不正，三四五互坎為多眚為盜，是朋比小人相從為惡之象，故須小懲大誡屨校滅趾也。初本非小人，略懲則可改，故云无咎。（本非小人是就本爻言，變而之《晉》是就其改過言）《書・胤征》：「殲厥渠魁，脅從罔治。舊染汙俗，咸與維新。」此之謂也。○《書・舜典》：「鞭作官刑，朴作教刑，金作贖刑。眚災肆赦（疏云：「過誤為害，原情非故者，則緩縱而赦放之。」），怙終賊刑（恃而終不改則如賊殺之刑）。」《禮・學記》：「夏楚二物，收其威也。」《説文》「檟，楸也。」夏乃檟之借字）又《樂記》：「禮以道其志，樂以和其聲，政以一其行，刑以防其姦。禮樂刑政，其極（極致）一也。所以同民心而出治道也。」《史記・律書》：「教笞不可廢於家，刑罰不可捐於國，誅伐不可偃於天下。用之有朽拙，行之有順逆耳。」《漢書‧敍傳》「雷電皆至，天威震耀。五刑之作，是則是效。威實輔德，刑亦助教。」

䷔ 下條是《噬嗑》上九：「何校滅耳，凶。」象曰：「何校滅耳，聰不明（故積惡）也。」《說文》：「何，儋也。胡歌切」「儋，何也。」徐鉉曰：「儋何，即負何也，借為誰何之何，今俗別作擔荷，非是。」〇離為科上槁（科，斷也，折也），坎為耳，為盜，上九在坎上，元凶之象也。故云何校滅耳凶。

善不積不足以成名，惡不積不足以滅身。董仲舒《賢良對策下》：「積善在身，猶長日加益，而人不知也；積惡在身，猶火之銷膏，而人不見也。」裴松之《三國志注》引《諸葛亮集》載劉先主遺詔敕後主曰：「勿以惡小而為之，勿以善小而不為。惟賢惟德，能服於人；汝父德薄，勿效之。」晉楊泉《物理論》：「聞一善言，見一善行，行之唯恐不及。聞一惡言，見一惡行，遠之唯恐不速。」

小人以小善為无益而弗為也，以小惡為无傷而弗去也。故惡積而不可弇，罪大而不可解。《說文》：「弇，蓋也。」「揜，自關以東謂取曰揜。一曰覆也。」「掩，斂也。小上曰掩。」小人積小惡而成大惡，即《坤卦》初六「履霜，堅冰至」之義也。

《易》曰：『何校滅耳。凶。』」《書‧大禹謨》：「皋陶曰：……宥過無大，刑故（故意為惡，猶此之惡積也）無小。罪疑惟（是也）輕，功疑惟重；與其殺不辜，寧失不經。」（《三國志‧蜀志‧諸葛亮傳評》：「服罪輸情者，雖重必釋；游辭巧飾者，雖輕必戮。」即宥過無大，刑故無小之義也）《禮記‧王制篇》：「凡作刑罰，輕無赦，刑者侀（《說文》無此字）也，侀者成也，一成而不可變，故君子盡心焉。析言破律，亂名改作，執左道以亂政，殺。作淫聲、異服、奇技、奇器以疑眾，殺。行偽而堅，言偽而辯，學非而博，順非而澤以疑眾，殺。假於鬼神、時日、卜筮以疑眾，殺。此四誅者，不以聽。」（《荀子·宥坐篇》：「……人有惡者五，而盜竊不與焉。一曰心達而險，二曰行辟而堅，三曰言偽而辯，四曰記醜而博，五曰順非而澤。……」）《漢書·刑法志》：「愛恃敬而不敗，德須威而久立；故制禮以崇敬，作刑以明威也。聖人既躬明悊之性（《說文》：「哲，知也。」「悊，哲或从心。」「嚞，古文哲从三吉。」），必通天地之心。制禮作教，立法設刑，動緣民情，而則天象地，故曰：先王立禮，因天地之性也；刑罰威獄，以象天之震耀殺戮也。」

☰☷《否》之九五：「休《否》。大人吉。其亡其亡，繫于苞桑。」象曰：「大人之吉，位正當也。」姚配中曰：「休，止也。已成《既濟》（初之四，三之上），故休否。五得中正，故大人吉。」其亡其亡者，謂惟恐其亡而實不亡也。本卦是《否》，五以下成《剝》，否塞且剝損，故云其亡其亡。然三四五互巽為繩為繫，伏震為木為蕃鮮，故云繫于苞桑。又初至五為觀，有孚顒若。互體為《漸》，進以正，可以正邦。五大人居尊位，正己而不變，何亡之有哉！故上云休否，大人吉也。（休，止也。五居中得正止而不變也。《爾雅·釋言》：「苞、稹也。」孫炎注：「物叢生曰苞，齊人名曰稹。」）又荀爽曰：「桑者，上玄下黃，以象乾坤也。」京房曰：「桑有衣食人之功，聖人亦有天覆地載之德，故以喻。」陸績曰：「包，本也。言其堅固不亡，如以巽繩繫也。」

子曰：「危者，安其位者也；亡者，保其存者也；亂者，有其治者也。謂安其位者則必危，保其存者則致亡（保亦安也），恃有其治者則招亂。此戒以毋自恃也。《漢書・谷永傳》：「永對（成帝）曰：『夏商之將亡也，行道之人皆知之；晏然自以若天有日莫能危，是故惡日廣而不自知，大命傾而不寤。《易》曰：「危者，有其安者也；亡者，保其存者也。」』」

是故君子安而不忘危，存而不忘亡，治而不忘亂，是以身安而國家可保也。在安而惟恐其危，在存而惟恐其亡，在治而惟恐其亂；能先事而預防之，則危亡禍亂可免，故身安而國可保也。《漢書・劉向傳》：「向上疏諫（成帝）曰：『臣聞《易》曰：「安不忘危，存不忘亡。是以身安而國家可保也。」故聖賢之君，博觀終始，窮極事情，而是非分也。』」《孟子・盡心上》：「人之有德慧術知者，恒存乎疢疾。獨孤臣孽子，其操心也危，其慮患也深，故達。」

《易》曰：『其亡其亡。繫于包桑』。」吾粵近人黃節晦聞《殘蟬》詩云：「不向遼東着樹鳴，燕南秋老盡哀聲。及天別鶴吁長歎，入塞飛鴻指故城。如夢大人猶發囈，其亡一國盡無生。等閑又似題詩客，戛戛裁箋寫斷情。」第五句即用此爻，第六句用後唐莊宗《憶仙姿》詞，詞云：「如夢如夢，殘月落花煙重。」無生，《詩・小雅・苕之華》：「知我如此，不如無生。」

䷱（巽木在下，上生離火，烹飪之象）《鼎》之九四：「鼎折足，覆公餗，其形渥，凶。」象曰：「覆公餗，信如何也！」《說文》：「鬻，鼎實。」「餗，鬻或从食。」渥，深赤，此讀若屋，與足餗為韻。○虞翻曰：「四時變（四變則三四五為震，東方，春也。上卦離為南方，夏也。三四五兌為西方，秋也。初至五大坎為北方，冬也），震為足，足折入兌，故鼎折足（兌為毀折）。兌為刑（即毀折）。渥，大刑也。（《說文》：「渥，霑也。」此謂沸湯霑身，其形深赤，死亡之象也。乾為大赤，為首，伏坤為腹，初至五成《大過》，棺槨之象）鼎折足，則公餗覆，言不勝任。象入《大過》死凶，故鼎折足，覆公餗，其刑渥。凶。」虞氏以形為刑，他本作形。虞氏所解雖亦可通，然不如作形渥之為善也。

子曰：「德薄而位尊，四不正，故云德薄。二三四互乾，四在乾上，故云位尊。

知小而謀大，小，虞作少。云：「兌為少知（兌，少女也），乾為大謀（乾陽為大，為首腦，故為大謀），四在乾體，故謀大矣。」

力小而任重，虞翻曰：「五至初，體《大過》，本末弱，故力少。乾為仁（陽氣是生機），故任重以為己任，不亦重乎？」李道平曰：「《論語》（《泰伯篇》曾子語）曰：『仁以為己任，不亦重乎？』《禮·表記》曰：『仁之為器重（其為道遠），舉者莫能勝也。（行者莫能致也）』乾能任重，非鼎四能任仁也。」

尟不及矣。別本尟作鮮。《說文》：「尟，是少也。」「鮮，魚名。」虞翻曰：「尟，少也。及，及于刑也。」案：及猶死也。《孟子·盡心下》：「不仁哉梁惠王也！仁者以其所愛及其所不愛，不仁者以其所不愛及其所愛。公孫丑曰：『何謂也？』『梁惠王以土地之故，糜爛其民而戰之，大敗，將復之，恐不能勝，故驅其所愛子弟以殉之，是之謂是其所不愛及其所愛也。』」此句猶云其不死者幾希矣。

《易》曰：『鼎折足，覆公餗，其形渥，凶。』言不勝其任也。」孔穎達曰：「言不能安身，智小謀大而遇禍也，故引《鼎》九四以證之矣。」〇《漢書・王商傳》：「張匡曰：『商視事五年（代匡衡為丞相），官職陵夷，而大惡著於百姓。其損虧盛德，有鼎折足之凶。』」（張匡佞巧小人，是大姦臣王鳳之黨，此誣商之辭耳）顏師古注：「《易》《鼎卦》九四爻辭。……言鼎折其足，則覆喪其實；喻大臣非其任，則虧敗國典，故宜加以厚刑。」《漢書・彭宣傳》：「商上書（平帝）言：『三公折足承君，一足不任，則覆亂美實。』」師古曰：「美實，謂鼎中之實也。」班彪《王命論》：「是故蹇驁之乘，不騁千里之塗；鷰雀之儔，不奮六翮之用；楶梲（音節拙，柱頭木）之材，不荷棟梁之任；斗筲之子，不秉帝王之重。《易》曰：『鼎折足，覆公餗，不勝其任也。』」又曰：「苟昧權利，越次妄據，外不量力，內不知命，則必喪保家之主（《左傳》襄公二十七年：「保家之主也。」指大夫有封邑者），失天年之壽，遇折足之凶，伏斧鉞之誅。」《三國志・魏志・夏侯惇等傳評》：「（曹）爽德薄位尊，沈溺盈溢。此固《大易》所著，道家所忌也。」

䷏《豫》之六二：「介（堅介）于石，不終日，貞吉。」象曰：「不終日貞吉，以中正也。」二三四互艮為石，伏兌為附決，為剛鹵，故云介于石。二，離位，為日，得正不變，則二三四不成離。故云不終日。二得正，故云貞吉。貞，正也。

子曰：「知幾其神乎！《說文》：「幾，散也。殆也。从丝（音幽，散也）从戍。戍，兵守也。幺而兵守者危也。」《法言·先知》：「先知其幾於神乎！敢問先知？曰：『不知。知其道者其如視。』」

君子上交不諂，下交不瀆，侮嫚也。**其知幾乎？**上交：上五爻交互《小過》，君子以行過乎恭，事君盡禮，人以為諂，實非諂也（《論語·八佾》），故云上交不諂。下交：下五爻互《比》。比，輔也，下順從也，何瀆之有哉？故云下交不瀆。○《中庸》：「在上位，不陵下。在下位，不援上。」又曰：「是故居上不驕，為下不倍。國有道，其言足以興；國無道，其默足以容。《詩》曰：『既明且哲。以保其身。』（《大雅·烝民篇》）其此之謂與。」《法言·修身》：「君子之所慎，言、禮、書。上交不諂，下交不驕，則可以有為矣。」

幾者，動之微，吉之先見者也。李道平曰：「君子慎微。《虞書》曰：『道心惟微。』（《大禹謨》）《道經》曰：『道心之微。』（《荀子·解蔽》：「故《道經》曰：『人心之危，道心之微。』危微之幾，惟明君子而後能知之。」）微者，道心之動也，道心動則吉，故曰吉之先見者也。」○《中庸》：「至誠之道，可以前知。國家將興，必有禎祥；國家將亡，必有妖孽。見乎蓍龜，動乎四體。禍福將至，善，必先知之；不善，必先知之。故至誠如神。」

君子見幾而作，不俟終日。見幾微之兆即動（趨吉避凶，去無道就有道之類），不必多所疑難而謀之終日也。○《論語·公冶》：「季文子三思而後行，子聞之曰：『再，斯可矣！』」朱子曰：「君子務窮理而貴果斷，不徒多思之為尚。」

《易》曰：『介于石，不終日，貞吉。』介如石焉，寧用終日，斷可識矣。斷可識矣，謂其決斷可知也。○陳琳《答東阿王牋》：「君侯體高世之材，秉青萍干將之器，拂鐘無聲，當機立斷。」謂其警敏決斷，如干將莫鎁等之拂鐘無聲而迅速透過也。寶劍斷物，喻人斷事。

君子知微知章，知柔知剛，萬夫之望。」此望字讀平聲，與上章剛為韻。微，隱微。章，章著。萬夫之望，德業為人所仰也。○《中庸》：「知遠之近，知風之自，知微之顯，可與入德矣。」《後漢書‧陳寵傳》：「曾祖父咸，成、哀間以律令為尚書。平帝時，王莽輔政，多改漢制，咸心非之。及莽因呂寬事，誅不附己者何武、鮑宣等（莽子宇與師吳章及婦兄呂寬謀，以為莽不可諫，而好鬼神，乃夜以血灑莽門第，以驚懼之。事覺，並誅死），咸乃歎曰：『《易》稱君子見幾而作，不俟終日，吾可以逝矣。』」又《文苑‧趙壹傳》：「蓋『見幾而作，不俟終日』，是以夙退自引，畏使君勞。」（壹名動京師，過候弘農太守皇甫規，門者不即通，壹遂遁去。規大驚，追書謝，壹報之云云。《衛風‧碩人》：「大夫夙退，無使君勞。」）晉袁宏《後漢紀》：「袁徽曰：古人有言：『知幾其神乎！』見幾而作，君子所以元吉也。天理盛衰，漢其亡矣。」

䷗ 《復》之初九：「不遠復，无祇悔，元吉。」象曰：「不遠之復，以脩身也。」居《復》之初，故云不遠復。初迷即復（《坤》是十月卦，純陰無陽，故每爻皆教以隨陽，然後能「先迷後得主」；《復》是十一月卦，陽氣復生矣），故云无祇悔。祇，大也。（侯果曰：「知則速改，故无大過。」是以祇為大也），過而能改，善莫大焉（《左傳》宣公二年），故云元吉。

子曰：「顏氏之子，其殆庶幾乎！虞翻曰：「幾者，神妙也。顏子知微，故殆庶幾。

孔子曰：『回也，其庶幾乎！』」《論語·先進》：「子曰：『回也其庶（近道）乎！屢空。』」後人用「庶幾」或「殆庶」，以為是賢者之稱，希聖之謂。○《論語·雍也》：「哀公問：『弟子孰為好學？』孔子對曰：『有顏回者好學，不遷怒，不貳過。不幸短命死矣！今也則無，未聞好學者也。』」《史記·孔子世家》：「孔子欣然而笑曰：『有是哉，顏氏之子，使爾多財，吾為爾宰。』」程頤《顏子所好何學論》：「聖人之門，其徒三千，獨稱顏子為好學。夫《詩》《書》六藝，三千子非不習而通也，然則顏子所獨好者何學也？學以至聖人之道也。」

有不善未嘗不知，虞翻曰：「《復》以自知（見下第七章）。老子曰：『自知者明。』」案：《復》變坤初，迷而知反，故云《復》以自知。初陽，《乾卦》之始。《乾》「大明終始」，故引《老子》之言釋之。

知之未嘗復行也。虞翻曰：「謂顏回不遷怒，不貳過，克己復禮，天下歸仁。」（《論語·顏淵篇》孔子答其問仁語。歸，稱也。《左傳》昭公十二年：「仲尼曰：古也有志：『克己復禮，仁也。』」）李道平曰：「震為行，《剝》上反初，成震行，反初得位，故不善未嘗復行也。《復彖》曰：『復亨。』亨者嘉之會，嘉會足以合禮，故曰復禮。」《河南程氏外書拾遺》：「顏子有不善未嘗不知，知之未嘗復行。如顏子地位，豈有不善？所謂不善者，只是微有差失；纔有差失，便能知之；知之便更不萌作。顏子大率與聖人皆同，只這便有分別，若無，則便是聖人。」

《易》曰：『不遠復，无祇悔，元吉。』侯果曰：「此明知微之難，則知微者唯聖人耳。顏子亞聖，但冀近于知微，而未得也。在微則昧，理章而悟，失在未形，故有不善；

知則速改，故无大過。」邱遲《與陳伯之書》：「夫迷途知反，往哲是與；（《離騷》：『回朕車以復路兮，及行迷之未遠。』）不遠而復，先典攸高。」

䷨《損》之六三：「三人行，則損一人；一人行，則得其友。」象曰：「一人行，三則疑也。」三人行則損一人：謂只容一男一女相配也。一人行則得其友：謂女求男或男求女也。《繫傳》謂「言致一也」者：是極專也。《革象》：「二女同居，其志不相得曰革。」《睽象》：「二女同居，其志不同行。」《上繫》五章：「一陰一陽之謂道。」三為人（分而為二以象兩，掛一以象三），坤為眾，震為行，故云三人行。上四爻成《剝》，上九與三相對，《剝》窮上反下則為《復》，故云損一人；而一人行則得其友也。（剝，損也。窮上則損艮男，反下成《復》則得震男）

天地壹壺，萬物化醕。壹壺，今俗本作絪縕。《說文》：「壺(壺)，昆吾圜器也，象形。从大，象其蓋也。」「壹，嫥壹也。从壺吉，吉亦聲。」壺，壹壺也。从凶，从壺。壺不得泄凶也。《易》曰：『天地壹壺。』」（李道平《纂疏》本用此二字）《呂氏春秋・審分覽・君守篇》：「昆吾作陶。」高誘注：「昆吾，顓頊之後。……為夏伯制作陶冶。」在今河南濮陽縣。〇二三四互震，萬物出乎震。損上之下將成《泰》。天地陰陽二氣已潛中醞釀，故云天地壹壺，萬物化醕。壹壺者，醞釀也。化醕者，變化而有精醕之生也。（《孟子》：「志壹則動氣，氣壹則動志。」壹，本亦作壹，潛動之意）

男女搆精，萬物化生。少女配少男，中四互《復》，故云男女搆精。倒卦是《益》，萬物出平震，增益不已，故云萬物化生。（《老子》：「道生一，一生二，二生三，三生萬物。」）

《易》曰：「三人行，則損一人；一人行，則得其友。」言致一也。致，同至，極也。致一，謂極專一，無二致。

䷩《益》之上九：「莫益之，或擊之，立心勿恒，凶。」象曰：「莫益之，偏辭也。或擊之，自外來也。」上九已居《益》之極，下三四五互艮為手，下五爻成大離為戈兵，中四爻互《剝》，故云「莫益之，或擊之」。巽為進退，猶豫無定之象，上不正，動則成坎為心，故云立心勿恆。勿，無也。上動成坎是以陰乘陽，逆而不順；且坎為多眚，為盜，故云凶。又上動則全體成《屯》，《屯》之上六云：「乘馬班如，泣血漣如。」大凶之象也。

子曰：「君子安其身而後動，易其心而後語，定其交而後求。君子脩此三者，故全也。上陽為君子，然不當位，變動則成《屯》之上六泣血漣如，大凶矣，故不應動，不應語，不應求也。上與三應，二三四坤靜為安，為身；初二三為震動，三上易位則成《既濟》，故云安其身而後動。後者，三上易位成《既濟》以後也。坤易從，初陽乃《復》之主爻，見天地之心，震為善鳴，為語，故云易其心而後語。坤靜為定，三四五艮手為交接，為求，故云定其交而後求。成《既濟》則剛柔正而位當，故云全也。李道平曰：「君子將動而有為，自揣安危之理，必使安在於己然後動，則動有益也。」「若于應事之際，心有所難，不可出語，必和易其心而後言，則言有益也。」「先定其交，知其人之才行，或施與否，然後可以事求之，則求有益也。」○《法言·脩身篇》：「是以君子彊學而力行，珍其貨而後市，修其身而後交，善其謀而後動，成道也。」王粲《安身論》：「蓋崇德莫盛乎安身，安身莫大乎存政（存，察也），存政莫重乎無私，無私莫深乎寡欲。是以君子安其身而後動，易其心而後語，定其交而後行。然則動者，吉凶之端也。語者，榮辱之主也。求者，利病之幾也。行者，安危之決也。故君子不妄動也，必適於道。不徒語也，必經於理。不苟求也，必造於義。不虛行也，必由於正。夫然，用能免或擊之凶，厚自天之佑。」

危以動，則民不與也。懼以語，則民不應也。无交而求，則民不與也。此反覆述上文之意。危與安反，懼與易反，无交與定交反。○坤為眾，為民，艮手為與，震善鳴為應，上動成《屯》，三上敵應，故云不與不應也。

莫之與，則傷之者至矣。三不易位而上徙動，則成《屯》而泣血漣如，故云傷之者至矣。○呂安《與嵇茂齊書》：「夫物不我貴，則莫之與，莫之與，則傷之者至矣。」

《易》曰：『莫益之，或擊之，立心勿恆，凶。』解見前。○《詩·齊風·甫田序》：「無禮義而求大功，不脩德而求諸侯，志大心勞，所以求者非其道也。」《淮南子·人間訓》：「天下有三危：少德而多寵（榮也），一危也；才下而位高，二危也；身無大功而受厚祿，三危也。孔子讀《易》至《損》《益》，未嘗不憤然而歎曰：『益損者，其王者之事歟？事或欲以利之，適足以害之；或欲害之，乃反以利之。利害之反，禍福之門戶，不可不察也。』」

第六章

子曰：「《乾》《坤》其《易》之門邪？」李道平曰：「《易》有六十四卦三百八十四爻，陰陽皆出入于《乾》《坤》。闔戶謂之《坤》，闢戶謂之《乾》。故《乾》《坤》為《易》之門。」《上繫》第十二章云：「《乾》《坤》其《易》之緼邪？」前云內緼，此云門戶。則能通《乾》《坤》之義者，《易》之全體大用略備矣。學者可不三致意耶？

《乾》，陽物也；《坤》，陰物也。物，類也；事也；亦萬物也。

陰陽合德而剛柔有體，謂由《乾》《坤》（父母）生六子；陽卦多陰，陰卦多陽之類是也。《雜卦傳》：「《乾》剛《坤》柔。」《荀子・禮論篇》：「天地合而後萬物生，陰陽接而後變化起。」《穀梁傳》莊公三年：「獨陰不生，獨陽不生，獨天不生。」

以體天地之撰，體，狀之也。《序卦傳》：「盈天地之間者唯萬物。」謂《乾》《坤》及六子所以狀天地萬物也。《說卦傳》中之所云云者是也。〇《說文》無撰字，本作「籑」、「饌」或「僎」。《說文・食部》：「籑，具食也。从食，算聲。饌、籑或从巽。」又《人部》：「僎，具也。」謂狀貌天地之所具。

以通神明之德。李道平曰：「神者隱藏，陰之德也；明者著見，陽之德也。陰陽相交，則神明之德通矣。」

其稱名也，雜而不越，於稽其類，稱名雜而不越者：謂卦爻辭所稱舉之物名。雖錯雜紛陳，無所不有；而各如其分，無相踰越者也。於稽其類者：歎美之，謂皆考定物類而後稱舉其名，故能雜而不越也。〇「於」字：陸德明《經典釋文》不注音，則作如字讀；然晉侯果、清姚配中等皆以為歎辭，則讀作烏呼之烏（今俗作嗚，《說文》無）。《說文》：「烏，孝烏也，象形。孔子曰：『烏，亏呼也。取其助气，故以為烏呼。』……於，象古文烏省。」

其衰世之意邪？謂《易》道陰陽反覆，吉凶盛衰相循環，必是聖人生於衰亂之世，飽更憂患之所為作，故其辭多危懼；是暗指文王囚於羑里，周公遭管蔡二叔流言時也。

夫《易》，章往而察來，神以知來，知以藏往。

而微顯闡幽。微其顯著者，闡其幽隱者也。微與闡是動詞，顯與幽是名詞。此句是謂文、周於卦爻辭應隱藏則隱藏之，而應彰著者則彰著之也。虞翻謂「微者顯之，闡者幽之」，其義雖一，然此句是承上來，察語氣，虞解未善也。

開而當名辯物，正言斷辭，則備矣。開，是開列；辯，是辯察；正，是正直；斷，是斷決。備本作葡，具也。（備，慎也。備，是戒備；葡，是具葡，古兩字異用，今混之耳。見《說文》）〇此三句謂其所開列者皆適當其名，而辯察於物；至於其言正直，其辭斷決，則葡在經中矣。

其稱名也小，其取類也大。所稱名物，人皆易知，故曰小。觸類而長之，含義無窮，故曰大。

其旨遠，旨，本字作恉，意也。（旨，甘也。見《說文》）〇謂含義深遠。

其辭文，謂辭語彰著。文章，本作彣彰。文，今俗之紋字耳。〇《史記·屈原列傳》：「其文約，其辭微，其志潔，其行廉，其稱文小而其指極大，舉類邇而見義遠。」略本此。

其言曲而中，陸氏《釋文》及朱子讀中字去聲，是謂其言辭曲折而切中事情也。案：曲與中相反，猶下句肆與隱相反。中，應作平聲讀，謂其言雖曲折，而其義則極中正也。此姑循常讀圈聲耳。

其事肆而隱，肆，本字作肆。《說文》：「肆，極陳也。」（陳，今俗用陳）極度陳列，即顯著之意，謂其所舉之事物雖顯著，而其意義卻隱藏也。此句即上文之顯者微之，曲而中則是幽者闡之也。《中庸》：「君子之道，費而隱。夫婦之愚，可以與知焉；及其至也，雖聖人亦有所不知焉。夫婦之不肖，可以能行焉，及其至也，雖聖人亦有所不能焉。」朱子讀費為符味反，是如字，解作廣，是也。廣，即極陳顯著之意。

因貳以濟民行，以明失得之報。謂因民之疑慮而救助之，民行善則得吉報，惡則得凶報也。故惡人而得吉筮，未可遽以為吉；善人而得凶筮，未必便遭禍殃也。（善人依《易》義所示之正理行之，雖得凶爻，亦可以无咎；然無佳勝之可言矣）

第七章

《易》之興也，其於中古乎？作《易》者其有憂患乎？此謂《周易》，文、周作卦爻辭也。鄭玄注：「文王為中古。」《漢書·藝文志·六藝略·易類》：「《易》道深矣！人更三聖，世歷三古。」魏孟康注：「《易·繫辭》曰：『《易》之興，其於中古乎？』然則伏羲為上古，文王為中古，孔子為下古。」《易緯・乾鑿度》：「垂皇策者羲，益卦演德者文，成命者孔也。」孔穎達《周易正義序》：「……《通卦驗》又云：『蒼牙通靈，昌之成，孔演命，明道經。』準此諸文，伏犧制卦，文王繫辭，孔子作十翼。《易》歷三聖，只謂此也。故史遷云：『文王囚而演《易》。』即是作《易》者其有憂患乎？……周公被流言之謗，亦得為憂患也。驗此諸說，以為卦辭文王，爻辭周公。馬融、陸績等並同此說，今依而用之。所以只言三聖不數周公者，以父統子業也。……《易》之爻辭，蓋亦是文王本意，故《易緯》但言文王也。」李道平曰：「《下傳》云：『《易》之興也，其當殷之末世，周之盛德邪？當文王與紂之事邪？』《明夷・彖傳》曰：『內文明而外柔順，以蒙大難，文王以之。』傳謂『作《易》者其有憂患乎？』正謂文王、庖犧之世，時樸風淳，安有憂患？」

是故《履》（䷉），德之基也。《履象》：「上天下澤，《履》。君子以辯上下（分別尊卑），定民志。」姚配中曰：「履者禮也。（《大壯象》：「君子以非禮弗履。」）踐而履之，故曰基。无禮則不成。（《曲禮》上：「道德仁義，非禮不成。」）克己復禮，天下歸仁。此九卦者（《履》卦以下是：《謙》、《復》、《恆》、《損》、《益》、《困》、《井》、《巽》），文王之所以服事殷，而終其臣節者也。」案：《乾》為德，為基（見下）。《爾雅・釋詁》：「基，始也。」《說文》：「基，牆始也。」（兑，伏艮為石，為牆）《乾象》：「首出庶物。」《乾文言》：「乾始能以美利利天下。」踐禮履端，故云德之始也。○晉侯果注：「履，禮。蹈禮不倦，德之基也。自下九卦，是復道之最，故特言矣。」李道平曰：「《仲尼燕居》：『言而履之，禮也。』（孔子語。其下云「行而樂之，樂也。君子力此二者，以南面而立。夫是以天下太平也。」）故履禮，謂蹈禮不倦也。成十三年《左傳》：『禮，人之榦也。敬，身之基也。郤子無基。』言郤錡不敬故無基。明《履》為德之基也」。（晉厲公使郤錡來魯乞師，將伐秦。孟獻子謂：「郤氏其亡乎？」其下即李道平所引。錡，蟻技奇三讀音均可。）

《謙》（☷☶），德之柄也。《謙象》：「地中有山，《謙》。君子以裒多益寡，稱物平施。」（裒，減也）虞翻曰：「坤為柄，柄、本也。（坤厚載物，故萬物以地為本）凡言德，皆陽爻也。」（《乾文言》：「君子行此四德者，故曰乾，元亨利貞。」謙以九三「勞謙」為盛德，故《上繫》第八章特著之）干寶曰：「柄，所以持物；謙，所以持禮者也。」李道平曰：「《史記·樂書》：『君子以謙退為禮。』故謙所以持禮者也。」

《復》（☷☳），德之本也。《復象》：「雷在地中，《復》。先王以至日（冬至）閉關，商旅不行，后（君也）不省方。」（方，事也）蓋靜以修身，養其微陽初復之德也。虞翻曰：「《復》初，《乾》之元，故德之本也。」（《復》初小象：「不遠之復，以修身也。」《大學》：「自天子以至於庶人，壹是皆以修身為本。」）李道平曰：「陽動于初為《復》，故云《復》初，《乾》之元也。『其初難知，其上易知，本末也。』（見下第九章）是初為本，故曰德之本也。」案：坤為母，震為反生。人窮則反本，未嘗不呼父母，故曰德之本也。

《恆》（☳☴），德之固也。《恆象》：「雷風，《恆》。君子以立不易方。」（此方是道也）乾為木果，兑為剛鹵，大坎為堅心，故云德之固也。虞翻曰：「立不易方，守德之堅固。」

《損》（☶☱），德之修也。《損象》：「山下有澤，《損》。君子以懲忿窒欲。」荀爽曰：「懲忿窒欲，所以修德。」《老子》：「為學日益，為道日損（損，是除過去病），損之又損（即日新），以至於無為；無為而無不為。」

《益》（䷩），德之裕也。《益象》：「風雷，《益》。君子以見善則遷，有過則改。」荀爽曰：「見善則遷，有過則改，德之優裕也。」按：《說文》：「裕，衣物饒也。」遷善改過則優饒增益，故云德之裕也。

《困》（䷮），德之辯也。《困》之卦辭：「《困》，亨。貞。大人吉。无咎。有言不信。」《彖》曰：「《困》，剛揜也。（荀爽曰：「謂二五為陰所揜也。」）險以說，困而不失其所亨，其唯君子乎！貞，大人吉，以剛中也。有言不信，尚口乃窮也。」（上四爻互《大過》，故象言有言不信，尚口乃窮，而象云致命遂志也）《象》曰：「澤无水，《困》。君子以致命遂志。」鄭玄曰：「辯，別也。遭困之時，君子固窮，小人窮則濫，德于是別也。」巽為進退，坎為隱伏，為加憂，困處不前之象。然離為日，坎為耳，為心，兑為口舌，為附決，明視聰聽，心與口謀而斷決之，故云德之辯也。顧亭林《日知錄》卷一《困德之辯》條云：「內文明而外柔順，其文王之困而亨者乎？不怨天，不尤人，下學而上達（《論語‧憲問》），其孔子之困而亨者乎？故在陳之戹，弦歌之志，顏淵知之，而子路子貢之徒，未足以達此也，故曰《困》，德之辯也。」【《史記‧孔子世家》：「……絕糧，從者病，莫能興，孔子講誦弦歌不衰。子路慍見曰：『君子亦有窮乎？』孔子曰：『君子固窮，小人窮斯濫矣。』子貢色作，孔子曰：『賜，爾以予為多學而識之者與？』曰：『然。非與？』孔子曰：『非也。予一以貫之。』孔子知弟子有慍心，乃召子路而問焉，曰：『《詩》云：「匪兕匪虎，率彼曠野。」（《小雅》末篇《何草不黃》）吾道非邪？吾何為於此？』子路曰：『意者吾未仁邪？人之不我信也；意者吾未知邪？人之不我行也。』孔子曰：『有是乎？由，譬使仁者而必信，安有伯夷、叔齊？使智者而必行，安有王子比干？』子路出，子貢入見。孔子曰：『賜，《詩》云：「匪兕匪虎，率彼曠野。」吾道非邪？吾何為於此？』子貢曰：『夫子之道至大也，故天下莫能容夫子，夫子盍少貶焉。』孔子曰：『賜，良農能稼而不能為穡（不能必其豐收）；良工能巧而不能為順（不能皆順人之意）；君子能修其道，綱而紀之，統而理之，而不能為容。今爾不修爾道，而求為容，賜，而（汝也）志不遠矣。』子貢出，顏回入見，孔子曰：『回，《詩》云：「匪兕匪虎，率彼曠野。」吾道非邪？吾何為於此？』顏回曰：『夫子之道至大，故天下莫能容；雖然，夫子推而行之，不容何病？不容然後見君子。夫道之不修也，是吾醜也；夫道既已大修而不用，是有國者之醜也。不容何病？不容然後見君子。』孔子欣然而笑曰：『有是哉？顏氏之子，使爾多財，吾為爾宰。』」《莊子·秋水》：「孔子曰：『……知窮之有命，知通之有時，臨大難而不懼者，聖人之勇也。』」又《讓王篇》：「孔子窮於陳、蔡之間，七日不火食，藜羹不糝，顏色甚憊，而弦歌於室。顏回擇菜；子路、子貢相與言曰：『夫子再逐於魯，削迹於衛（畏於匡），伐樹於宋（宋司馬桓魋欲殺孔子不得，拔其樹），窮於商、周，圍於陳、蔡，殺夫子者无罪，籍夫子者无禁。弦歌鼓琴，未嘗絕音，君子之无恥也若此乎？』顏回无以應，入告孔子，孔子推琴，喟然而歎曰：『由與賜，細人也！召而來，吾語之。』子路、子貢入。子路曰：『如此者，可謂窮矣！』孔子曰：『是何言也？君子通於道之謂通，窮於道之謂窮；今丘抱仁義之道，而遭亂世之患，其何窮之為！故內省而不窮於道，臨難而不失其德。天寒既至，霜雪既降，吾是以知松柏之茂也。陳、蔡之隘，於丘其幸乎！』……子貢曰：『吾不知天之高也，地之下也。古之得道者，窮亦樂，通亦樂，所樂非窮通也。道德（得也）於此，則窮通為寒暑風雨之序矣。』」】

《井》（䷯），**德之地也**。《井象》：「木上有水，《井》。君子以勞（音露）民勸相（助也）。」《象》曰：「巽（入也）乎水而上水，井。井，養而不窮也。」吳姚信曰：「井養而不窮，德居之也（德所居之地）。」案：《卦辭》：「往來井井。」飲食皆於斯，故云德之地也。○巽為進退，坎為通，往來不窮也。上坎是水，下大坎是水源，由水源汲水上井，正井之象也。（「井井」讀作整整）

《巽》（䷸），**德之制也**。《巽象》：「隨風，《巽》。君子以申命行事。」虞翻曰：「巽風為號令，所以制下，故曰德之制也。」《書‧畢命》：「彰善癉惡，樹之風聲。」是德之制矣。

以上是九卦之德，此下是九卦之體。

《履》，和而至。虞翻曰：「《謙》與《履》通（相錯），《謙》坤柔和。『禮之用、和為貴』（《論語‧學而》有若語）者也。」《履》互《家人》，家人主和。又兌為少女，柔和也；乾為果，故真切。至，真切之謂也。

《謙》，尊而光。荀爽曰：「自上下下，其道大光也。」案：二三四互坎為月，伏離為日，日月之道，貞明者也，無得而踰焉，故尊而光。王引之《經義述聞‧述二》：「《謙》尊而光：尊，讀撙節退讓之撙（《曲禮》上：『是以君子撙節退讓以明禮。』），尊之言損也，光之言廣也，大也；尊而光者，小而大。」引之説未甚善。

《復》，小而辯於物。虞翻曰：「陽始見，故小（謂微陽）。乾，陽物。坤，陰物。以乾居坤，故稱別物。」李道平曰：「辯，別也（古辯辨互通）。以陽居陰，故云別物。乾，陽物，在初為善，辯之早也。坤，陰物，在初為不善，由辯之不早辯也；有不善未嘗不知，辯之早，故辯於物也。」

《恆》，雜而不厭。《説文》：「恆，常也。从心，从舟，在二之間上下。心以舟施，恆也。𠄨，古文恆从月。《詩》曰：『如月之恆。』」荀爽曰：「夫婦（乾坤）雖雜居，不厭之道也。」（《序卦傳》：「夫婦之道，不可以不久也，故受之以《恆》。」）李道平曰：「乾坤交，故雜。終則有始（《泰》終轉來為《恆》始），恆久而不已，故不厭之道也。」

《損》，先難而後易。虞翻曰：「《損》初之上失正，故先難（謂《泰》初之上成《損》也）。終反成《益》（倒《損》成《益》），得位於初，故後易（《下繫》五章《益》上之辭云：『易其心而後語。』）。李道平曰：「《損》自《泰》來，《泰》初之上，以陽居陰，為失正，故曰先難。《損》極則終反於下以成《益》（乃成《泰》，非成《益》，虞氏蓋以反為倒也），《益》初得正，故後易。」

《益》，長裕而不設。虞翻曰：「謂『天施地生，其益无方，凡《益》之道，與時偕行』（《益卦・彖辭》），故不設也。」李道平曰：「《益》者，德之裕。益，外體巽為長，故曰長裕。《説文》：『設，施。陳也。』自然饒裕，不待設施。《彖傳》曰：『天施地生，其益无方，凡《益》之道，與時偕行。』即不設之義也。」

《困》，窮而通。虞翻曰：「陽窮《否》上（《困》自《否》來），變之坤二成《坎》（《困》之下體已是坎矣，《否》二之上成《困》，變之坤二則復為《否》，非是。應云四變成《坎》，四不正也），坎為通，故困窮而通也。」案：《困・卦辭》云：「《困》，亨。」《彖辭》云：「險以説（坎險兑説），困而不失其所亨（坎雖險困，然亦為通。且上體兑説，故云。亨，通也）。其唯君子乎！」故云窮而通也。其説具論於上「德之辯」條矣。

《井》，居其所而遷。韓康伯曰：「改邑不改井。（是《卦辭》。《説文》：「昔堯遭洪水，民尻水中高土。」古者掘井不易，故孟子謂「掘井九仞而不及泉」，是以邑改而井不改也）井，所居不移，而能遷其施也。」（謂遷移者仍能得井所施澤也）

《巽》，稱而隱。陸氏《釋文》：「稱，尺證反，又尺升反。」應讀平聲。巽為風，樹之風聲（《書・畢命》）。又兑為口舌，故曰稱。大坎為隱伏，故云隱。崔憬曰：「言《巽》申命行事是稱揚也，陰助德化是微隱也。自此以上，明九卦德之體也。」

以上是九卦之體，此下是九卦之用。

《履》以和行，虞翻曰：「禮之用，和為貴。《謙》震為行（《履》之底卦是《謙》），故以和行也。」案：巽申命行事，亦為行也。

《謙》以制禮，虞翻曰：「陰稱禮（「知崇禮卑」，知陽禮陰），《謙》三以一陽制五陰，萬民服（《謙》三象曰：「勞謙君子，萬民服也。」），故以制禮也。」

《復》以自知，虞翻曰：「有不善未嘗不知（《下繫・復初》之辭），故自知也。」案：坤為體，故云自（自身）。陽為明，自知者明。

《恆》以一德，虞翻曰：「《恆》德之固，立不易方。從一而終（《恆象》：「君子以立不易方。」五象：「婦人貞吉，從一而終也。」），故一德者也。」

《損》以遠害，懲忿窒欲，故云遠害。

《益》以興利，見善則遷，故云興利。

《困》以寡怨，《論語·述而》：「子貢問：『伯夷叔齊何人也？』曰：『古之賢人也。』曰：『怨乎？』曰：『求仁而得仁，又何怨！』」故云困以寡怨。此謂居困而觀能寡怨與否也。

《井》以辨義，乾為義（仁柔義剛），中四爻一陰睽隔之，《睽象》：「上火下澤，《睽》。君子以同而異。」故云井以辨義。（中四爻互《睽》也）

《巽》以行權。權即《中庸》之中也（經是庸，庸，常也；經，正也）。聖人施教，有時而行權，惟經教為多耳。後世小人以狙詐為權術，大違聖教，故子思子稱「中」而不言權。

○《巽》二五以陽居中，巽為風，申命行事，又為進退，為工（有規榘數度），為不果。《論語·子路篇》：「言必信，行必果，硜硜焉，小人哉！」《孟子·離婁下》：「大人者，言不必信，行不必果，惟義所在。」故云《巽》以行權。《論語·子罕篇》：「子曰：『可與共學，未可與適道；可與適道，未可與立；可與立，未可與權。』」行權是聖道中之至微至難，且必不得已而後偶一用之者，不可以為常；非僉人之為詭遇可得而藉口也。《春秋·公羊傳》桓公十一年：「權者反於經，然後有善者也。」士君子應殊變而偶行權，必進退以道；有時而似佹異，然必不失德義之正者也。

附：近人杭辛齋《學易筆談》卷一《孔子之易》云：「《易》者，明道之書也。五帝之治天下也以道，三王以德，五霸以功。世運自帝降而王，王降而霸，道之不明也久矣！孔子生當衰周，五霸之功已沓，浸浸乎由功而降而尚力，至惟力是尚，弱肉強食，人道或幾乎息矣；故孔子贊《易》以存道；又以道之未可驟幾也，乃取中爻以明功（由二至五中四爻，即互卦也。下第九章二與四，三與五，皆稱功），陳九卦以崇德。循序而進，由功而德，其庶幾乎與道近矣。」（杭氏《易》學著述有五種：一、《學易筆談》，二、《易楔》，三、《易數偶得》，四、《讀易雜識》，五、《愚一齋易說訂》。《愚一齋易說》是鄭獻甫小谷撰，杭氏正之）

第八章

《易》之為書也不可遠，即不可須臾離之意。晉侯果曰：「居則觀象，動則玩占，故不可遠也。」

為道也屢遷，時時變化，如爻位不正而變之正，或應爻對易，或上下爻相轉之類是也。姚配中曰：「一陰一陽之謂道，陰陽往來不窮，故屢遷也。」

變動不居，《說文》作凥，処也。不居，謂一定之居處。

周流六虛，謂六爻之位常變也。虛，謂其位常變不實。

上下无常，剛柔相易，姚配中曰：「陰陽上下，互相易位，故上下无常。剛柔相易。」謂下卦之爻往而處於上卦，或上卦之爻來而處於下卦，其上也下也无常方；要之爻之上下相易，或單獨一爻之變，不外乎剛柔相易以正其位耳。

不可為典要，唯變所適。謂不可拘守一端也。典是典常，要是要道，適，往也，宜也，謂應變則變，隨其所宜；某卦如此，他卦未必然也。侯果曰：「謂六爻剛柔相易，遠近恆唯變所適，非有典要。」

其出入以度，外內使知懼。雖剛柔相易，變化无方，然其道密微，進退有度，爻象動乎內，吉凶見乎外，故云其出入以度，外內使知懼。

又明於憂患與故，文、周皆明憂患，知變故，是以卦爻辭多使人知懼而歸於无咎，故下文孔子感之以為如臨父母也。虞翻曰：「神以知來，故明憂患；知以藏往，故知事故（應是變故）。作《易》者其有憂患乎？」

无有師保，如臨父母。保，亦師也。《書·周官篇》：「立太師、太傅、太保，茲惟三公，論道經邦，燮理陰陽。」《大戴禮·保傅篇》：「昔者周成王幼，在襁褓之中，召公為太保，周公為太傅，太公為太師。保，保其身體；傅，傅其德義；師，教之教順。」（賈誼《新書·保傅篇》同。「順」作「訓」）〇此夫子感文、周作《易》之德，使人洞達人情世變，如臨見父母之愛與教也。夫子於文、周且如是，何況吾人之於夫子乎？使夫子不贊《易》，後世雖有聖人，閉門百年思之，不得其意也。《文中子·王道篇》：「天地生我而不能鞠我，父母鞠我而不能成我。成我者，夫子也。通於夫子，受罔極之恩。」吾亦云然。

初率其辭而揆其方，率，《説文》作達，曰：「達，先道也。」引伸為循。辭，卦爻辭。揆，度也。方，道也。謂初學《易》者依循卦辭爻辭而揆度其陰陽變化之道也。

既有典常，既依循其辭，知陰陽變化，出入有度，揆得其方，則是已有典常矣。此典常是正法，謂雖萬變而皆有度有方，與上文之不可為典要，似異而實同。李道平曰：「既，盡也。」此是別一解。

苟非其人，道不虛行。虞翻曰：「苟，誠也。」入聲，讀若亟，與苟且之苟字大異，見《説文》。其人，與《上繫》十二章之「神而明之，存乎其人」同意。謂《易》道廣遠深微，至精至當，得其人而後行。非其人則不易冥契聖心，備悉其妙，斯道不行也，讀者勉乎哉！孔門高弟，論聰慧，則顏回第一，其次子貢。語篤實，則曾參第一，其次子夏。顏回早夭，無論矣，而《易》道卒傳諸商瞿，豈異數哉！瞿殆專精於是，獨得為多，非游、夏諸人所及，即此所謂「其人」也耳。○《中庸》：「大哉聖人之道！洋洋乎發育萬物，峻極于天。優優大哉！禮儀三百，威儀三千，待其人而後行。故曰：苟不至德，至道不凝焉。」《荀子‧勸學》：「君子知乎不全不粹之不足為美也，故誦數以貫之，思索以通之，為其人以處之，除其害以持養之。」為其人，即與古人之心為心，與聖冥合也。《莊子‧大宗師》：「南伯子葵問乎女偊曰：……『道可得學邪？』曰：『惡！惡可！子非其人也！』」蓋欲激厲之變化氣質，以成其人耳。南伯子葵即《齊物論》之南郭子綦，亦得道者。蓋初非其人，後是其人也。學斯道者，幸毋自餒焉。

第九章

《易》之為書也，干寶曰：「重言《易》者，別殊旨也。」

原始要終，追原其始，返求其終。始謂初爻，終謂上爻也。《上繫》第四章：「原始反終，故知死生之說。」（要字音腰，下同）

以為質也。虞翻曰：「質，本也。」崔憬曰：「質，體也。言《易》之為書，原窮其事之初，若『初九潛龍勿用』是原始也。又要會（求體會）其事之末，若上九『亢龍有悔』是要終也。《易》原始潛龍之勿用，要終亢龍之有悔，復相明以為體也。諸卦亦然，若《大畜》而後通之類是也。」

六爻相雜，唯其時物也。時，宜也。謂六爻雖陰陽羣物錯雜相舉，然必恰如其度，皆適其宜也。《下繫》第十章：「爻有等，故曰物，物相雜，故曰文。」

其初難知，其上易知，本末也。初，本也。上，末也。侯果曰：「本末，初上也。初則事微，故難知。上則事彰，故易知。」

初辭擬之，卒成之終。以上是釋初爻及上爻。〇其初設辭以擬議之，善惡猶可變也，故曰初辭擬之（如《坤》初之「履霜堅冰至」是也），其終則善惡已達至極，無可轉移，故曰卒成之終。成，定也。謂卒於末爻定之也。（如坤上之「龍戰于野，其血玄黃」之類是也）

若夫雜物撰德，自此以下至章末，是釋中四爻。〇撰，具也。雜舉陰陽事物，具陳其情實，以喻人事。

辨是與非，辨別其是非、善惡、白黑、邪正、曲直、真偽、虛實、賢不肖、君子或小人等等也。

則非其中爻不備。備，《說文》作葡：「具也。」（備，慎也）中爻，謂中四爻，即二三四五最正確之互卦也，謂每卦不徒初終本末兩爻須知，中四爻尤須詳察也。崔憬曰：「上既具論初上二爻，次又以明其四爻也。言中四爻雜合所主之事，撰集所陳之德，能辨其是非，備在卦中四爻也。」

噫！亦要存亡吉凶，則居可知矣。崔憬曰：「噫，歎聲也。」王引之曰：「噫與抑通，字或作意，又作憶。……噫亦，即抑亦也。」引之蓋不於「噫」字斷句，此別一說，亦可通。○要，大抵之意，即約略也。居，皆也，當也。謂中四爻除能辨是與非外，至於存亡吉凶，亦皆當知之也。

智者觀其彖辭，則思過半矣。此彖辭是謂爻辭也，皆就中四爻言之。韓康伯曰：「夫彖舉立象（爻象）之統，論中爻之義，約以存博，簡以兼眾（約與簡，指爻辭言；博與眾，謂其含義廣也），雜物撰德而一以貫之者也。」

二與四，同功而異位，功，地數之功，二四爻皆地數，即陰數也。位，指卦位，陰取內外，以內為貴，二在內卦，得中位。四處外卦，在下位。韓康伯曰：「同功，同陰功也。異位，有外內也。」崔憬曰：「此重釋中四爻功位所宜也。」

其善不同，善，猶吉也。舉善包惡，舉吉兼凶。

二多譽，四多懼，近也。此釋二多譽。近，謂近在內也。二四是陰數，陰以內為貴，二近在內，故多譽。韓康伯曰：「二處中和，故多譽也。四位逼於君，故多懼也。」韓說非是。

柔之為道，不利遠者。此釋四多懼。柔，指陰數，謂四居外卦為遠，為賤，故多懼。

其要无咎，其用柔中也。其要无咎：謂四雖在外卦多懼，然陰爻居之則得位，其所求但在於无咎也。其用柔中：謂二在陰位且得中，可居中用事，是以多譽也。此兩句分承，要无咎謂四，用柔中謂二。如《坤》之六二：「直方大，不習无不利。」是多譽矣；而六四云：「括囊，无咎无譽。」小象云：「括囊无咎，慎不害也。」是多懼而求无咎之證也。

三與五，同功而異位，此功是天數之功，三五爻皆天數，即陽數也。位，亦指卦位，陽取上下，以上為貴，三處下卦之極位，五處上卦之中位，雖同是天功，而卦位迥異，其善惡吉凶自殊不相同矣。此處不復云「其善不同」者，蓋上文已晐括之，意葡具矣，故不待贅言也。

三多凶，五多功，貴賤之等也。三居下卦之極位，處身於在野之廣大人羣上，樹大招風，名高多忌，易傾危，故多凶。五居上卦之中位，正而且中，無適非當，故多功也。等，序次也。貴賤之等，蓋陽爻以上為貴，下為賤，謂尊卑貴賤之序自不同也。如《乾》之九三云：「君子終日乾乾，夕惕若，厲。无咎。」日乾夕惕且危厲而僅免咎殃，不爾必凶。而九五云：「飛龍在天，利見大人。」《文言》頌之者至矣！是五多功之證也。

其柔危，其剛勝邪？三五皆陽位，如陰爻居之，則為失位不正，故柔爻危；三雖多凶，然得位，猶勝柔爻居之，故云剛勝也。末用「邪」字是疑詞，非必九三盡勝六三，聊愈耳。○此解二四與三五之吉凶，亦大略如是耳，如不盡然者，宜參求其中與不中，得位或失位，有應抑無應，及宜陰宜陽之時，然後無不合也。

第十章

《易》之為書也，廣大悉備，《上繫》第六章：「夫《易》廣矣大矣！……夫乾，其靜也專，其動也直，是以大生焉。夫坤，其靜也翕，其動也闢，是以廣生焉。」又第七章：「夫《易》，聖人所以崇德而廣業也。知崇禮卑，崇效天，卑法地。」崇德是天之體，是大。廣業是地之用，是廣。廣大，兼天地言也。荀爽曰：「以陰易陽謂之廣（陰是地），以陽易陰謂之大（陽是天），《易》與天地準，固悉備也。」李道平曰：「坤，廣生，故以陰易陽謂之廣；乾，大生，故以陽易陰謂之大。」

有天道焉，有人道焉，有地道焉。人在天地之間，蓋賦形於天地，受氣於陰陽而成者，上舉天地（廣大），已包人，然人亦兼有天地之道，故《易》每舉天地以喻人事，詳究《乾》《坤》二卦，則備知矣。

兼三才而兩之，故六；六者非它也，三才之道也。《說卦傳》：「兼三才而兩之，故《易》六畫而成卦。」案：三畫之八卦是下爻為地道，中爻為人道，上爻為天道。六畫之六十四卦，則初二爻為地道，三四爻為人道，五上爻為天道，此通常之卦如此；然《乾》《坤》《坎》《離》四卦，特不在此例中也。才，《注疏本》作材，是正字。《說文》：「才，艸木之初也。」「材，木梃也。」（梃，一枚也。枚，榦也。）「纔，帛雀頭色，一曰：微黑色，如紺。纔，淺也。」末三字是後人所增。

道有變動，故曰爻。《下繫》一章：「爻也者，效此者也。」《下繫》三章：「爻也者，效天下之動者也。」《說卦傳》：「發揮於剛柔而生爻。」○陸績曰：「天道有晝夜日月之變，地道有剛柔燥溼之變，人道有行止動靜吉凶善惡之變，聖人設爻以效三者之變動，故謂之爻者也。」

爻有等，故曰物。姚配中曰：「等，貴賤之等。物，陰陽之物。」**物相雜，故曰文。**陰陽之物相雜錯，故曰文。《說文》：「文，遣畫也。」今俗作紋。《國語‧鄭語》周太史史伯曰：「聲一無聽，物一無文。」韋昭曰：「五色雜然後成文也。」**文不當，故吉凶生焉。**陰陽物相遣雜不得中，或不得位，或不宜其卦德，或上下無應，是以有吉凶也。

第十一章

《易》之興也，其當殷之末世，周之盛德邪？當文王與紂之事邪？《史記‧殷本紀》：「帝紂資辯捷疾，聞見甚敏，材力過人，手格（《說文》：「挌，擊也。」音吉。凡格殺字皆本作挌）猛獸。知足以距諫，言足以飾非。矜人臣以能，高天下以聲，以為皆出己之下。……以西伯昌、九侯、鄂侯為三公。九侯有好女，入之紂，九侯女不憙淫，紂怒，殺之，而醢九侯。鄂侯爭之彊，辨之疾，并脯鄂侯。西伯昌聞之竊歎，崇侯虎知之，以告紂，紂因囚西伯羑里。西伯之臣閎夭之徒，求美女奇物善馬以獻紂，紂乃赦西伯。」《說文》：「羑，進善也。从羊，久聲。文王拘羑里，在湯陰。」《周本紀》：「西伯蓋即位五十年，其囚羑里，蓋益《易》之八卦為六十四卦。」唐張守節《史記正義》：「《乾鑿度》（《易緯》）云：『垂皇策者羲，益卦演德者文（益卦，謂增益《卦辭》），成命者孔也。』《易正義》（孔穎達）云：『伏羲制卦（由三畫之八純卦而重為六畫之六十四卦皆自羲皇，觀《下繫》第二章可知），文王《卦辭》，周公《爻辭》，孔《十翼》也。』按太史公言，『蓋』者，乃疑辭也。……不敢專定重《易》，故稱『蓋』也。」《竹書紀年》：「帝辛（即紂）二十三年，囚西伯於羑里。二十九年，釋西伯（被拘囚凡六年）。三十一年，西伯治兵於畢，得呂尚以為師。四十一年，西伯昌薨。五十二年庚寅，周始伐殷。」紂在位五十三年。

是故其辭危。《易》爻三百八十四，凶多於吉，危多於平，蓋文王、周公皆作於憂患中也。不言周公作《爻辭》者，蓋父作子述，以父兼子也。

危者使平，易者使傾。危懼者使之平易而安，而平易者反使之傾覆敗亡，即《孟子》「生於憂患，而死於安樂也」（《告子下》）之意。○陸績曰：「文王在紂世，有危亡之患，故於《易》辭多趨危亡，本自免濟（本求自免於難而有濟於道也。免，亦借作勉），建成王業，故《易•爻辭》危者使平以象其事。《否卦》九五『其亡其亡，繫于包桑』之屬是也。」李道平曰：「舉《否》五以例其餘，如《乾》三《文言》曰：『終日乾乾，與時偕行。』皆是也。」陸績又曰：「易，平易也。紂安其位，自謂平易而反傾覆。故《易•爻辭》易者使傾以象其事。《明夷》上六『初登于天，後入于地』之屬是也。」李道平曰：「《明夷》上六曰：『初登于天，後入于地。』《明夷》自《晉》來（《晉》之倒是《明夷》）。虞（翻）彼注云：『晉時，在上麗乾，故登于天照四國；今反在下，故後入于地失其則。』

侯（果）注云：『況（比也）紂之時也。』此即易者使傾之意，舉《明夷》以概其餘也。如《乾》上九『亢龍有悔，盈不可久也（小象）』皆是也。」案：《明夷》上六，謂倒《晉》也。《明夷》之離為明居下，坤為晦居上，故云不明而晦。（《明夷》上六：「不明晦，初登于天，後入于地。」象曰：「初登于天，照四國也；後入于地，失則也。」）《晉》之離為日居上，故云初登于天；《明夷》之坤為地居上，離日反在下，故云後入于地。《明夷》小象云云者，《晉》離居上。大人以繼明照于四方，故云照四國也。《明夷》之坤為晦暗，上六處坤之極，昏暗甚矣，故云失則也。

其道甚大，百物不廢。姚配中曰：「陰陽往來，无有窮已，廣大悉備者也，故其道甚大。百，舉成數。廢，休也。」李道平曰：「《乾》之一陽，始出於《震》；《震》初以恐懼致福，有危象焉；陽息（生也）至三，內乾已成，厲而得正，故雖危无咎。《乾》三即《泰》三也，三言往復平陂，而《易》之大道備矣。陂往，即危傾也；平復，即平易也；无往不復，即危者使平也；无平不陂，即易者使傾也。（《泰卦》九三：「无平不陂，无往不復。……」）蓋《易》窮則變，變則通，通則久。故曰其道甚大，百物不廢也。」

懼以終始，其要无咎。此之謂《易》之道也。要，求也，概略也，亦猶歸結也。作《易》者其有憂患，當文王與紂之事，故懼以終始；然能終始以危懼自持，則危者使平，故可以无咎矣。此《易》之根本大道也。○「懼以終始，其要无咎」二語，亦可以總括全《易》之道，占筮者尤不可忽也。

第十二章

夫《乾》，天下之至健也，德行恆易以知險；夫《坤》，天下之至順也，德行恆簡以知阻。《說卦傳》：「《乾》，健也。《坤》，順也。」《上繫》：「《乾》以易知，《坤》以簡能。」《乾》《坤》恆易恆簡，則恐易者使傾；然知險知阻，則危者使平矣。此亦即上章「懼以終始，其要无咎」之義也。○虞翻曰：「險，謂坎也；謂乾二五之《坤》，成坎離（上下是坎，中四大離），日月麗（音離）天，天險不可升，故知險者也。」「阻，險阻也，謂《坤》二五之《乾》（亦成坎離）。艮為山陵，坎為水（坎之三四五互艮，本卦兩坎）。巽高兑下（離之二三四互巽，巽為高。三四五互兑，兑為澤，澤動而下），地險山川丘陵，故以知阻也。」

能說諸心，《坤》初與四之《乾》成《巽》䷸，下四爻互大坎為心，二三四互兑為悅，故云能說諸心。

能研諸侯之慮，《乾》初與四之《坤》成《震》䷲，震驚百里，故云諸侯（五等不過百里也）。三四五互坎為心，為加憂，故云研慮。

定天下之吉凶，成天下之亹亹者。《上繫》十一章：「探賾索隱，鉤深致遠，以定天下之吉凶，成天下之亹亹者，莫大乎蓍龜。」彼處諸解可參閱。○荀爽曰：「娓娓者，陰陽之微（荀氏解亹為微，則借作「尾」。《說文》：「尾，微也。」），可成可敗也。順時者成，逆時者敗也。」順而成即吉，逆而敗即凶。李道平曰：「陰陽初動，成敗未形。如陽生於《復》，由子（十一月，《復卦》）歷巳成《乾》（巳，四月，《乾》是四月卦）；

陰生於《姤》，由午（五月，《姤卦》）歷亥成《坤》（亥，十月。《坤》是十月卦），是順時者成也。若冬行春令，夏行秋令，如《月令》所紀，是逆時者敗也。」（可參讀《禮記·月令篇》）○虞翻曰：「謂《乾》二五之《坤》，成《離》日《坎》月，則八卦象具（《乾》《坤》二五互易成《坎》《離》，初四互易成《震》《巽》，三上互易成《艮》《兑》）。八卦定吉凶（《上繫》十一章），故能定天下之吉凶。娓娓，進也（王逸《楚辭·九辯》注：「亹亹，進貌。」）。離為龜，乾為蓍（《白虎通·蓍龜篇》引《禮·雜記》：「蓍，陽之老也。」今《禮記·雜記篇》無，是別書也），月生震初【月，指坎，生猶升也。帝出乎震，故云初（初，應是動字之譌），是釋進之一義也】。故成天下之娓娓者，謂莫善蓍龜也。」

是故變化云為，吉事有祥。云，猶言也。為，行事也。云為，謂言行也。韓康伯曰：「夫變化云為者，行其吉事，則獲嘉祥之應。」《易》不可以占凶，故云吉事。吉事，謂善事也。

象事知器，占事知來。《上繫》二章：「是故君子居則觀其象而玩其辭，動則觀其變而玩其占。」象事知器者，謂從事於觀象可以知制器。（《下繫》二章是也。近世科學家如能精研《大易》，必更多所發明。惜從事科學者多不能明《易》，而從事《易》學者，又多與科學絕緣耳！觀象制器，孔子於《上繫》第二章特顯舉前例耳，非徒止於此也）占事知來者，謂從事於占筮可以知未來事物也。又《上繫》十章：「以制器者尚其象，以卜筮者尚其占。……問焉而以言，其受命也如嚮。无有遠近幽深，遂知來物。」

天地設位，聖人成能。謂天地剖判而《易》之理已行乎其中，惟羲皇、文、周諸大聖先後作卦及繫以辭而成其能事耳。《上繫》七章：「天地設位，而《易》行乎其中矣。」《上繫》

九章：「引而伸之，觸類而長之，天下之能事畢矣。」崔憬曰：「言《易》擬天地，設《乾》《坤》二位以明重卦之義，所以成聖人伏羲、文王之能事者也。」觀崔氏所解，是以為重卦是文王，非也。

人謀鬼謀，百姓與去聲，許也。**能**。人謀，即能說諸心，能研諸侯之慮。鬼謀，蓋知鬼神之情狀也。百姓與能者，謂《易》之能事如此，故天下百姓盡人皆推許之也。韓康伯曰：「人謀，凡議於眾以定失得也。鬼謀，凡寄卜筮以考吉凶也。不役思慮而失得自明，不勞探討而吉凶自著，類萬物之情，通幽深之故，故百姓與能，樂推而不厭也。」

八卦以象告，告，示也。六十四卦皆由三畫之八純卦而成，必須精研八卦之含義，即精讀《說卦傳》而後全《易》之義可知也。

爻象以情言，情，實也。爻，《爻辭》。象，《卦辭》也。聖人之情見乎辭，謂《爻辭》《卦辭》皆據其實而言之也。

剛柔雜居而吉凶可見矣。居，居位也。剛柔雜居，即得位失位，陰陽乘承宜不宜之類是也。【柔承剛（即陰承陽）為順，多吉；柔乘剛為逆，多凶。承乘宜別】

變動以利言，《上繫》十二章：「變而通之以盡利。」《下繫》二章：「《易》窮則變，變則通，通則久。是以自天祐之，吉无不利。」凡爻不利則須變動以成利也。

吉凶以情遷。情亦實也。隨其善惡之實為轉移，凡筮得吉爻而以之為惡事則反成凶；若筮得凶爻，而能反身修省，為善行義，則不凶而反吉。故云吉凶以其實事而為遷移也。

是故愛惡相攻而吉凶生，此指陰陽爻言也。虞翻曰：「攻，摩也（摩，讀為陰陽相摩之摩，今字用磨）。乾為愛，坤為惡。（乾謂陽，坤謂陰。陽善陰惡，愛即善，善惡與愛惡同義。《易》道扶陽抑陰，人道亦愛善惡惡）謂剛柔相摩，以愛攻惡生吉（如《泰》「小往大來」是也），以惡（去聲）攻愛生凶（如《否》「大往小來」是也），故吉凶生也。」崔憬曰：「遠謂應與不應，近謂比與不比。」李道平曰：「內外（卦）相應為遠，乘承相比為近。」

遠近相取而悔吝生，此指應爻與乘承也。遠謂相應，近謂乘承，相取不當則悔吝生也。○

情偽相感而利害生。此指得位失位也。情是情實，偽是虛偽。得位是實，失位是虛。陽爻居陽位，陰爻居陰位，為得其情實而利生。陽爻居陰位，陰爻居陽位，為失實而虛偽，則害生。

凡《易》之情，近而不相得則凶，或害之，悔且吝。此「遠近相取而悔吝生」之補足義，特解乘承，蓋上下相應易知而相關較輕也。韓康伯曰：「近，況（喻也）比爻也（即乘與承）。《易》之情，剛柔相摩，變動相逼者也；近而不相得，必有乖違之患也。」如《屯》之六二（䷂）：「屯如邅如。……」象曰：「六二之難，乘剛也。」《困》之六三（䷮）：「困于石，據于蒺藜。……」象曰：「據于蒺藜，乘剛也。……」或，即惑字，疑也。《上繫》二章：「悔吝者，憂虞之象也。」或害之悔且吝者：疑為所害，故悔吝而不安也。《說文》：「悔，悔恨也。」「吝，恨惜也。」

將叛者其辭慚。由此以下，幾於觀人矣。《易》爻皆指物以喻人事，故爻辭皆如其人也。《孟子·公孫丑上》：「詖辭知其所蔽，淫辭知其所陷，邪辭知其所離，遁辭知其所窮。生於其心，害於其政；發於其政，害於其事。聖人復起，必從吾言矣。」由此啟之也。○如《晉》之九四（䷢）云：「晉如碩鼠，貞厲。」象曰：「碩鼠貞厲，位不當也。」之類是也。《詩・魏風・碩鼠》序：「……貪而畏人，若大鼠也。」案：《易》與《詩》碩鼠之碩，皆鼫之叚借，不訓碩大。《說文》：「鼫，五技鼠也。能飛不能過屋，能緣不能窮木，能游不能渡谷，能穴不能掩身，能走不能先人。」（今本《荀子・勸學篇》誤作「梧鼠五技而窮」）《九家易》曰：「碩鼠喻貪，謂四也。體離欲升，體坎欲降（火炎上，水潤下，故以為升降），游不度瀆（《爾雅・釋水》：「瀆者，發源注海者也。」以谷為是，谷是指溪，本字作谿），不出坎也（四在坎中，故云）。飛不上屋，不至上也（四離為雉為飛，二三四互艮，止之）。緣不極木，不出離也（離於木為科上槁，四在離下）。穴不掩身，五坤薄也（六五坤位，然止是坤陰一爻，坤屬土，四在其下，故土不厚）。走不先足，外震在下也（二三四倒震在下，而四在外卦，故不能先足而入內。《九家易》「人」作「足」。案：《晉》之內卦是坤，坤為身，為眾，即人矣，不必改人為足也）。五技皆劣，四爻當之，故曰晉如碩鼠也。」翟元曰：「碩鼠晝伏夜行，貪猥无已。謂雖進承五（晉，進也。五，陽位），然潛據下陰（四，陰位），久居不正之地，故有危厲也。」鼫鼠五技而窮，人如之而不慚乎？

中心疑者其辭枝，枝、是枝離疑惑。荀爽曰：「或從王事无成之屬也。」李道平疏以為是《坤》六三「或從王事，无成有終。」案：荀義非指《坤》之六三，乃《訟》之六三也。李疏未究。《坤》六三義，詳見《坤文言》之所發揮，是美意，非中心疑者。往无成，然有終；有終者，至終有善果也。與《謙》六三「勞謙，君子有終，吉。」同意。《訟》之六三（䷅）云：「食舊德，貞厲，終吉（貞，正也。貞正不動則雖危厲而終吉，然下文不爾也）；或從王事，无成。」《訟》之倒卦是《需》，故云食（《需象》：「君子以飲食宴樂。」)。上體乾為老(即舊),為德,故云食舊德(是憑藉先人遺蔭之類也)。三在坎上不動,故云貞厲(三若正,則危厲也。坎,險也,故危厲)。三上相應,若妄動而與上易位,則全體成《大過》,有死亡之象焉,故云或從王事无成。王事者,乾之事,「國之大事,在祀與戎」(《左傳》成公十三年)。祀是吉事,猶可;兵者凶器,不可也。○陳彭年(南唐李後主臣,與後主同入北宋)《江南別錄》(記南唐事。中主中興元年五月,去帝號,改稱江南國主):「延魯(馮延巳庶弟)急於趨進,欲以功臣圖重位,乃興建州之役(此役南唐兵敗。延巳本正人,以延魯故,時人並宋齊丘、延巳、延魯、魏岑、查文徽,謂之五鬼),延巳曰:『士以文行飾身,忠信事上,何用行險以要祿!』延魯曰:『兄自能如此,弟不能悒悒待循資宰相也。』」此不食舊德,不甘貞靜而无成者也。

吉人之辭寡,如《坤》六五「黃裳元吉」,《謙》六二「鳴謙,貞吉」,《臨》初九「咸臨,貞吉」,《復》六二「休復,吉」,《離》六二「黃離,元吉」,《遯》九五「嘉遯,貞吉」,《大壯》九二「貞吉」,《家人》六四「富家,大吉」,《升》初六「允升,大吉」,《兌》初九「和兌,吉」等等之類是也。《易》爻雖以占事,亦可觀人,吉人之辭寡,時然後言,不易之論也。

躁人之辭多,如《震》上六「震索索,視矍矍,征凶。震不于其躬,于其鄰,无咎。婚媾有言。」(解見前《震卦》)又《睽》之上九云(䷥):「睽孤,見豕負塗,載鬼一車。先張之弧,後說之弧,匪寇婚媾,往遇雨則吉。」之類是也。睽,外也。離為目,上九在坎外,回顧而水茫茫,故云睽孤。坎為豕,為雨,五坤陰,為土,土得雨為泥塗,坎為下首,下首則現背,豕背有泥,故云見豕負塗。坎為輿,為車,三五陰爻為鬼,故云載鬼一車。坎為弓，離為大腹，故云先張之弧。下體兌為悅，上回顧至下為後，下五爻成《節》為有度，故云後說之弧。坎為寇，上四成《未濟》，顧視則為既濟，三與上又陰陽相應，故云匪寇婚媾；匪，非也。坎為雨，三上易位之正則上四爻成《歸妹》，有喜矣，故云往遇雨則吉也。孔穎達曰：「以其煩躁，故其辭多也。」侯果曰：「躁人煩急，故辭多。」虞翻曰：「《震》人之辭也，震為決躁。」荀爽曰：「謂《睽》上九之屬也。」（《說文》：「睽，目不相視也。」劉熙《釋名》：「孤，顧也。言顧望無所瞻見也。」）

誣善之人其辭游，孔穎達曰：「游，謂浮游。誣罔善人，其辭虛漫，故言其辭游也。」荀爽曰：「游豫之屬也。」李道平曰：「游豫，當是盱豫之譌。《豫》六三（䷏）曰：『盱豫，悔，遲，有悔。』言睢盱而豫，有悔；遲而不從，亦有悔焉，故其辭游也。」三四五伏離為目，坎為悔，故云盱豫悔。震為行，二三四倒震為遲徐其行，故云遲有悔。此小人刻意為和樂以求悅於人而位不當，巧言、令色、足恭之流也。《說文》：「盱，張目也。」「遲，徐也。」盱豫，是巧言令色；遲，是足恭。又《兌》六三：「來兌，凶。」象曰：「來兌之凶，位不當也。」《兌》上六：「引兌。」象曰：「上六引兌，未光也。」（解見《兌卦》）皆其類也。○誣善之人其辭游，路粹枉狀奏孔融之辭，可為注腳也。《後漢書・孔融傳》載融既見操雄詐漸著，數不能堪。而操潛忌正議，慮鯁大業。遂令丞相軍謀祭酒路粹，枉狀奏融曰：「……又前與白衣禰衡，跌蕩放言，云：『父之於子，當有何親？論其本意，實為情欲發耳！子之於母，亦復奚為？譬如寄物瓶中，出則離矣。』」孔北海年十一，喪父（此據《孔宙碑》，《後漢書》誤作十三），哀悴過毀，扶而後起，州里歸其孝。至性過人，安有是論！此王充之妄言，粹求悅曹瞞，嫁禍於文舉耳！【王充《論衡・物勢篇》：「夫婦合氣，非當時欲得生子；情欲動而合，合而生子矣。」充不孝之尤者，其《自紀篇》，顯舉其先世及父之惡，而盛道已賢，有「鯀惡禹聖，叟頑舜神」之語以自喻；雖劉知幾之褊激，亦以為「厚辱其先」（《史通・序傳》），豈孝如文舉者之論乎！錢大昕《十駕齋養新錄》卷六云：「其答或人之啁，稱『鯀惡禹聖，叟頑舜神；顏路庸固，回傑超倫；孔、墨祖愚，丘、翟聖賢。』蓋自居於聖賢，而訾毀其親，可謂有文無行，名教之罪人也。」而近世章炳麟許其書賢於董生、揚子。以為有漢一人，至今尟逮。何哉？「文滅質，博溺心」，「一言以為不知」，其章氏之謂歟？】粹枉奏文舉後，亦為操所誅。妄求悦於上而誣善，來兑之凶，於後世有徵矣。

失其守者其辭屈。以上六句，韓康伯不注，蓋以為借以論人也。荀爽曰：「謂《泰》上六（䷊）城復于隍之屬也。」李道平曰：「《泰》上六《爻辭》曰：『城復于隍。』是失其守也（以守為守城）。象曰：『其命亂也。』陽信為治，陰詘為亂（謂上六是陰爻），故其辭詘也。」案：上六以陰柔處泰之終極，終則傾，極則反，上四爻互《復》，而五四三倒艮在下，艮為門闕，倒艮是城垣傾隕之象，在《復》與兑澤中，故云城復于隍。《說文》：「隍，城池也。有水曰池，無水曰隍。」六處《泰》終而上體無陽，安而忘危，賢臣遠去，國家將亡之象也。象云其命亂者，上六之下倒艮於兑中為城復于隍，四三二倒巽為亂命，臣子從治命不從亂命，猶桀、紂之臣民欲湯、武來伐之也。○失其守者其辭屈，以之觀人，失其所操守者，其辭不得直也。理直而後辭氣壯旺，今失其所守，焉得不屈哉！觀夫五代馮道之《長樂老自敍》，彌增其醜耳。道事四姓十君，恬不以失節為恥，在相位二十餘年，自號長樂老，為文以敍之，前大半篇歷數己之先世及其數十年所居一切官職；後小半篇飾辭以文其醜，有志者鄙之。其文歐陽修《新五代史》不載，而於其《傳》前《序論》中盛詆之；顧亭林《日知錄・廉恥》具載歐公文，下撰己論，可參閱。茲略引宋薛居正《舊五代史・馮道傳》中所載其《長樂老自敍》云：「……知之者，罪之者，未知眾寡矣（其辭非屈乎？）。有莊有宅，有羣書，有三子，可以襲其業。……有子，有猶子，有孫，奉身即有餘矣；為時乃不足，不足者何？不能為大君致一統，定八方，誠有愧於歷職歷官，何以答乾坤之施？（此愈飾而愈醜也）時開一卷，時飲一杯。食味，別聲，被色，老安於當代耶？老而自樂，何樂如之？」時乾祐三年（五代漢高祖劉知遠）朱明（《爾雅・釋天》：「夏為朱明」）月長樂老序。」（道卒於周世宗顯德元年，年七十三，上距作敍時四年）失守辭屈，飾而益非，若道者，尚知人間有羞恥事耶？余二十年前（一九五三）嘗有詩云：「天轉疏星沒，風翻宿鳥危。近聞長樂老，也作《七哀詩》。亡國寧無責？偷生竟有辭！《春秋》嚴斧鉞，爾汝欲何之？」《大過象》曰：「澤滅木，《大過》。君子以獨立不懼，遯世无悶。」大夫本有死社稷之義；不能者，遯世可也。靦顏事異姓，何面目下見故主哉！

周易繫辭下傳講疏完

周易餘卦講疏

《泰》《否》《既濟》《未濟》《咸》

䷊ 乾下坤上 泰卦

《序卦傳》：「履而泰（行而通），然後安，故受之以《泰》，泰者，通也。」

《雜卦傳》：「《否》《泰》，反其類也。倒卦伏卦皆反」。

䷊

《泰》。小往大來，吉亨。小，小人。大，君子也。陰爻為小，在外為往；陽爻為大，在內為來。虞翻曰：「陽息坤（指下三爻。息，生也），反《否》也，坤陰詘外為小往，乾陽信內為大來。天地交，萬物通，故吉亨。」《莊子‧田子方》：「至陰肅肅，至陽赫赫。肅肅出乎天（地氣上騰），赫赫發乎地（天氣下降），兩者交通成和而物生焉。」《文子‧上德》：「天氣下，地氣上，陰陽交通，萬物齊同，君子同事，小人消亡，天地之道也（即《泰》）。天氣不下，地氣不上，陰陽不通，萬物不昌，小人得勢，君子消亡（即《否》）。」

《彖》曰：「『《泰》，小往大來，吉亨。』則是天地交而萬物通也，何妥（隋人，《隋書‧經籍志》著錄「《周易講疏》十三卷」，今亡）曰：「此明天道泰也。夫《泰》之為道，本以通生萬物，若天氣上騰，地氣下降，各自閉塞，不能相交，則萬物無由得生。明萬物生由天地交也。」

上下交而其志同也。何妥曰：「此明人事泰也。上之與下，猶君之與臣；君臣相交感，乃可以濟養民也。天地以氣通，君臣以志同也。」姚配中曰：「二五交，成《既濟》，萬物出震（三四五互震）。同，合也。二上為君，五下為臣，二五易位，六爻正，故志同也。」（《既濟》自《泰》來，姚故云）

姚配中，清旌德人，字仲虞，道光時諸生。治經長於《易》，嘗本鄭氏義著《周易姚氏學》，時推精審。工書，嗜琴，有《琴學書學拾遺》。

內陽而外陰，內健而外順，何妥曰：「此明天道也。陰陽之名，就爻為語；健順之稱，指卦為言。順而陰居外，故曰小往；健而陽在內，故曰大來。」《說卦傳》：「乾，健也。坤，順也。」

內君子而外小人，崔憬曰：「此明人事也。陽為君子，在內健於行事；陰為小人，在外順於聽命。」李道平曰：「君子之性剛彊，故陽為君子，信在內則健於行事；小人之性柔弱，故陰為小人，詘在外則順於聽命。內外得所，人事所以常泰也。」

崔憬，唐時人，著有《周易探玄》。

君子道長，去聲，今俗作漲。**小人道消也。」**李道平曰：「君子，陽也，內之陽日息，故曰君子道長；小人，陰也，外之陰日消，故曰小人道消也。《雜卦傳》曰：『《夬》，決也，剛決柔也。君子道長，小人道消（原作憂）。』義並同也。」

《象》曰：「天地交，《泰》。荀爽曰：「坤氣上升，以成天道；乾氣下降，以成地道。天地二氣，若時不交，則為閉塞；今既相交，乃通泰。」

后以財成天地之道，《爾雅·釋詁》：「林、烝、天、帝、皇、王、后、辟、公、侯，君也。」《說文》：「后，繼體君也。」財，借為裁。《說文》：「裁，製衣也。」李道平曰：「后本君稱，茲不稱天子王者，以坤為后土。杜預《左傳注》云：『土為羣物主，故稱后。』是也。非女主稱后也。財，《釋文》云：『荀作裁。』《釋言疏》（北宋邢昺《爾雅疏》）云：『財裁音義同。』《史記·封禪書》：『民里社各自財以祠。』《漢書·郊祀志》作『自裁』是也。《繫上》曰：『坤化成物。』故曰財成。道有偏陰偏陽，則財而成之，如《周官》（《尚書》篇名，非《周禮》也）所云『燮理陰陽』是也。」（《孔傳》：「和理陰陽，言有德乃堪之。」）

輔相天地之宜，以左右民。」宜，有也。左右，今俗作佐佑。《說文》：「左，𠂇手相左也。」「右，手口相助也。」鄭玄曰：「輔相，左右，助也。」

初九：「拔茅茹，以其彙，征吉。」茹，音裕，與類叶韻（類，古讀遇韻），此謂茅根。鄭玄注：「彙，類也。茹，牽引也。茅，喻君有絜白之德，臣下引其類以仕之。」王弼曰：「茅之為物，拔其根而相牽引者也。茹，相牽引之貌也。三陽同志，俱志在外，初為類首，已舉則從，若茅茹也。上順而應，不為違距，進皆得志，故以其類征吉。」姚配中曰：「拔，擢也，盡也。茅，菅也。茅叢生，故《否》《泰》初皆取象焉。《否》《泰》反類，故拔茅茹，以其彙。初三得位，不當升；以二升五，為君。初三以類相從，故三陽俱升，此《泰》之極所以反成《否》也。二升五為君，初志在從五，故征；終止不升，得位，故吉。或說：茹，茹藘，蒨草也。」○初九震位，為蕃鮮，故云茅。為作足，作，起也，故云拔。為足為行，故云征。（《說文》：「征，行也。」）三陽同志，與上卦成正應，故云以其彙。初動則成《升》之初六「允升，大吉」，故云吉也。（彙本蝟之古文，然古多借為類，故讀類不讀蝟也）征本行也，行即動也，初動則陽爻變陰，成《升》之初六矣。此爻甚難喻，姚氏義較長，然釋爻辭，嫌未詳盡。

《象》曰：「『拔茅征吉』，志在外也。」虞翻曰：「《否》《泰》反其類，《否》巽為茅茹茅根，艮為手。彙，類也，初應四，故拔茅茹以其彙。震為征，得位應四，征吉。外，謂四也。」姚配中曰：「志在從五。」初與二同陽相比為類；已用二升五，已雖不升，然志仍在五，姚義為是。（以其彙之以是用也，與六四「以其鄰」同解。此爻用二，六四用五）

九二：「包巟，用馮河，不遐遺，朋亡，得尚于中行。」包，本字作勹，裹也。巟（俗本作荒），廣大也。《說文》「巟，水廣也。（荒，蕪也）從川，亾聲。《易》曰：『勹巟，用馮河。』」馮，本字作淜，然許君所見之《易》已用叚借字矣。《說文》：「淜，無舟渡河也。」「馮，馬行疾皃。」「𨟚，姬姓之國（房戎切）。」「凭，依几也。」○二三四互兌為澤，為川，為河，故云巟。初與五中勹兌而互《大壯》，故云勹巟。二之上三爻互震為足，倒體為艮手，故云用馮河（以手足游泳渡河也）。五在外，與二相應，故云不遐遺（遐，遠也，謂五）。初三與二同類為朋，止而不升（得位），故云朋亡。二上於五，中而且正，故云得尚于中行（行，本去聲，解作操行之行，此爻與上巟、亡叶韻，故讀陽韻耳）。〇姚配中曰：「陰包陽（謂二是陽爻而在陰位中也），故曰包。包荒，喻三陽之盛也。《詩》曰：『王旅嘽嘽（音灘），如飛如翰，如江如漢；如山之苞，如川之流。』（《大雅・常武》）包荒者，喻賢人眾多，可以濟險也，故用馮河，二之五涉坎濟難也。《書》曰：『今在予小子旦，若遊大川，予往暨汝奭其濟。』（《書・君奭》）。旦，周公。奭，召公）用馮河者，濟艱難，定君位也。君位之定，臣實輔之，故不遐遺，謂不棄功臣也，初三是也。《詩》曰：『於萬斯年，不遐有佐。』（《大雅・下武》）言輔佐之臣亦蒙其福餘也。君位定，則君臣之分嚴，故朋亡。陽與陽為朋，二未升時，初三朋也，升五為君，則初三臣也。二上升五，履中處正，出令惟行，故得尚于中行。君不棄其臣，臣不敢逼君，此天下所以長泰也，《既濟》是也。若三陽俱升，則《泰》反成《否》，臣有逼君之嫌，君遂有棄臣之事矣。聖人之處《泰》也慎哉！」

《象》曰：「『包巟得尚于中行』，以光大也。」姚配中曰：「成《既濟》，故光大。」二本陽爻為大，不正，當變而上升五，二變則下體成離為光，故云光大也。〇虞翻曰：「在中稱包（此別一義，謂二在下卦之中也）。巟，大川也。馮河，涉河。遐，遠。遺，亡也。失位，變得正。體坎（謂二變二三四互坎），坎為大川，為河；震為足，故用馮河。乾為遠（二未變時下卦體乾也。《左傳》昭公十八年：「天道遠，人道邇。」），故不遐遺。兑為朋（《兑象》：「君子以朋友講習。」），坤虛无君，欲使二上，故朋亡。二與五易位，故得尚于中行，震為行（虞讀行為行路之行），故光大也。（虞意謂得尚于中行故光大。李道平疏虞義云：「五下二成離，離為光，乾為大，故光大也。」）

九三：「无平不陂，无往不復；艱貞无咎，勿恤其孚，于食有福。」復與福為韻。〇外體坤為地為平（《書・大禹謨》：「帝曰『俞！地平天成。』」《左傳》文公十八年：「魯太史克曰：『舜臣堯，舉八愷，使主后土，以揆百事，莫不時序，地平天成。』」），五下連三成艮（即三四五倒體）為山，山勢陂陀，故云无平不陂。震為足為行，為往，三至上互《復》，故云无往不復。二五易位則成兩坎，坎，險也，故云艱；三得位，又處下坎之中，故云貞（正也）；止而不升，全卦成《既濟》，故云无咎。坎為加憂，故云恤（《説文》：「恤，惪也。」惪憂古今字）；三得位，與二同類，二升而已止，情相往來，五信之而不疑，故云勿恤其孚（信也）。兑為口，震於稼為蕃鮮，故云食；三處《復》之初，「无祇悔，元吉」，故云有福。此爻，若後漢光武帝之於嚴子陵是也。二升五為君是光武，三止而不升是子陵。「光武舍子陵於潺湲之瀨，松蘿低舉，用以優賢；巖水澄華，茲焉賜隱。臣行厥志，主有嘉名」（《晉書・阮嵇等傳論》）。斯其意矣。（子陵與光武同學而年加長，必知光武能興復漢業而進以義言，故光武即位後求子陵不已也。无平不陂，似西漢之亡也；无往不復，似光武之中興也；至艱貞无咎，勿恤其孚，于食有福，則似嚴陵生平矣。可參閲《後漢書・逸民・嚴光傳》）

《象》曰：「『无往不復』，天地際也。」天地際，亦猶云君臣相得也。（《説卦傳》：

「乾為君。」《坤文言》：「地道也，妻道也，臣道也。」子陵後雖不冐事光武，然「率土之濱，莫非王臣」也）。○宋衷曰：「位在乾極（九三之於乾，是處下卦之極位），應在坤極（上六在坤是上卦之極），天地之際也。地平極則險陂，天行極則還復，故曰无平不陂，无往不復。」

宋衷，字仲子。東漢南陽章陵人。注《周易》十卷，亡。

六四：「翩翩不富，以其鄰，不戒以孚。」坤虛无陽，不實，故云不富；三四五互震為善鳴，為作足，故云翩翩。【宋衷曰：「四互體震，翩翩之象也。」清包世榮曰：「《詩‧毛傳》（《小雅‧巷伯》『緝緝翩翩』傳》）：『翩翩，往來貌（此處是震為往，上四互《復》為來）。翩翩者，往來求富，求富則貧。《禮記‧表記》：『后稷之祀，易富也。其辭恭，其欲儉，其祿及子孫。』』」包氏求富則貧語過強，餘可參。】以，用也（下一以字是因也）。用其鄰：謂待二升五，成《既濟》，而己承之也。不戒以孚者，二升五成《既濟》，則上體為坎為信（孚，信也。《坎‧卦辭》：「習坎，有孚。」《坎彖》：「行險而不失其信。」）。四陰承之，上下和調，君臣相得，故云爾也。此爻，諸葛公似之矣。其《臨終遺表》云：「臣家成都，有桑八百株，薄田十五頃，子孫衣食，自有餘饒。臣身在外，別無調度。隨時衣食，悉仰於官，不別治生，以長尺寸。臣死之日，不使內有餘帛，外有盈財，以負陛下也。」（此用《諸葛丞相集》，《蜀志》本傳所載略異）此翩翩不富之真義也，豈求富則貧哉？

《象》曰：「『翩翩不富』，皆失實也。」若諸葛公許劉先主以馳驅，奉命危難間，十九年寢不安席，食不甘味（吳張儼《默記》載《後出師表》，裴松之注以為是後主建興六年十一月，則是二十年餘矣）；以至後主時凡五北征，「連年動眾，未能有克」（陳壽《上諸葛氏集目錄表》），亦失實之義，非貶抑之辭也。震為行，翩翩也；坤中虛，不富也。宋衷曰：「四互體震，翩翩之象也；陰虛陽實，坤今居上，故言失實也。」

『不戒以孚』，中心願也。」二升五成《既濟》後，則四陰得承五陽，順而相得，坎為心，故云中心願也。《蜀志・諸葛亮傳》謂先主「與亮情好日密（隆中晤見後）」及《出師表》「由是感激，遂許先帝以驅馳」，是中心願也。

六五：「帝乙歸妹，以祉元吉。」帝乙，成湯也。歸妹，嫁其妹也。祉，福也。五，帝位，又帝出乎震（三四五互震），坤為乙（乙癸向坤求），中四互《歸妹》，故云帝乙歸妹。五陰附於陽位，妹也，當歸位下嫁二；五既下歸二，二上升五，剛柔正而成《既濟》，陰陽和，萬物生，有福矣，故云以祉元吉。李道平曰：「《子夏傳》曰：『帝乙歸妹，湯之嫁妹也。』《世本》：『湯名天乙。』故稱帝乙。京房《章句》載湯嫁妹之辭曰：『無以天子之尊而乘諸侯！無以天子之貴而驕諸侯！陰之從陽，女之順夫，本天地之義也。往事爾夫，必以禮義。』其辭未必傳於上世，然亦以帝乙為湯也（虞翻以為是紂父，非是）。又荀爽《後漢書》本傳言湯有娶禮，歸其妹於諸侯也。（《後漢書・荀爽傳》對策陳便宜曰：「……《易》曰：『帝乙歸妹，以祉元吉。』婦人謂嫁曰歸，言湯以娶禮歸其妹於諸侯也。」）是先儒皆以帝乙為湯也。……自二至五，體互震兌，震長男，故為兄，兌少女，故為妹。坤為妻道，五當歸二，故為嫁妹。」

《象》曰：「『以祉元吉』，中以行願也。」《九家易》曰：「五下於二而得中正，故言中以行願也。」李道平曰：「五陰下居于二，中而且正，互震足為行，坎心為願，是得中以行其願，故曰中以行願也。」

上六：「城復于隍，勿用師！自邑告命，貞吝。」上六以陰柔處《泰》之終極，終則傾，極則反；上四爻互《復》，而五四三倒艮在其下，艮為門闕，為城，倒艮是城垣傾隤之象，在《復》與兑澤中，故云城復于隍（《說文》：「隍，城池也。有水曰池，無水曰隍。」）。上處《泰》終而上體无陽，是安而忘危，賢臣遠去，國家將亡之象也。二動（必動）則上五爻互《師》，今三陰乘陽，其行逆，不順，天助順，不助逆，故云勿用師。（其行逆而用師者必敗，《書•武城》謂紂眾「前徒倒戈，攻於後以北，血流漂杵」是也）坤為眾，為邑。在上六下者，震為善鳴，兑為口舌，倒巽為逆命，故云自邑告命。謂其眾自京邑告其逆亂之命於天下也。《商書•伊訓》：「皇天降災，假手於我有命，造攻自鳴條（夏所宅）。」又《周書•多士》：「惟爾洪無度，我不爾動，自乃邑。」（元蔡沈注：「乃汝大為非法，非我爾動，變自爾邑，猶《伊訓》所謂『造攻自鳴條』也。」）皆其意。貞，正也。吝，憂虞之象。貞吝者，雖有正人亦無如之何也。如紂之有微子、箕子、比干三仁，徒自憂爾！奈紂何哉！（桀有賢士關龍逢亦然）

《象》曰：「『城復于隍』，其命亂也。」六下倒艮於兑澤中為城復于隍，倒巽為亂命，臣子從治命不從亂命，如桀、紂等之不仁而在高位，播其惡於眾，故其臣民欲湯、武來伐之也。

䷋ 坤下乾上 否卦

《序卦傳》：「物不可以終通，故受之以《否》。」以禹之後而有桀，湯有紂，文、武有幽、厲是也。崔憬曰：「物極則反，故不終通而否矣。所謂城復于隍者也。」李道平曰：「《泰》上象曰：『城復于隍，其命亂也。』其即《否》之謂乎！」

《大戴禮・保傅篇》曰：「昔者禹以夏王，桀以夏亡；湯以殷王，紂以殷亡。……其所以君王同而功迹不等者，所任異也。齊桓公得管仲，九合諸侯，一匡天下，再為義王。【賈誼《新書・胎教篇》作「稱為義主」，《新書》是。（《新書》亦有《保傅篇》，此段則在《胎教篇》）再，乃爯之誤字，爯，則偁之叚借。《說文》：「爯，並舉也。」「偁，揚也。」】失管仲，任豎刁、狄牙（即易牙），身死不葬，而為天下笑。桓公尸在牀上六十七日，尸蟲出于戶。一人之身，榮辱具施焉者，在所任也。……由是觀之，無賢俊佐士，而能成功立名，安危繼絕者，未之有也。是以國不務大，而務得民心；佐不務多，而務得賢臣。得民心者民從之，有賢佐者士歸之。……故同聲則異而相應，意合則未見而相親。賢者立於本朝，而天下之豪相率而趨之也。……故無常安之國，無宜治之民；得賢者安存，失賢者危亡。自古及今，未有不然者也。」（原見《韓詩外傳》卷五）《否》《泰》兩卦初爻皆舉「拔茅茹，以其彙」，蓋國之通塞，皆在乎得賢與否也。而《否》之卦辭首云「之匪人」，蓋所以警亂君之所與非人則成《否》也。漢元帝時，宦官弘恭、石顯弄權，數譖毀光祿勳周堪及其弟子光祿大夫張猛，劉向懼其傾危，乃上封事諫元帝曰：「讒邪進則眾賢退，羣枉盛則正士消，故《易》有《否》《泰》。小人道長，君子道消；君子道消則政日亂，故為《否》。《否》者，閉而亂也。君子道長，小人道消；小人道消則政日治，故為《泰》。《泰》者，通而治也。」此言賢匪相傾，《否》《泰》《剝》《復》反類相乘除之義也。《泰》上四互《復》，《否》下四互《剝》。《泰》下四互《夬》，揚于王庭；《否》上四互《姤》，女壯于上。昔范文正公權知開封府時，牾權相呂夷簡，貶知饒州。秘書丞余靖安道抗言論救；太子中允尹洙師魯自訟與希文師友，願從降黜；館閣校勘歐陽修以高若訥在諫官，坐視之貶不爭，且加詆誚，移書責之曰：「昨日安道貶官，師魯待罪，足下猶能以面目見士大夫，出入朝中，稱諫官，是足下不復知人間有羞恥事爾！」亦貶夷陵令。蔡襄君謨為作《四賢一不肖詩》，都人士爭相傳寫，鬻書者市之，得厚利；契丹使適至，買以歸，張於幽州館。賢匪之升沈，或暫蒙昧於朝，而天下之論不爾；雖之夷狄，同其慨焉，可畏也哉！見《宋史》范仲淹、蔡襄等傳及《歐陽文忠公集》。又《宋史・蘇轍傳》：「自元祐初，一新庶政，至是五年矣。人心已定，惟元豐舊黨，分佈中外，多起邪說，以搖撼在位。呂大防、劉摯患之，欲稍引用，以平夙怨，謂之調停。宣仁后疑不決。轍面斥其非，復上疏曰：『臣近面論君子小人不可並處，聖意似不以臣言為非者。

然天威咫尺，言辭迫遽，有所不盡。臣而不言，誰當救其失者？親君子，遠小人，則主尊國安；疏君子，任小人，則主憂國殆。此理之必然。未聞以小人在外，憂其不悅，而引之於內，以自遺患也。……若遂引之於內，是猶患盜賊之欲得財，而導之於寢室；知虎豹之欲食肉，而開之以坰牧。無是理也。且君子小人，勢同冰炭，同處必爭；一爭之後，小人必勝，君子必敗。何者？小人貪利忍恥，擊之則難去；君子潔身重義，沮之則引退。古語云：『一薰一蕕，十年尚猶有臭。』（《左傳》僖公四年龜卜之辭）蓋謂此矣。……議者惑於說，乃欲招而納之，與之共事，謂之調停；此輩若返，豈肎但已哉！若將戕害正人，漸復舊事，以快私忿。人臣被禍，蓋不足言；臣所惜者，祖、宗朝廷也。……』疏入，宣仁后命宰執讀於簾前，曰：『轍疑吾君臣兼用邪正，其言極中理。』諸臣從而和之，調停之說遂已。」宣仁雖明斷，然不能盡去熙、豐小人，至啟哲宗親政後章惇等紹述之禍，於是乎蘇子由為知言矣。

䷋《否》。之匪人。不利君子貞。大往小來。下四互《剝》，上四互《姤》。（《剝》：「不利有攸往。」《姤》：「女壯，勿用取女。」）中四互《漸》，漸者進也；三四五又互巽為進退，故云之匪人。（之，往也，與也。匪，非也；匪人，《剝》《姤》是也）

虞翻曰：「陰來滅陽，君子道消，故不利君子貞。陰伸陽詘，故大往小來。」（君子為小人所迫，故云不利君子貞。貞，堅貞也）

《彖》曰：「『否，之匪人。不利君子貞。』崔憬曰：「否，不通也。於不通之時，小人道長，故云匪人。君子道消，故不利君子貞。」

大往小來』，蜀才（《經典釋文・敍錄》：「姓范，名長生，一名賢。隱居青城山，自號蜀才，李雄以為丞相。」雄於晉惠帝永興元年即帝位於成都，國號成）曰：「此本《乾卦》。大往，陽往而消；小來，陰來而息也。」息，生也，長也。外為往，內為來。

則是天地不交而萬物不通也，隋何妥曰：「此明天道否也。」**上下不交而天下无邦也。**何妥曰：「此明人事否也。《泰》中言志同，《否》中云无邦者，言人志不同，必致離散而亂邦國。」坤為邦土，羣陰在內，小人盈朝，故云无邦。

內陰而外陽，內柔而外剛，內是貴，是重；外是賤，是輕。柔，柔媚。剛，剛直。崔憬曰：「陰、柔，謂坤（在內）；陽、剛，謂乾（在外）也。」

內小人而外君子。小人道長，君子道消也。」崔憬曰：「君子在野，小人在位之義也。」《書・大禹謨》：「君子在野，小人在位，民棄不保，天降之咎。」

《象》曰：「天地不交，《否》。宋衷曰：「天地不交，猶君臣不接。天氣上升而不下降，地氣下沈又不上升。二氣特隔，故云否也。」《禮記・月令》：「天氣上騰，地氣下降，天地不通，閉塞而成冬。」即《否》之義也。

君子以儉德辟難，不可榮以祿。」上五爻互《遯》，下四爻互《剝》，剝落而出遯，避難之象。坤為吝嗇，艮為止，為堅多節，故云儉德，不可榮以祿。（震為蕃鮮，為榮，震倒則不榮矣；又震為稼，為祿）虞翻曰：「君子謂乾，坤為營（虞氏榮作營。致役乎坤，故云營也），乾為祿（乾陽為生，故為祿。《大禹謨》及《論語・堯曰篇》皆云「四海困窮，天祿永終」，小人在位，君子豈屑與之同受爵祿乎！），難謂坤，為弒君（「臣弒其君」，非難乎？），故以儉德避難（巽為寡，亦儉也）。巽為入伏，乾為遠，艮為山，體《遯》象，謂避難遠遁入山，故不可營以祿。」

初六：「拔茅茹，以其彙，貞吉，亨。」《大戴記》曰：「無常安之國，無宜治之民，得賢者安存，失賢者危亡（見前）。」國之通塞安危，皆在乎得賢與否，故《泰》《否》二卦皆取拔茅茹以其彙，幾於用辭矣。李道平曰：「《泰》《否》初爻，皆取象于茅，其初難知（《下繫》：「其初難知，其上易知，本末也。」），聖人不遽疑其異。但九（《泰》初）為陽剛，君子之象也，故稱其共進則吉（共進，謂征也）；六為陰柔（《否》初），小人之象也，故戒以守正則吉（正，謂貞也）。六居初位不正，宜化為陽，《既濟》始奠）。且《否》初言亨者，初動成剛，反《泰》之始。《泰》者通也，故獨言亨，與《泰卦》吉亨同辭。」（《泰》之卦辭也。案：初動則下五成《益》利有攸往，利涉大川，故云亨也）

《象》曰：「『拔茅貞吉』，志在君也。」君，謂五。初與四應，欲之四承五，故云志在君也。（初之四，三之上，則上卦成坎，為心為志）

六二：「包承，小人吉，大人否，亨。」以下奉上為承，二與五應，陰居下卦之中，遠承五陽。五，乾位，為圜，為君，來包己，故云包承。小人謂陰，大人謂陽，小人吉大人否者，二陰不動，安其位得正，待成《既濟》則吉；若動而成陽，則《既濟》壞，故否也。亨，通也，謂成《既濟》則陰陽小大俱正，故通也。

《象》曰：「『大人否亨』，不亂羣也。」謂二得位不變陽，安處下體，故不亂羣也。（成《既濟》則陰陽小大各得其正，故不亂其羣。又：二是坤位，為眾，故云羣，謂二不宜變）

六三：「包羞。」三與上相應，三，陽位，宜陽爻居之；上，陰位，宜陰爻居之。今陰陽舛錯，所包非當，故曰包羞而小象謂之位不當也。包有二義：上包下，外包內，一也；位有定，爻無定，爻臨位而居之，是爻包位也（此是爻包位）。

《象》曰：「『包羞』，位不當也。」李道平曰：「案：虞云：『坤為恥。』（陰為小人可恥）《廣雅》：『恥，羞也。』陰消至三，《否》象始成，位既不正，為上所包，以陽包陰，是包羞也。（二亦為陽所包，然二五俱正，故二吉亨而三可恥也）《孟子》曰：『無羞惡之心，非人也。』故象以三為匪人，三與上應，皆不得正，故曰位不當也。」

九四：「有命无咎，疇離祉。」荀氏等《九家易》曰：「巽為命，……疇者類也。……離，附。祉，福也。」四失位，本有咎，之初得正，故有命无咎。命，五命之，君命也。初四易位，陰陽得正，同受君恩，故云疇離祉也。（疇類猶共同，離附猶承受也）

《象》曰：「『有命无咎』，志行也。」四之初，則下卦成震，為足為行，三四正，則二三四成坎為志，故云志行也。

九五：「休否，大人吉。」姚配中曰：「休，止也，已成《既濟》，故休否。五得中正，故大人吉。」五，乾位，飛龍在天，利見大人，故云大人吉也。

其亡其亡，荀爽曰：「陰欲消陽，由四及五（四已變陰），故曰其亡其亡。謂坤性順從，不能消乾使亡（即不亡也）。」《下繫》第五章已釋其亡二句，宜與此爻共參。

繫于苞桑。」苞，荀爽、陸績作包。荀爽曰：「包者，乾坤相包也。桑者，上玄下黃，以象乾坤也。乾職在上，坤體在下，雖欲消乾，繫其本體，不能亡也（謂爻得正位）。」京房曰：「桑有衣食人之功，聖人亦有天覆地載之德，故以喻。」陸績曰：「包，本也。言其堅固不亡，如以巽繩繫也。」○案：其亡其亡者，謂惟恐其亡而實不亡也。初變則下體成震，恐懼；三四變則二三四互坎，險陷，故云其亡其亡。然震來虩虩，恐致福也；坎，行險而不失其信，天險不可升，大人居尊位，安不忘危，守正勿失，何亡之有！（《下繫》釋此爻曰：「危者，安其位者也；亡者，保其存者也；亂者，有其治者也。是故君子安而不忘危，存而不忘亡，治而不忘亂，是以身安而國家可保也。」）○初變，震為木，為蕃鮮，三四變，坎為堅木，巽又為木，為近利市三倍，苞桑之象也。（《爾雅・釋言》：「苞，稹也。」孫炎曰：「物叢生曰苞，齊人名曰稹。」《周禮・地官・司徒》：「凡宅不毛者有里布。」鄭眾注：「宅不毛者，謂不樹桑麻也。」賈公彥疏：「不樹桑麻之毛者，罰以二十五家之稅布。」黃帝、堯、舜垂衣裳而天下治，其重視苞桑可知）巽為繩，故云繫于苞桑。

《象》曰：「『大人』之『吉』，位正當也。」崔憬曰：「得位居中也。」

上九：「傾否，先否後喜。」傾否，謂成《泰》也。傾，覆也，反也。極必反。《否》之倒卦反卦皆成《泰》，故云傾否，先否後喜。老子曰：「禍兮福之所倚（此爻是），福兮禍之所伏（《泰》上是）。」〇李道平曰：「《否》極則《泰》來，窮上反下（《序卦傳》：「《剝》窮上反下，故受之以《復》。」），故《否》窮則傾矣。方傾之時（方、當也，當其未傾），其體猶《否》，故先否也；傾畢，則反《泰》而通矣，故後喜也。」

《象》曰：「『否』終則『傾』，何可長也。」物極必反，《剝》極則《復》，《否》亦如之，故《否》終則傾倒而反成《泰》，不可以長《否》也。

䷾ 離下坎上 既濟卦

《序卦傳》：「有過物者必濟，故受之以《既濟》。」鄭玄注：「既，已也。濟，度也。」韓康伯曰：「行過乎恭，禮過乎儉（《小過象》：「君子以行過乎恭，喪過乎哀，用過乎儉。」），可以矯世厲俗，有所濟也。」李道平曰：「《小過》之過，《論語》所謂『觀過斯知仁矣』（《里仁篇》）之過也。如行過乎恭，喪過乎哀，用過乎儉，皆過所當過，而不失乎禮之本者也，故可以矯世厲俗，有所濟也。」

上經始《乾》《坤》而終《坎》《離》，大抵《乾》《坤》欲成《泰》，《坎》《離》欲成《既濟》；而全經六十四卦，又大抵皆欲成《既濟》。蓋惟《既濟》一卦為六爻皆正，陰陽和調，《乾》

《坤》（父母）及六子之位皆在焉。夫六爻皆正，則君臣之分宜，職其所職，任其所任，而天下平治矣。然《既濟》，定也（《雜卦傳》）。已定則亂生，天下無永平定而不亂者！唐、虞、夏、商之隆，止堯、舜、禹、湯四聖明君耳；周道雖平如砥而直如矢，亦惟文、武開基，成、康濟美，爾後頌聲無聞矣。夫子於《既濟象》嚴警天下後世以「思患而豫防之」。然歷時至今，二千餘年，思患豫防，長治不亂者有乎哉？《易》道成《既濟》，是已臻至極，極必反；譬猶人登頂峯，無長居理，游目之餘，必循坡而下焉，斯所以治世少而亂世多也。太史公曰：「人君無愚智賢不肖，莫不欲求忠以自為，舉賢以自佐，然亡國破家相隨屬；而聖君治國（聖明之君，治平之國），累世而不見者，其所謂忠者不忠，而所謂賢者不賢也。」大哉言乎！有聖君（聖，通也），然後有治國；有聖君，然後能識臣之孰忠孰賢。夫然，則天綱昶而萬目張，棟梁正而大廈成矣。天下未嘗無良駿也，無伯樂與九方臯也；未嘗無奇才也，無明察而能力拔之者也。世徒知得賢者安存，失賢者危亡，而未極論夫得失之分實存乎大君也。得失之分存乎大君，《易》於《既濟》九五顯之矣。

䷾

《既濟》。亨小，利貞。虞翻曰：「《泰》五之二（三陰三陽之卦自《泰》來），小謂二也。柔得位，故亨小。六爻得位，各正性命，保合太和，故利貞矣。」李道平曰：「于例當二之五，而五之二者，《泰》坤女，主下交于二，故卦主柔得中而亨小也。」案：五本更亨，不舉五而舉二云小者，恐後世安而忘危，終招亂亡之患，故下文云初吉終亂，而《象》云思患而豫防之，文王、孔子之垂戒也深矣。○姚配中曰：「六爻已正，不可妄動，故利貞，言不可化（變動）。」貞，正也，六爻俱正，和之至矣；初與上（本至末）妄動則成《未濟》，故戒以利於貞正也。夫既已濟矣，而《卦》言終亂，《象》戒思患豫防，往古來今，治世少而亂世多，君子寡而小人眾，果不免於二聖人言，何哉？太史公之論是矣。忠者不忠而賢者不賢，是所用非人，居其位者不當也；六爻永正，居位者皆當，窮天地亘萬古而幾見哉！方開元之季（二十四年），玄宗猶有為也，而罷張曲江，相李林甫。又景祐之三年，以仁宗之賢且春秋鼎盛也（年二十七），而貶范仲淹、余靖、尹洙、歐陽修四賢於外，則他可知矣。

初吉，虞翻曰：「初，始也，謂《泰》乾，乾知大始，故稱初。（《上繫‧九家易》注：「始，謂乾秉元氣，萬物資始也。」《爾雅‧釋詁上》：「初，始也。」《說文》同）坤五下之乾二（謂《泰》），得正，處中，故初吉，柔得中也。」

終亂。虞翻曰：「《泰》坤稱亂（坤，「臣弒其君，子弒其父」。《泰》終則反《否》，「城復于隍，其命亂也。」），二上之五，終止于《泰》，則反（反卦）成《否》，子弒其父，臣弒其君，天下无邦（《否象》），終窮。成坤故亂，其道窮。（《坤》上六《小象》：「龍戰于野，其道窮也。」）○姚配中曰：「六爻皆正，故初吉；動則成《未濟》，故終亂。」（《雜卦傳》：「《未濟》，男之窮也。」）

《彖》曰：「《既濟》『亨』，小者亨也。釋「《既濟》亨小」之義。不得以此句讀為卦辭句讀也。

○荀爽曰：「天地既交，陽升陰降（《泰》之《既濟》），故小者亨也。」李道平曰：「二降得正（《泰》六五降為《既濟》六二），故稱小者。交，故通；通，故亨也。」

「利貞」，剛柔正而位當也。侯果曰：「此本《泰卦》，六五降二，九二升五，是剛柔正，當位也。」

「初吉」，柔得中也。虞翻曰：「中，謂二。」

「終」止則「亂」，其道窮也。」此釋終亂，謂終止則亂。何以終止則亂，謂其道窮也。《泰》之極而終止則反成《否》，《既濟》之極而終止則成《未濟》。（倒卦反卦皆然）○侯果曰：「剛得正，柔得中，故初吉也。正有終極，濟有息止，止則窮亂，故曰終止則亂，其道窮也。」李道平曰：「正極必反，故正有終極；濟極必衰，故濟有息止。濟止則窮亂生焉，故曰終止則亂，其道窮也。」侯果又曰：「一曰：殷亡周興之卦也。成湯應天，初吉也。商辛毒痛（商辛，紂也。痡，音鋪，病也），終止也。由止，故物亂而窮也。物不可窮，窮則復始，周受其未濟而興焉。《乾鑿度》曰：『《既濟》《未濟》者，所以明戒慎，全王道也。』」李道平曰：「濟極必窮，窮極復始，《否》《泰》循環，自然之運。周承殷後，受其未濟而興焉。《乾鑿度》曰：『《既濟》《未濟》為最終者，所以明戒慎而存王道。』鄭彼注云：『夫物不可窮，理不可極，故王者亦常則天而行，與時消息，不可安而忘危，存而忘亡。《未濟》（者），亦無窮極之謂者也。』」

《象》曰：「水在火上，《既濟》。君子以思患而豫防之。」陸績曰：「坎水潤下，離火炎上，二氣相交，為《既濟》（猶天地相交為《泰》）。」荀爽曰：「六爻既正，必當復亂，故君子象之。思患而豫防之，治不忘亂也。」李道平曰：「治亂相循，自然之運，故六爻既正，必當復亂。亂者，患也。」坎為心，為思，又為多眚，故為患。離為甲冑，為戈兵，故云思患而豫防之。《荀子‧仲尼篇》：「故知者之舉事也，滿則慮嗛（本音含。《説文》：「嗛，口有所銜也。」此讀為歉。《説文》：「歉，歉食，不滿。」楊倞注《荀》云：「嗛，不足也。當其盈滿，則思其後不足之時，而先防之。」），平則慮險，安則慮危。曲重其豫，猶恐及其旤（《説文》旤作禍，云：「禍，屰惡驚詞也。」「禍，害也，神不福也。」二字古通），是以百舉而不陷也。孔子曰：『巧而好度，必節；勇而好同（和同於人），必勝；知而好謙，必賢。』此之謂也。」

陸績，《吳志》：「績字公紀，吳郡吳人。」《隋志》有陸績《周易注》十五卷，注《京氏易》一卷。

初九：「曳其輪，濡其尾，无咎。」宋衷曰：「離者，兩陽一陰，陰方陽圓，輿輪之象也（車廂方形）。其一在坎中，以火入水必敗，故曰曳其輪也（曳之使勿進，與姚配中解異而義同）。初在後稱尾，尾濡輪曳，咎也；得正有應，于義可以危而无咎矣。」姚配中曰：「坎為輪，為曳，初應在四，坎水潤下，坎降則成《未濟》，故曳其輪，不使降也。尾謂初，在坎下，故濡其尾。得位有應，故无咎。」案：初九之上三爻為坎，坎為輪為曳，初進則入於坎中，入坎則險陷多眚而有咎矣；初得正，不宜動。曳其輪者，坎止而初亦不進也。初在下，故稱尾；坎水為濡，初近坎，故云濡其尾。坎為多眚，為咎，初不在坎中，故无咎。

《象》曰：「『曳其輪』，義『无咎』也。」仁柔義剛，初陽為義，不入坎，故无咎。

《賁》之下卦亦為離，《賁》初九之上三爻亦為坎。《賁》初九云：「賁其趾，舍車而徒。」《象》曰：「舍車而徒，義弗乘也。」與此同義。

六二：「婦喪其茀，勿逐，七日得。」鄭玄注：「茀，車蔽也。」《詩・衛風・碩人》：「翟茀以朝。」《毛傳》：「翟，翟車也。夫人以翟羽飾車（《説文》：「翟，山雉尾長者。」）。茀，蔽也。」孔穎達《毛詩正義》：「車之所以有翟者，夫人以翟羽飾車。茀，車蔽也；婦人乘車不露見，車之前後設障以自隱蔽，謂之茀。因以翟羽為之飾。」姚配中曰：「婦人乘車必有蔽，喪茀，喻失其所以蔽也。」案：二坤位，為婦。離為雉，為茀。坎為車，又為盜，故為喪失（喪，失也），故云婦喪其茀。二在下離之中，其外又為離，為甲胄，為戈兵，防備重重，故云勿逐。離為日，坤於文王八卦方位居七，故云七日得。《坤》六二《文言》曰：「敬義立而德不孤。……不疑其所行。」故雖有喪失，可勿逐而復得也。

《象》曰：「『七日得』，以中道也。」王肅曰：「體柔應五，履順承剛，婦人之義也。……坎為盜，離為婦（離與坤同位，又為中女），喪其髴（虞翻王肅皆以茀為髴，解作首飾，宜從鄭義），鄰于盜也。勿逐自得，履中道也。二五相應，故七日得也。」

《三國志・魏志》：「王肅，字子雍，東海蘭陵人。」《隋志》有《周易注》十卷，《崇文總目》作十一卷。

九三：「高宗伐鬼方，三年克之，小人勿用。」虞翻曰：「高宗，殷王武丁。」據《竹書紀年》，成湯至武丁為二十二世，又九世至帝辛（即紂）而亡。《紀年》云：「武丁三年，夢求傅說，得之。……三十二年，伐鬼方，次于荊。三十四年，克鬼方，氐、羌來賓。」則《易》爻為信而有徵矣。《禮記・喪服四制》：「《書》曰：『高宗諒闇，三年不言。』（亦見《論語・憲問篇》。今《商書》無，蓋逸。諒闇，是喪廬，居以守其父小乙之喪者。）善之也。王者莫不行此禮，何以獨善之也？曰：高宗者武丁；武丁者，殷之賢王也。繼世即位而慈良於喪；當此之時，殷衰而復興，禮廢而復起，故善之。善之，故載之《書》中而高之，故謂之高宗。」干寶曰：「高宗，殷中興之君。鬼方，北方國也。高宗嘗伐鬼方，三年而後克之。離為戈兵，故稱伐。坎當北方，故稱鬼。在《既濟》之家，而述先代之功（《既濟》之家，謂周。先代，謂殷），以明周因于殷（《論語・為政篇》：「周因於殷禮，所損益，可知也。」），有所弗革也。」三，艮位，為山，又居極位，故稱高宗以喻。坎北方水暗，故稱鬼方；殆周之玁狁，後世之匈奴也。重離，大人以繼明照于四方；又為甲冑，為戈兵，故云高宗伐鬼方。離於先天八卦自然之序為三，為日，坎為月，日月相推而歲成焉；又《荀子・儒效》：「旦暮積，謂之歲。」故云三年。上四亦互《既濟》，定也，平定之也，故云克之。陽為君子，陰為小人，三正，勿變，變則《既濟》壞而成《屯》之六三「惟入于林中，……往吝」矣，故云小人勿用也。

干寶字令升，東晉新蔡人。精於《易》學，著有《周易注》十卷、《周易爻義》一卷、《周易問難》一卷、《周易玄品》二卷、《周易宗塗》四卷。

《象》曰：「『三年克之』，憊也。」虞翻曰：「坎為勞，故憊也。」侯果曰：「伐鬼方者，興衰除闇之征也。上六闇極，九三征之，三舉方及，故曰三年克之。興役動眾，聖猶疲憊，則非小人能為，故曰小人勿用。」李道平曰：「三陽體剛，則能興衰；在離為明，則能除闇。故伐鬼方者，興衰除闇之征也。六陰為闇，處上之極，三往征之，自四至上，三舉方及，故曰三年克之。」

六四：「繻有衣袽，終日戒。」《說文》：「繻，繒采色。……讀若《易》繻有衣。相俞切」《說文》無袽，本作⿱奴衣。《說文》：「⿱奴衣，敝衣。女加切」《玉篇》乃有袽：「敝衣也。」○《既濟》自《泰》來，《泰》上體坤為布，離為雉，色備五采，故云繻。《泰》五之二，坤壞，衣敗也，故云衣袽。離為日，坤為終（先天八卦之末），坎為盜，離為戈兵，故云終日戒。虞翻曰：「謂伐鬼方，三年乃克，旅人勳勞，衣服皆敗；鬼方之民，猶或寇竊，故終日戒也。」李道平曰：「已盛將衰，《既濟》過中之象也，可不終日戒乎？《泰》乾衣（《下繫》：「黃帝、堯、舜垂衣裳而天下治，蓋取諸《乾》《坤》。」故以乾為衣）互兌，兌為毀折，又離成乾毀，故有衣袽之象。離為日，四出離（下離）外，有終日之象；蓋三定《既濟》之難，四則《既濟》不可恃，故終日戒也。」

《象》曰：「『終日戒』，有所疑也。」坎為心病，為加憂，故云有所疑。

九五：「東鄰殺牛，不如西鄰之禴祭，實受其福。」王弼注：「牛，祭之盛者也；禴，祭之薄者也。……祭祀之盛，莫盛於脩德。……故『黍稷非馨，明德惟馨』（見《書‧君陳》及《左傳》僖公五年），是以東鄰殺牛，不如西鄰之禴祭，實受其福也。」二應五，二坤位為牛，於祀為太牢。其下震位為東方，離為戈兵，殺也，故云東鄰殺牛。五乾位西北，其上兑位亦西方，又為羊，羊為少牢，為薄祭。中四爻互《未濟》，上四爻互《既濟》，乾陽為果，為實，為福，故云不如西鄰之禴祭，實受其福。李道平曰：「《左傳》（成公十三年）：『國之大事，在祀與戎。』故三言伐鬼方，五言祭祀也。」又：下體離亦為牛（《離‧卦辭》：「畜牝牛吉」），先天卦位為東方；上體坎為豕，先天卦為西方。離日為君，紂也；坎月為臣，文王也。君臣之位本定，但二陰居離中為小人，五陽居坎中為君子，故東鄰殺牛，不如西鄰之禴祭，實受其福。○《禮記‧坊記》：「《易》曰：『東鄰殺牛，不如西鄰之禴祭，寔受其福。』」鄭玄注：「東鄰，謂紂國中也；西鄰，謂文王國中也。此辭在《既濟》，《既濟》離下坎上，離為牛，坎為豕，西鄰禴祭則用豕與？言殺牛而凶，不如殺豕受福，喻奢而慢，不如儉而敬也。《春秋傳》曰：『黍稷非馨，明德惟馨。』信矣。」○班固《幽通賦》：「東厸虐而殲仁兮。」應劭注：「東厸，紂也。殲，盡也。」顏師古注：「厸，古鄰字也。仁，即三仁也。」《漢書‧郊祀志下》：「杜鄴說商（大司馬王商）曰：『東鄰殺牛，不如西鄰之禴祭。』言奉天之道，貴以誠質，大得民心也。」顏師古注：「此《易》《既濟》九五爻辭也。東鄰，謂商紂也。西鄰，周文王也。……言祭祀之道，莫善修德。」《論衡‧祀義篇》：「《易》曰：『東鄰殺牛，不如西鄰之礿祭。』」（《爾雅‧釋天》：「春祭曰祠，夏祭曰礿，秋祭曰嘗，冬祭曰蒸。」《禮記‧王制》：「春曰礿，夏曰禘，秋曰嘗，冬曰蒸。」鄭玄注：「此蓋夏、殷之祭名，周則改之。」《說文》：「礿，夏祭也。」古籍或叚禴為礿，《説文》無禴字。一以礿祭為薄祭）。夫言東鄰不若西鄰，言東鄰牲大福少，西鄰祭少福多也。……紂殺牛祭，不致其禮；文王礿祭，竭盡其敬。」

《象》曰：「『東鄰殺牛』，『不如西鄰』之時也。五乾位，《乾文言》釋九五云：「先天而天弗違，後天而奉天時。」故云不如西鄰之時。

『實受其福』，吉大來也。」李鼎祚引盧氏曰（《隋書·經籍志》著錄「《周易》一帙十卷」原注「盧氏注」）：「明鬼享德不享味也；故德厚者，吉大來也。」乾為吉德，為大，故云吉大來也。

上六：「濡其首，厲。」首，謂上也。初稱尾，則上稱首矣；又坎為下首，坎水為濡，六處坎極，故云濡其首。上六乘剛，以陰凌陽，為逆，故云厲（危也）。陰乘陽必被推排，推排則上反居下成《未濟》矣。王弼曰：「處《既濟》之極，《既濟》道窮，則之於《未濟》，之於《未濟》，則首先犯焉；過而不已，則遇於難，故濡其首也。將沒不久，危莫先焉。」孔穎達曰：「既被濡首，沒不久，危莫先焉，故曰濡其首厲也。」姚配中曰：「坎為下首，位極乘陽，反成《未濟》。在兩坎下，故濡其首，厲。」又曰：「坎水潤下，為下首，故濡其首。此《既濟》之極，反成《未濟》，所謂終亂也。」李道平曰：「濟極終亂，故厲也。位極乘陽，象上濡五（虞翻以五乾為首）。濟不可久，《泰》所以終《否》也。」

《象》曰：「『濡其首厲』，何可久也！」荀爽曰：「居上濡五（荀氏及虞氏皆以五乾為首），處高居盛，必當復危，故曰何可久也。」虞翻曰：「位極乘陽，故何可久。」

孔穎達曰：「何可久者，首既被濡，身將陷沒，何可久長者也。」五乾為久（《上繫》：「乾……有親則可久。」），上六乘乾，必被推排，故云何可久也。

䷿ 坎下離上 未濟卦

《序卦傳》：**「物不可窮也，故受之以《未濟》終焉。」**此解《未濟》為未成《既濟》也。《既濟》終則亂，故以未成《既濟》為六十四卦之殿焉。崔憬曰：「夫《易》之為道，窮則變，變則通，而以《未濟》終者，亦物不可窮也。」李道平曰：「蓋《未濟》，冬十一月卦也【《未濟》是七月卦，與《否》同；《既濟》是正月，與《泰》同。李氏誤以《未濟》與《復卦》同（《剝》是九月），然其義則可取也】。于時天地閉藏，而萬物發生之機已伏【案：七月是少陰，天地始肅（見《禮記·月令》），天子簡練桀俊，專任有功，以征不義，詰誅暴慢，以明好惡（好惡，可讀如字。皆見《月令》）】。君子知之，故制治於未亂，保邦於未危，因鑒《既濟》之凶（終亂），常存《未濟》之心（未成《既濟》），《書》所謂『滿招損，謙受益』（《大禹謨》），《家語》所謂『滿則覆，中則正，虛則欹』者（《家語·三恕篇》：「孔子曰：『吾聞宥坐之器，虛則欹，中則正，滿則覆。明君以為至誠，故常置之於坐側。』」亦見《荀子·宥坐篇》），皆此義也。如是，則窮不終窮（《未濟》本是男之窮也，然能明辨物之情而居於正道，則不終窮矣。《易》道要於无咎，卦吉未必終吉，卦凶未必終亂，神而明之，存乎其人），而天下國家可長保矣。六十四卦終以《未濟》，聖人示戒之意。深矣哉！」

䷿ **《未濟》。亨。**虞翻曰：「《否》二之五也（《未濟》自《否》來），柔得中（謂五。陰為小，故下云小狐），天地交（《否卦》六二自坤上五，九五自乾下二），故亨。濟，成也。六爻皆錯，故稱《未濟》也。」李道平曰：「交，故通；通，故亨。《書・君陳》：『必有忍，其乃有濟。』《孔傳》：『必有所含忍，其有所成。』故云濟，成也。六爻陰陽失位，故云皆錯；錯，故稱《未濟》也。」（李氏前文云：「三陰三陽之卦自《否》來，故否二之五也。柔在五為得中，二五易位，是天地交。」

小狐汔濟，虞翻曰：「《否》艮為小狐。【艮為小石，故稱小。《九家易》艮為狐。案：《未濟》五陰為小，《九家易》坎亦為狐（三四五互坎），坎為加憂，狐性多疑，故為狐也】汔，幾也。（《詩・大雅・民勞》：「民亦勞止，汔為小康。」《鄭箋》：「汔，幾也。」幾，即今之希冀字，《漢書》多用之）濟，濟渡（三四五互坎為水，故云濟渡）。狐濟幾渡而濡其尾，未出中也。」（下《彖辭》虞云：「謂二未變，在坎中也，」未出中，見下《彖辭傳》）

濡其尾，无攸利。虞翻曰：「艮為尾（虞殆以艮為堅多節，以喻尾。應是坎為狐，狐尾長大，故稱尾。《詩・豳風・狼跋》：「狼跋其胡，載疐其尾。」老狼尾亦長大；又《說文》：「狐，祅獸也。……小前大後。」狐，獸之長尾者也），尾謂二（狐性陰暗晦昧而多疑，故虞以《否》之二陰當之），在坎水中（此又以《未濟》釋之矣），故濡其尾。失位（謂《未濟》之二以陽爻居陰位），故无攸利，不續終也。」（乾始坤終，二不正，當變，故不續終，見下《彖辭傳》）

《彖》曰：「《未濟》『亨』，柔得中也。荀爽曰：「柔上居五，與陽合同，故亨也。」李道平曰：「《否》二柔上居五，五陽位，故與陽合同；天地交，故亨也。」

『小狐汔濟』，未出中也。干寶曰：「狐，野獸之妖者，以喻祿父（紂子武庚）。中，謂二也，困而猶處中故也；此以託紂！雖亡國，祿父猶得封矣。」李道平曰：「祿父，紂子。其位不正，故以喻祿父。二在下中，故中謂二也。困而處中，故未出中也。（坎為多眚，故稱困；二在下卦之中，故云未出中）《史記‧殷世家》（無《殷世家》，應是《殷本紀》）：武王已克殷，復以殷餘民封紂子武庚祿父，比諸侯以奉其先祀，故云此以託紂，雖亡國，祿父猶得封矣。」

『濡其尾，无攸利』，不續終也。干寶曰：「言祿父不能敬奉天命，以續既終之禮，故謂叛而被誅也。」二不正，終變，故云不續終也。

雖不當位，剛柔應也。」干寶曰：「六爻皆相應，故微子更得為客也。」《書序‧微子之命》：「成王既黜殷命，殺武庚（《孔傳》：「一名祿父。」應是字祿父），命微子啟代殷後，作《微子之命》。」《詩‧周頌‧有客序》：「《有客》，微子來見祖廟也。」陸德明《經典釋文》：「《有客》，二王之後為客也。」

《象》曰：「火在水上，《未濟》。君子以慎辨物居方。」方，道也。坎為加憂，故云慎。離為目，為明，故云辨（《中庸》：「明辨之。」辨辯古通）。《下繫》第九章：「六爻相雜，唯其時（宜也）物也。」十章：「爻有等，故曰物。」《既濟》，《易》之八卦位在焉；《未濟》則八位相錯，物亂甚矣，故云慎辨物。三上變而易位則上五爻成《大壯》，《下繫》二章云：「上古穴居而野處，後世聖人易之以宮室……蓋取諸《大壯》。」故云居。又三上變則上體成震，為大塗；全卦成《恆》，君子以立不易方，故云方。李道平曰：「《未濟》殿六十四卦之終，故特舉類聚羣分之義，以發其凡也。」

初六：「濡其尾，吝。」初稱尾，在坎下，故云濡其尾。失位不正，故吝（悔吝者，憂虞之象也。見《上繫》二章）。案：初與四應，之正則成《損》，君子以懲忿窒欲，可以無濡尾之吝矣（《損》初云无咎，而象云上合志，成正應也）。

《象》曰：「『濡其尾』，亦不知極也。」極，至極也（此非卦爻位之極）。《史記·春申君傳》黃歇上書説秦昭王曰：「臣聞物至則反，冬夏是也。」司馬貞《史記索隱》：「至，極也，極則反也。冬至，陰之極；夏至，陽之極。」姚配中曰：「六爻失正，急當自化；濡尾不進（《左傳》昭公十一年：「末大必折，尾大不掉。」），不知極之當反（《雜卦傳》：「《未濟》，男之窮也。」），終以不化，故曰亦不知極也。」案：亦不知極者，猶欲其知反而自化；姚云終以不化，恐非二聖作《易》意也。

九二：「曳其輪，貞吉。」姚信曰：「坎為曳，為輪，兩陰夾陽，輪之象也（兩陰，指輪中空。陽，指軸也）。」貞吉者，謂正而後吉也。二不正，與五應，二五之正，則成《益》，君子以見善則遷，有過則改，吉可知矣；《益》六二亦云永貞吉，明須應而之正也。【干寶以此爻為喻武庚，蓋欲上而之五為君，是叛；與此曳其輪（止而有節制）變而之正者異。又二五之正成《益》，是初四已變，二五復變；否則還成《否》矣】。

《象》曰：「『九二貞吉』，中以行正也。」虞翻曰：「謂初已正，二動成震，故行正。」李道平曰：「六爻當反之正，初已變正，二動成震，震足為行，故曰中以行正也。」

六三：「未濟，征凶，利涉大川。」特云未濟者，上四爻又互《未濟》也。初二已變而三未變，則下體成震為行。征，行也；征凶者，三不變而仍為震則成《噬嗑》，有在獄之凶也。三四五互坎為大川，利涉大川者，謂宜歷四五至上，三上易位之正，則全卦復成《既濟》，而六爻俱正矣（至三，則初與四、二與五皆已易位矣）。

《象》曰：「『未濟征凶』，位不當也。」明三上易位，則位當而不凶矣。

九四：「貞吉，悔亡。」虞翻曰：「動正得位，故吉而悔亡矣。」《未濟》三四五互坎為悔。四居坎中，全體成《既濟》，則三四五成離而坎壞，故云悔亡也。

震用伐鬼方，三年，有賞于大國。」虞翻曰：「變之震體師（四變之正則二三四互震，下五爻互《師》也），坤為鬼方，故震用伐鬼方（應是坎上為鬼方。三上易位，此爻亦正，則上體成坎矣）。三變時，全體已成《既濟》，兩離兩坎，日月相推而歲成。離為三，故云三年。大國指五乾，為君，殷之天子也；四變承陽為順，故云有賞於大國。〇李道平曰：「愚案：《既濟》稱高宗伐鬼方，此不言高宗，高宗殷主也，又何大邦有賞焉！考《後漢書·西羌傳》曰：『高宗征西戎鬼方，三年乃克。』此即《既濟》高宗伐鬼方是也。又曰：『武乙（紂之曾祖）暴虐，犬戎寇邊，周古公（文王祖父）踰梁山而避于岐下，及子季歷，遂伐西落鬼戎。』章懷引《竹書》注之曰：『武乙三十五年，周王季歷伐西落鬼戎，俘二十翟王。』據此，則震用伐鬼方，當指季歷無疑。蓋四變互震為侯，故曰震用。又《紀年》稱：『周公季歷來朝，王賜地三十里，玉十瑴，馬十匹。』故曰三年有賞於大邦。」案：章懷引《竹書紀年》云：「武乙三十五年，周王季伐西落鬼戎。……」今《竹書紀年》云：「武乙三十五年，周公季歷伐西落鬼戎。……」稱周公季歷是也，章懷仍後世習稱為王季耳。李道平誤增一「歷」字，非是。（《中庸》：「周公承文武之德，追王太王王季。」）又李道平引《竹書紀年》季歷來朝王賜地等語，是在伐鬼戎前一年（武乙三十四年），與三年有賞不合。《後漢書·西羌傳》云：「及文王為西伯，西有昆夷之患，北有獫狁之難，遂攘戎狄而戍之，莫不率服；乃率西戎，征殷之叛國以事紂。」《竹書》亦云：「帝辛（紂）十七年，西伯伐翟（即狄、獫狁、鬼方）。」「二十一年春正月，諸侯朝周。」震，動也，起也（《雜卦傳》），即興也。震用伐鬼方，謂周之興在伐鬼方也；得紂賞，殆在諸侯朝周前一年；稱大國，諱言紂耳。

《象》曰：「『貞吉悔亡』，志行也。」坎為心，為志，為通，故云志行也。

六五：「貞吉，无悔。」虞翻曰：「之正則吉，故貞吉无悔。」李道平曰：「五失位，變正則吉，故貞吉无悔。」貞，正也。五不正，故變之正，然後吉而无悔也。

君子之光，有孚，吉。」虞翻曰：「動之乾（謂五變則是乾位），離為光（為日，為明，故云光），故君子之光也（陽為君子，五陰之正成陽也。此爻在《未濟》失位時，是小人居君位，紂是也；成《既濟》之正，則文王足以當之矣）。孚謂二，二變應己，得有之（二五變則成中正之應，五陽君位，二陰臣位，君得有其臣，諸侯朝周當之矣），故有孚吉。坎稱孚也（孚，信也，《坎‧卦辭》云：「習坎，有孚。」《坎彖》云：「行險而不失其信。」故云坎稱孚）。」李道平曰：「三四已正，故云動之乾（非也。三四已正，五動成離矣）。變正成離為光，故云君子之光也。五與二應，故孚謂二。二亦變正應己，己得有之。」

《象》曰：「『君子之光』，其暉『吉』也。」虞翻曰：「動之正，乾為大明，故其暉吉也。」五動之正是乾位，《乾彖》「大明終始」，故虞云乾為大明；大明則光暉，光暉則吉矣。又：至三上動則全體已成《既濟》，五在離上，為日為明，故云其暉吉也。

上九：「有孚于飲酒，无咎。濡其首，有孚失是。」三上變之正，則上體成坎，為孚，為水，為酒（《禮記‧禮運》：「玄酒在室。」《孔疏》：「玄酒，謂水也。」）。上變是兑位，為口，故云有孚于飲酒。坎本為咎，上變之正，全卦成《既濟》，上四亦是《既濟》，六爻成正應，故有孚无咎矣。濡其首，有孚失是者，謂若飲酒不知節而濡其首，則失其所孚矣。《左傳》莊公二十二年：「酒以成禮，不繼以淫，義也。」唐張守節《史記正義》引《太公六韜》云：「紂為酒池，迴船，糟丘，而牛飲者三千餘人為輩。」牛飲則濡首矣。虞翻曰：「謂若殷紂沈湎于酒以失天下也。」上為首，若不變之正，其下為坎水，故云濡其首。本卦是《未濟》，男之窮也，上四亦互《未濟》，故虞云若殷紂沈湎于酒以失天下；明須變之正，否則凶矣。此周公垂戒後世之意也。（《書・泰誓上》：「今商王受……沈湎冒色。」）

《象》曰：「『飲酒濡首』，亦不知節也。」李道平曰：「初上二爻，孔子皆以不知責之；蓋卦體兩離為明，宜知極知節矣；爻皆不正，故不知也。」若知變則初不濡尾上不濡首，而皆无吝无咎矣。

䷞ 艮下兑上 咸卦

《序卦傳》：「有天地，然後有萬物；有萬物，然後有男女；有男女，然後有夫婦；有夫婦，然後有父子；有父子，然後有君臣；有君臣，然後有上下；有上下，然後禮義有所錯。」韓康伯注：「言《咸卦》之義也。……《咸》柔上而剛下（少男在下，奉少女居上），感應以相與；夫婦之象，莫美乎斯；人倫之道，莫大乎夫婦，故夫子慇懃深述其義，以崇人倫之始，而不係之《離》也（另起下經，以《咸卦》居首，不係於上經末之《離卦》後也）。」李道平曰：「上經首《乾》《坤》，為陰陽之分；下經首《咸》《恆》，為陰陽之合；而《咸》又二少相感，以男下女，得夫婦之正，為人倫之始，故配《乾》《坤》而冠下經之首焉。」〇《荀子・大略篇》：「《易》之《咸》，見夫婦。夫婦之道，不可不正也，君臣父子之本也。《咸》，感也，以高下下，以男下女，柔上而剛下。」〇近人杭辛齋《學易筆談》【杭氏《易》著有五種：一、《學易筆談》，二、《易楔》，三、《易數偶得》，四、《讀易雜識》，五、《愚一錄易說訂》（《愚一錄易說》是粵人鄭獻甫小谷撰，杭氏訂）。杭氏《易》著，時有可取。】卷四：「《咸彖傳》曰：『咸，感也，二氣感應以相與。』蓋物理，必異性者乃能相感（《革彖》：「二女同居，其志不相得，曰《革》。」《睽象》：「二女同居，其志不同行。」），而善感者莫如人；人之善感者，莫如男女，尤莫如少男少女，故以少男少女之卦名之曰《咸》。而《咸卦》六爻，又均取象於人身，則以感覺之最靈且捷者，更莫過於一身焉。六爻：初拇、二腓、三股、五脢、六輔頰舌，四當為心，乃不曰心，而曰憧憧往來；以心不可見，且《咸》之感本無心也。卦爻取象之精細，可謂剖析毫芒。至義蘊之妙，更有非言語所能形容，細玩逐爻之辭，見深見淺，必有所得焉。」又《讀易雜識》云：「《咸》《艮》之象，皆取諸身：《咸》者，二氣感應以相與，天地變化之根本，人事往復之樞紐也。……佛法無邊，而仍不出《咸卦》之範圍。廣大精微，幾非跡象可以擬議。……《咸卦》之外，六爻皆取象人身者，唯《艮卦》。艮、止也，止其所也。時止則止，時行則行，所謂止於至善，動靜不失其時，其唯聖人乎！聖人亦人也，四支百骸，無異於人，故六爻亦皆取象人身。……《咸》《艮》之別，《咸》動《艮》靜；《咸》速《艮》止；《咸》如青年男女，《艮》如靜修之處士。而論其用，則《艮》為反身克己，獨善其身也；《咸》則過化存神，兼善天下也；《艮》

為修德盡命之君子，《咸》則達天成道之聖人。故同一取象人身，而其中大有區別。」

䷞

《咸》。亨，利貞，取女吉。虞翻曰：「坤三之上成女（《咸》自《否》來，《否》之下體坤三之上成兑為少女也），乾上之三成男（《否》之乾上爻下之三成艮為少男也），乾坤氣交以相與，止而説，男下女，故通，利貞，取女吉。」（乾坤氣交，故通。《否》三上不正，之《咸》則正，故利貞。止而説，男下女，故取女吉）鄭玄曰：「《咸》，感也。艮為山，兑為澤，山氣下，澤氣上，二氣通而相應，以生萬物，故曰《咸》也。其于人也，嘉會禮通（亨者，嘉之會也），和順于義（利者，義之和也），幹事能正（貞者，事之幹也）；三十之男，有此三德，以下二十之女，正而相親説，取之則吉也。」《周禮·地官·媒氏》：「媒氏掌萬民之判（鄭玄注：「判，半也。得耦為合，主合其半，成夫婦也。」）。凡男女自成名以上（子生三月，父名之），皆書年月日名焉，令男三十而娶，女二十而嫁。」鄭玄注：「二三者，天地相承覆之數也。《易》曰：『參天兩地而奇數』焉。」（《上繫》九章：「天一，地二；天三，地四；……」地數二承天數三，天數三覆地數二，故云天地相承覆之數；三二，皆天地之生數。《説卦傳》：「參天兩地而倚數。」參，三也）李道平曰：「男三十，女二十，合天地大衍之數五十。男有亨利貞之德，以下于女，內外皆正（三畫卦之艮兑皆以上爻為主，李道平以為是咸之二五，非是）而相親説，故取則吉也。」

《彖》曰：「《咸》，感也，柔上而剛下，二氣感應以相與；蜀才（陸德明《經典釋文•敍錄》：「姓范，名長生，一名賢，隱居青城山，自號蜀才，李雄以為相。」雄，十六國成國之主，自稱成都王）曰：「此本《否卦》。案：六三升上，上九降三，是柔上而剛下，二氣交感以相與也。」李道平曰：「感，陰陽相感也。咸、感，古今字也。卦自《否》來，《否》六三升上，是為柔上；上九降三，是為剛下。陰陽二氣交而成《咸》，故感應以相與。鄭玄云：『與，猶親也。』」

止而說，男下女；是以『亨，利貞，取女吉』也。李道平曰：「艮山為止，兌澤為說，故云止而說。艮男在下，兌女在上，故云男下女。……《儀禮•士昏禮》凡納采、問名、納吉、納徵、請期、親迎諸禮，皆男下女之事。」

天地感而萬物化生，《咸》自《否》來，《否》乾上下至坤三，坤三上至乾上成咸，天地感也。萬物皆秉受天地陰陽二氣而生，故云天地感而萬物化生。

聖人感人心而天下和平，虞翻曰：「乾為聖人（指《否》五，乾位，為天為君，乾九五稱大人與天地合德，聖人也），初四易位（《咸》初爻與四爻不正，當變），成《既濟》，坎為心為平，故聖人感人心而天下和平。

觀其所感，而天地萬物之情可見矣。」卦自《否》來，乾為天，坤為地，故云天地。坤為眾，故云萬物。《咸》初四易位成《既濟》，離為目，故云觀，故可見也。虞翻曰：「謂四之初，以離日見天，坎月見地，縣象著明，萬物見離（《上繫》十一章：「懸象著明莫大乎日月。」《說卦傳》：「離也者，明也，萬物皆相見。」），故天地萬物之情可見也。」

《象》曰：「山上有澤，《咸》。崔憬曰：「山高而降，澤下而升，山澤通氣，《咸》之象也。」李道平曰：「山至高，今降在下，降以氣也；澤至下，今升在上，升以氣也。山澤通氣，《說卦》文。通則感，感即《咸》，故云《咸》之象也。」

君子以虛受人。」虛受人，謂以己之謙虛受納人之善道也。虞翻曰：「君子謂《否》乾（卦自《否》來，乾陽為君子），乾為人（人得陽以生），坤為虛（陽實陰虛），謂坤虛三受上（由《否》成《咸》），故以虛受人。艮山在地下為《謙》（地山，《謙》），在澤下為虛（澤山，《咸》）。山高地卑，山居地下已成謙矣；澤更卑於地，今甘居澤下，故《咸》尤甚於《謙》也。人能如是，焉者不感人者哉！」〇《荀子・解蔽篇》：「人何以知道？曰心。心何以知？曰虛壹而靜。心未嘗不臧也（臧，古藏字，《說文》無藏。謂心未嘗無所含藏也），然而有所謂虛（虛則所藏更多）。……人生而有知，知而有志；志也者，臧也；然而有所謂虛；不以所已臧害所將受謂之虛。……虛壹而靜，謂之大清明。（《禮記・孔子閒居》：「清明在躬，氣志如神。」）。萬物莫形而不見，莫見而不論，莫論而失位（無不得其宜）。坐於室而見四海，處於今而論久遠。疏（通也）觀萬物而知其情（實也），參稽治亂而通其度，經緯天地而材官萬物，割制大理而宇宙裏矣（謂能彌綸天地之道也）。恢恢（大也）廣廣，孰知其極？睪睪廣廣（睪睪，讀作皞皞，寬貌。廣廣，讀作曠曠，闊貌），孰知其德？涫涫紛紛（《說文》：「涫，灊也。」涫，今之滾字；灊，今之沸字），孰知其形？明參日月，大滿八極，夫是之謂大人（即聖人）！夫惡有蔽矣哉！」此吾儒心學正傳，於九四發之，杭辛齋謂佛法無邊而仍不出《咸卦》之範圍者此也。

初六：「咸其拇。」拇，鄭玄、虞翻等皆作母，母是拇之省字。《說文》：「拇，將指也。」《說文》無趾，指即趾字。馬融、鄭玄皆云：「足大指也。」○虞翻曰：「母，足大指也。艮為指，坤為母（卦自《否》來，《否》下體坤），故咸其母。失位遠應（初六以陰居陽，遠與外卦四爻應），之四得正，故志在外，謂四也。」四是心，初感動其拇，實欲感動其心也。

《象》曰：「『咸其拇』，志在外也。」初之四則上體成坎為心為志，四在外卦，故云志在外也。

六二：「咸其腓，凶；居吉。」咸，動也，動應五則兩俱失位，故凶；居謂不動，不動則二五正，故吉。○《說文》：「腓，脛腨也。」「腨，腓腸也。市沇切。」「𤴔（疋），足也。上象腓腸，下从止（止，足也）。」腓腸，即今粵俗稱「腳瓜囊」也。○二是腓腸，五是背肉，皆在人身後，非敏感處，故感此云凶，而五云志末也。（女子最忌「腳瓜囊」大或「了哥髀」，故感其此處者為極愚；不動之則吉也）

《象》曰：「雖『凶居吉』，順不害也。」六二坤位，故云順（坤，順也）。順而不變則不凶，故云不害也。

九三：「咸其股，執其隨，往吝。」股在腓上，二三四互巽為股，故云咸其股。又，巽為隨（隨風，巽。隨謂二，隨在股下），艮為手，故云執其隨。上五互大坎為加憂，故云往吝。又，三得位，居艮之極，宜止而不前，若往之上則成《否》（三上應而易位），故曰往吝也（要之，未得其心，感其他處無益也）。

《象》曰：「『咸其股』，亦不處也。六二稱居吉，此云不處者，居處同義。股雖敏感，三陽易動，然三上已正，上雖感三，三亦不當往處其位也（亦謂二不處五，三亦不處上）。

志在『隨』人，所『執』下也。」只初四易位成《既濟》已可，《既濟》成，則三在下坎中，坎為志，志在執所隨之二，居於下位而不動，故云志在隨人，所執下也。○股易受感動，與腓不同，而聖人戒以亦不處，庶可以不妄動而止得其所矣。【《艮》《咸》二卦皆取象人身。《艮》義取於止，故六爻皆從背面不見取象，所謂不見可欲，使人心不亂也；《咸》之義在感，感之要在心，主爻在九四發之，餘雖或前或後感之，皆無裨於實也（拇前，腓後，股前內側，脢後，輔頰舌前，心則無前後之別也）。】

九四：「貞吉，悔亡。貞吉者，謂正而後吉也（貞，正也）。四，陽居陰位，不正，變陰則虛靜而正，故吉。四變則上卦成坎，本為悔，然初四易位全卦已成《既濟》矣（上四爻已互《既濟》），故曰悔亡也。（《咸卦》六爻皆成正應，然必初與四變，二與五、三與上不變，而後成《既濟》；若初四不變，二五、三上變，則全卦成《未濟》，為男之窮矣。故初云志在外，此復云貞吉，二三分別言居吉不處，丁寧周至，聖人之情見乎辭矣）

憧憧往來，朋從爾思？其詳見《下繫》第五章（《繫辭傳講疏·繫辭下傳》第五章）。○《說文》：「憧，意不定也。尺容切」音沖。上五爻互《大過》，下五爻互《遯》，上過下遯，是首鼠兩端，往來無定之象。又，四欲感上陰（異性相吸），則隔五陽（同性相拒），阻而不通；欲感初與二則隔三陽，亦阻而不通。往來不定，故曰憧憧往來。朋從爾思者：是問辭，謂朋羣豈從爾之思哉！處心無定，二三其德，人誰感而信之？上四互大坎為心，為思，為信，如何而可哉？必也虛靜自持，一以貫之，則庶幾乎可以應萬變而不失其正矣。莊生云：「百里奚爵祿不入於心，故飯牛而牛肥，使秦穆公忘其賤，與之政也。有虞氏死生不入於心，故足以動人。」（《莊子‧田子方篇》）爵祿不入心，專矣；死生不入心，精之至矣。有為者，不應爾爾耶？○釋氏《心經》云：「觀自在菩薩，行深般若（智慧）波羅蜜多（到彼岸）時，照見五蘊（色、受、想、行、識）皆空，度一切苦厄。……」此神其說也，得大清明，則無不能矣。六祖《壇經‧自序品》云：「（五祖）為說《金剛經》，至『應無所住（不妄想而滯著也）而生其心（澄明而活潑之地也）』，惠能（即六祖）言下大悟，一切萬法，不離自性，遂啟祖言：『何期自性本自清靜！何期自性本不生滅！何期自性本自具足！何期自性本無動搖！何期自性能生萬法！』祖知悟本性，謂惠能曰：『不識本心，學法無益；若識自本心，見自本性，即名丈夫天人師佛。』」此釋氏之所謂心學、內學，杭辛齋謂「佛法無邊，而仍不出《咸卦》之範圍」者，良是也。孔子於《下繫》復發此爻之義曰：「天下何思何慮！天下同歸而殊塗，一致而百慮，天下何思何慮！日往則月來，月往則日來，日月相推（交感推動）而明生焉；寒往則暑來，暑往則寒來，寒暑相推而歲成焉。往者詘也，來者信也（陰陽消長），詘信相感而利生焉（天地感而萬物化生，聖人感人心而天下和平，利生無盡矣）。尺蠖之詘，以求信也；龍蛇之蟄，以存身也；精義入神，以致用也（承上屈蟄來，謂士君子當於此際精研義理，入於神明，以為未來之大用也）；利用安身，以崇德也（謂利此精義之用以安其身，又以尊崇其德性也）。過此以往，未之或知也（謂過此精義入神以致用及利用安身以崇德二者以往，則微妙不可知）；窮神知化，德之盛也。」（謂窮極神明而知變化之道，則非盛德之大聖不能與於此也。此二句承過此以往來，謂大聖則不止精義入神以致用及利用安身以崇德，但窮極神明而知變化之道，所不可得而言耳）偉哉言夫！夫豈不彌綸釋氏諸法耶？

《象》曰：「『貞吉悔亡』，未感害也；坎為多眚，為盜，四當變而上卦體本為害；然成《既濟》，故曰未感害也。

『憧憧往來』，未光大也。」四未變正時，《既濟》未成，日月不現，故曰未光大也。

九五：「咸其脢，无悔。」《說文》：「脢，背肉也。从肉每聲。《易》曰：『咸其脢。』」莫桮切音梅。○坎為美脊，故云咸其脢。坎本為加憂，為心病，為悔；然九居中得正，故云无脢。○脢非敏於感應處，然撫安人者，每輕拍其背，此咸其脢之意也。（被撫背者，每感對方温情，雖未必能動搖其心，而感之者可以无悔矣。《子夏易傳》：「在脊曰脢。」馬融曰：「脢，背也。」）

《象》曰：「『咸其脢』，志末也。」坎為志，志末者，謂五已在心之上，感人者宜止於此也。（《說文》：「木上曰末。」引申為終也、盡也，過此則滕其口說，是用佞矣）

上六：「咸其輔頰舌。」虞翻曰：「耳目之間稱輔頰，四變為目（二三四互離），坎為耳，兑為口舌（上六兑位），故曰咸其輔頰舌。」此與《兑》之上六「引兑」，「未光也」同意。輔頰所以襯口舌，此謂以令色為巧言也。

《象》曰：「『咸其輔頰舌』，滕口説也。」《説文》：「滕，水超涌也。」「涌，滕也。」今俗作湧。又：「騰，傳也。」（傳車，傳信息之馬車）○不能感人之心而徒滕其口舌，見憎於人矣。《論語•公冶長》：「或曰：『雍也仁而不佞。』子曰：『焉用佞？禦（當也）人以口給（口辯也），屢憎於人。不知其仁，焉用佞？』」又《學而》：「巧言令色，鮮矣仁。」（《陽貨篇》重出）又《公冶長》：「巧言、令色、足恭，左丘明恥之，丘亦恥之；匿怨而友其人，左丘明恥之，丘亦恥之。」《禮記•表記》：「子曰：『君子不以色親人。情疏而貌親，在小人，則穿窬之盜也與？』」《詩•小雅•巧言》：「蛇蛇（安舒貌）碩言，出自口矣；巧言如簧，顏之厚矣。」

編後語

先嚴陳湛銓教授遺著《周易講疏》、《蘇東坡編年詩選講疏》及《元遺山論詩絕句講疏》三書得以順利付梓，實蒙何文匯教授鼎力玉成，深表銘感。《周易講疏》完稿於五十年代後期至七十年代後期，歷時較長。其中《周易乾坤文言講疏》刊行於一九五八年，由香港聯合書院中國文學會出版。其後所注「六子」，約完稿於一九六四年；而詳釋《繫辭傳》，則完稿於一九七三年。又於七十年代後期，注釋「餘卦」（《泰》《否》《既濟》《未濟》《咸》）。現存之《繫辭傳》、「六子」及「餘卦」講義，乃七十年代由先嚴親筆撰寫並影印。《元遺山論詩絕句講疏》約完稿於一九六七年。其中《元遺山論詩絕句三十首》一至二十六首，曾刊於一九六八年出版之《香港浸會學院學報》第三卷第一期。該書之初稿為油印講義，由長兄樂生鈔寫。《蘇東坡編年詩選講疏》約完稿於一九六八年。該書之初稿亦為油印講義，由二兄赤生鈔寫。年前余等撿拾先嚴遺稿，得較完整之講義三套，擬整理成書，刊行天下。議定達生負責，先行將《周易講疏》及《元遺山論詩絕句講疏》兩書稿件轉為電子文稿，後得何文匯教授協助，聯繫香港商務印書館，復會同海生、香生檢視校正，補綴拾遺。長兄樂生書名題籤。春秋代序，寒往暑來，倏忽二載矣。三書蒙「伍福慈善基金」贊助出版，謹表謝忱。又蒙何乃文教授、何文匯教授、鄧昭祺教授分別為《蘇東坡編年詩選講疏》、《周易講疏》、《元遺山論詩絕句講疏》惠賜序文，謹致衷心謝意。惟編校過程疏漏在所難免，大雅君子，祈為見諒。

二零一四年，歲次甲午，炎炎盛夏，編者謹誌。

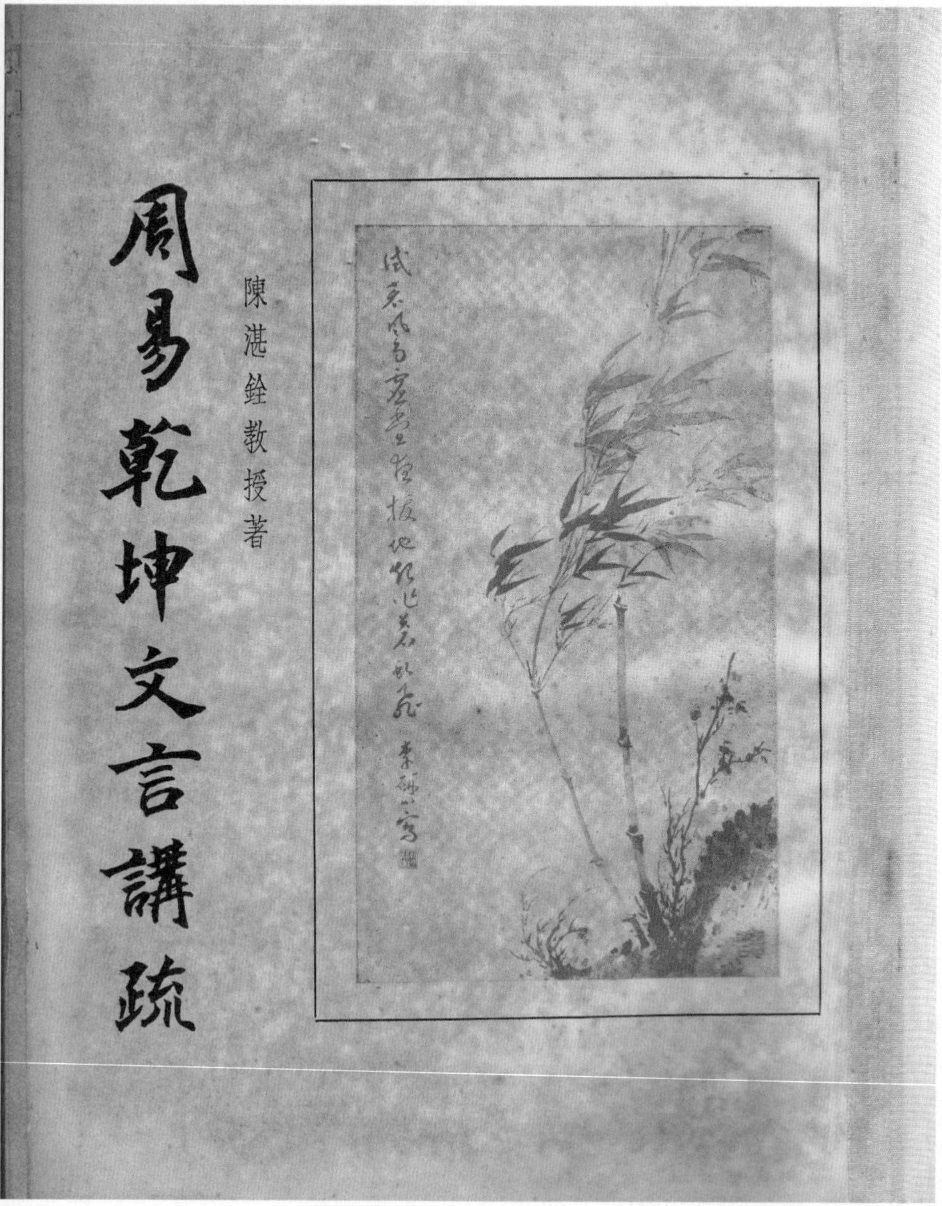

《周易乾坤文言講疏》一九五八年版本。

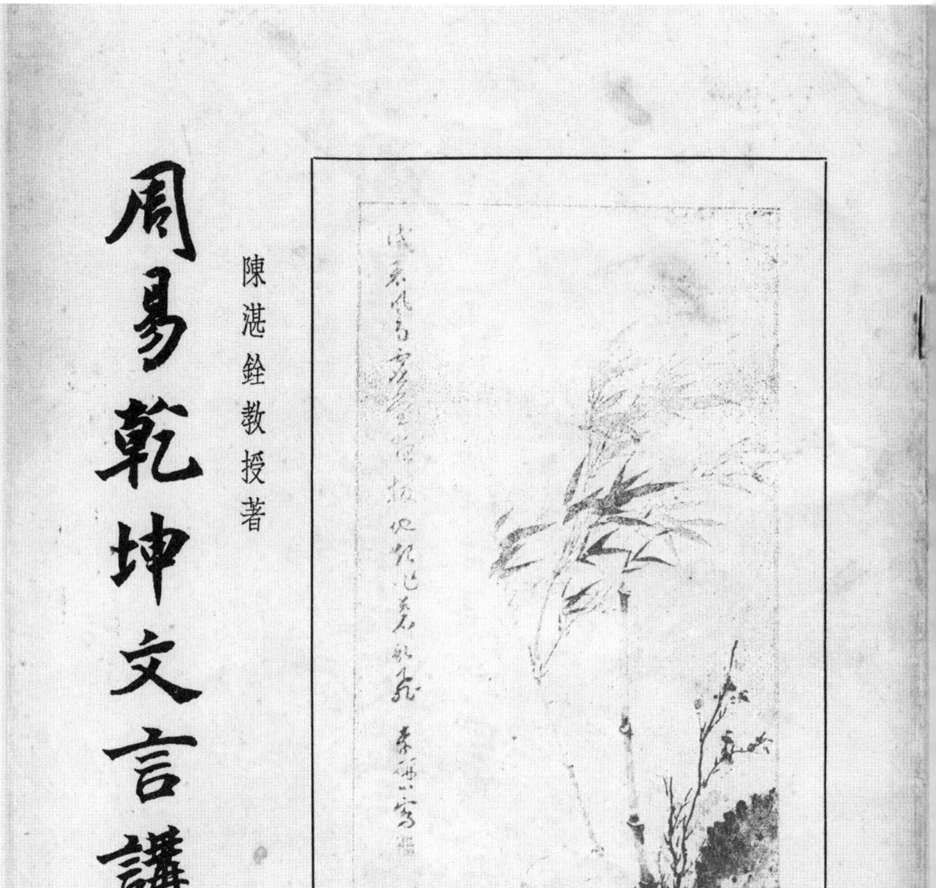

《周易乾坤文言講疏》一九七八年再版。

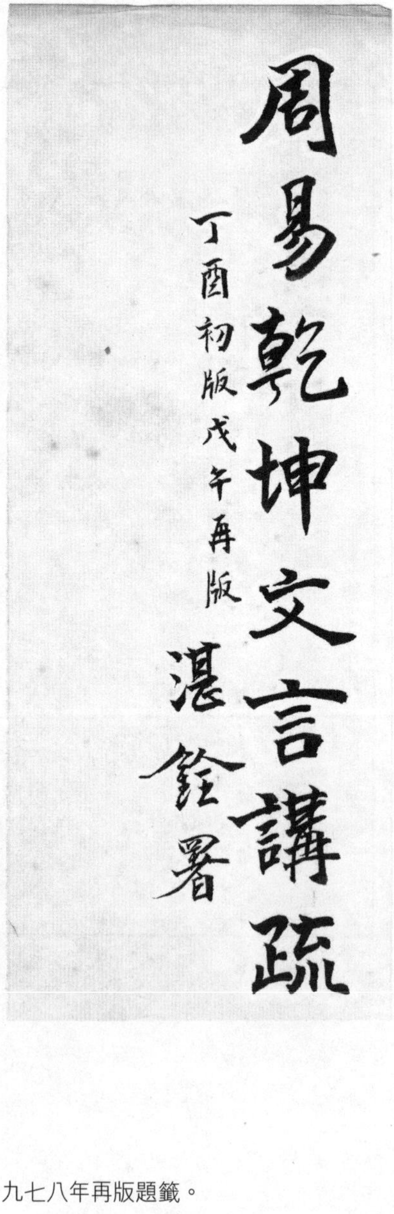

《周易乾坤文言講疏》一九七八年再版題籤。